Gott liebt ein reines Herz

DANKSAGUNG

Deutsche Übersetzung: Dorothee Krschnak. Redaktion der deutschen Ausgabe: Silvia Autenrieth, Hans-Georg Türstig. Bei der Vorbereitung zur Veröffentlichung halfen Ingrid Becker, Amke Thiele und Burkhard Treude. Satzarbeiten: Hannelore P. Lenz. Koordination Produktion: Wolfgang Löppmann, Nikolaus Curtius.

Unser besonderer Dank im Hinblick auf die englische Originalausgabe gilt Marilyn Goldin für die Mithilfe bei der Publikation der Vorträge, Hemananda für ihre unschätzbar wichtige redaktionelle Unterstützung, Diane Fast für die Manuskriptbearbeitung, Ed Levy, Patricia Kaiser und Christina Richardson für ihre Mitwirkung als Lektoren, Cheryl Crawford für das Design, Steve Batliner für Satzarbeiten und Design, Leesa Stanion für ihre Mithilfe bei der Zusammenstellung des Index und Rowena Kemp für die Produktionsleitung.

– *Swami Kripananda*

Veröffentlicht vom Siddha Yoga Verlag GmbH, Telgte
Druck: Clausen & Bosse, Leck

Gedruckt in Deutschland

Chidvilasananda, Swami
Gott liebt ein reines Herz / Swami Chidvilasananda
ISBN 3-930711-11-7

Gott liebt ein reines Herz

Der Yoga der göttlichen Tugenden

Swami Chidvilasananda

Eine Siddha Yoga Veröffentlichung
Herausgegeben vom Siddha Yoga Verlag GmbH
www.siddhayoga.de

SWAMI CHIDVILASANANDA

Am Anfang: Liebe.

Am Ende: Liebe.

In der Zwischenzeit müssen

wir Tugenden kultivieren.

Inhalt

Anmerkungen zu den Sanskritbegriffen

Zwecks besserer Lesbarkeit werden sämtliche Sanskritbegriffe leicht abweichend von der internationalen Standardschreibweise wiedergegeben. Folglich wird *ś* als *śh* angeführt, *ṣ* taucht als *ṣh* auf, *c* als *ch* und das vokalische *ṛ* als *ṛi*.

Um den Lesefluß zu verbessern, erscheinen bekannte bzw. bereits eingeführte Sanskritbegriffe im fortlaufenden Text in Standardschrift. Weniger vertraute Begriffe werden kursiv gedruckt und mit diakritischen Zeichen versehen, um die langen Vokale zu kennzeichnen.

Weitere Informationen zu den Sanskritbegriffen finden sich im Glossar, in dem auch die korrekte Aussprache der einzelnen Wörter angegeben wird. Ferner wurde dem Glossar eine Übersicht mit Aussprachehilfen beigefügt.

Einführung

Gurumayi, wie Swami Chidvilasananda liebevoll genannt wird, hielt 1993 in den Catskill Mountains in Upstate New York eine bemerkenswerte Vortragsreihe. Alle Vorträge galten dem Thema der wunderbaren Tugenden, die in einem Kapitel der *Bhagavad Gītā* beschrieben werden. Dieses Kapitel trägt den Titel: „Der Yoga der Trennung zwischen dem Göttlichen und dem Dämonischen". Vom äußeren Rahmen her bildete Gurumayis erster Vortrag den Auftakt zum Sommer-Retreat im Siddha-Yoga-Meditations-Ashram, der in diesem Jahr mit der Feier ihres Geburtstags zusammenfiel. Im Herbst und Winter kam sie gelegentlich auf das Thema zurück, und auch diese Vorträge wurden in den vorliegenden Band mit aufgenommen.

Von Gurumayis Händen werden die Tugenden gewissermaßen entstaubt, und man erkennt, wie wunderbar sie wirklich sind. Furchtlosigkeit, Respekt, Freisein von Wut, Mitgefühl für alle Geschöpfe – diese glanzvollen Eigenschaften, so sagt sie, sind ein wesentlicher Bestandteil unserer Natur. Sie sind keine Fernziele, keine Trophäen, die wir uns erst erkämpfen müssen – sie sind in uns beheimatet. „Das Entscheidende ist, zu entdecken, was dir bereits gegeben worden ist, und zu lernen, es zu bewahren." An anderer Stelle erklärt sie: „Man kann nicht sagen, daß die Tugenden das letzte Ziel des spirituellen Lebens sind. Es ist jedoch auch wahr, daß niemand das Ziel je ohne sie erreicht." Dann zitiert sie einen der

Wüstenväter und sagt, unser höchstes Ziel sei das Reich Gottes, der erste Schritt aber bestünde darin, Tugenden und ein reines Herz zu kultivieren.

Vielleicht vermittelt das eine gewisse Vorstellung von der subtilen Klarheit, die Gurumayis Ansatz kennzeichnet, und von der Reichhaltigkeit der Quellen, auf die sie sich bezieht. Sie ist gleichermaßen in den Schriften der christlichen Asketen, der Sufi-Meister des Islam und der Dichterheiligen Indiens zu Hause. Damit meine ich nicht nur, daß sie sich in all diesen Traditionen auskennt und wortgewandt aus den Schriften zitieren kann. Vielmehr ist das Herz der Erfahrung, die von ihnen allen beschrieben wird, für sie etwas, das ihr Leben ausmacht. Gurumayi bezieht sich vor allem auf die indische Überlieferung. Sie zitiert und erklärt die höchsten esoterischen Schriften des Vedanta und des Kaschmir-Shaivismus in einer Weise, die so verständlich und zeitgemäß ist, daß man erkennt, daß es in diesen alten Aphorismen um das eigene Leben geht. Sie führt einem die eigene Größe wieder vor Augen, das Gute, das in uns existiert und mit dem wir auf die Welt gekommen sind.

Im Sanskrit wird das *upadeśha* genannt, in der Nähe der (höchsten) Wahrheit sitzen. Wahre spirituelle Meister vermitteln uns mit ihren Worten ihre eigene Erfahrung der letzten Wirklichkeit. Der Wert dessen, was sie erlangt haben, fließt in ihre Lehren ein. Es gibt keine persönlichere Form der Unterweisung und paradoxerweise auch keine, die universeller wäre.

Am Ende ihrer Vorträge leitete Gurumayi jeweils eine Kontemplation über das Gesagte ein und gab dann Meditationsanweisungen. Diese Vorgehensweise ist ein wesentlicher Bestandteil dessen, was sie lehrt. Genau so ist spirituelles Wissen immer weitergegeben worden. Wenn man die Lehren gehört hat, heißt es zunächst, still über ihre Bedeutung nachzudenken, um die Essenz dessen, was einem gegeben wurde, herauszudestillieren. Dann muß man sie in sich aufnehmen. Und die Meditation ist der Weg, sie dann in sich und für sich persönlich zu entdecken.

Nach der Meditation, jeweils am Ende der Abendprogramme in jenem Sommer, gab Gurumayi Darshan. Das ist der Zeitpunkt, wo alle die Möglichkeit haben, nach vorne zu kommen und einen

Augenblick in ihrer Gegenwart zu verbringen. Man hat die Gelegenheit, ein paar Worte zu sagen, wenn man will, eine Frage zu stellen oder sie zu begrüßen. Die meisten ziehen es jedoch vor, diesen Augenblick schweigend zu erleben, denn Gurumayis Zustand gleicht einem Kraftfeld, in das wir eintreten, oder einem Meer, in dem wir schwimmen.

Das Sanskrit-Wort *darśhan* bedeutet wörtlich „sehen" – oder in die Gegenwart von jemandem zu kommen, der wirklich sieht. Der was sieht? Der das Universum als ein Spiel des göttlichen Bewußtseins sieht und in jedem Menschen Gott erblickt. Ein Zusammentreffen mit solch einem Meister, solch einer Meisterin, vermag das Wissen zu erwecken, das in uns schlummert – im Hinblick auf unser Weltbild und unsere Wahrnehmung von anderen Menschen. Durch die Begegnung mit einem Siddha-Guru wird die Möglichkeit, das spirituelle Ziel zu erreichen, konkret, greifbar und etwas ganz Reales.

Wie ist Gurumayi zur Überträgerin einer derart ungeheuren Kraft geworden? Mit fünf Jahren begegnete sie einem außergewöhnlichen Yogi, einem erleuchteten Meister namens Swami Muktananda. Sie akzeptierte ihn als ihren Guru, und von dem Augenblick an wurde sein kleiner Ashram in einer ländlichen Region Westindiens ihr zweites Zuhause. Gleich von Anfang an also war ihr Leben ein geweihtes Leben.

Swami Muktananda war ein klassischer *sannyāsin,* ein Asket, der mit fünfzehn Jahren seine brennende Suche nach der höchsten Wahrheit begann. Er wanderte von einem Ende Indiens zum anderen und studierte die Lebensweisen und Lehren der charismatischen Heiligen, die in Wäldern und Bergen, Klöstern und Tempeln lebten. In einem Zeitraum von dreißig Jahren sammelte er einen ungeheuren Wissensschatz an. Er meisterte Yoga und Vedanta, er lernte die esoterischen Gedichte der Heiligen auswendig und eignete sich auch eine ganze Menge praktischer Fertigkeiten an. Gleichzeitig jedoch hatte er unentwegt den Namen Gottes im Sinn. Doch erst als Muktananda seinem eigenen Guru, Bhagawan Nityananda, begegnete, trugen all die Jahre der Mühsal und Anstrengung Früchte.

Bhagawan Nityananda war bereits von Geburt an ein Siddha, ein Vollkommener – einer der größten Heiligen und Gurus dieses

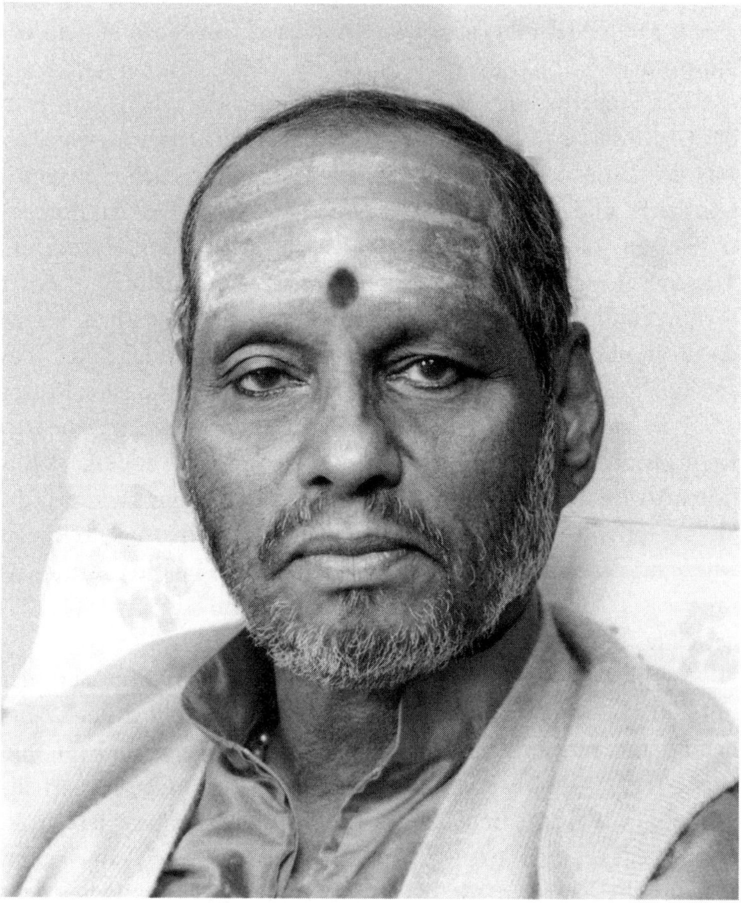

SWAMI MUKTANANDA

Jahrhunderts. Er lebte neben einem uralten Tempel in Ganeshpuri, einem winzigen Dorf mitten in der Wildnis des Tansa-Tals, nördlich von Bombay. Er hatte die geheimnisvollsten Wege, seine Segenskraft zu übertragen. Dieser Nityananda war ein *avadhūta*, ein ekstatischer, unkonventioneller Meister, der in einem Zustand lebte, in dem es kein Körperbewußtsein mehr gab. Die Kinder liebten ihn sehr. Er sprach nur wenig, und was er sagte, war oft verschlüsselt. Dennoch verkörperte er in Reinkultur die Lehren und die Freiheit, die Muktananda so leidenschaftlich suchte. Tausende von Menschen liebten Bhagawan Nityananda, weil überall, wo er sich aufhielt, Wunder und Legenden wie Blumen aus dem Boden sprossen. Muktananda liebte ihn, weil Nityananda Shaktipat gab, das unendlich kostbare Geschenk, die große innere Erweckung der Seele.

Eines frühen Morgens sah dieser erstaunliche Siddha-Meister Muktananda in die Augen. Ein Strahl von goldenem Licht in seinem Blick erweckte die Kraft der Kundalini Shakti, der göttlichen Energie, im tiefsten Innern von Muktanandas Sein. Damit geschah Shaktipat, die seltenste und tiefgründigste aller Initiationen. Mit einem Mal war die Seligkeit, nach der Muktananda Jahr um Jahr gesucht hatte, in seiner Reichweite, und die Gnade einer uralten Tradition von Weisen, Sehern und Heiligen strömte in ihn ein.

Während der nächsten neun Jahre meditierte Muktananda an einem abgelegenen Ort. Er tat es mit erstaunlicher Intensität. Die Energie, die in ihm erweckt worden war, ließ er in sich in ihrer ganzen Fülle zur Entfaltung kommen. Dann, an einem ruhigen Nachmittag, fing Bhagawan Nityananda plötzlich zu tanzen an. Zu denen, die damals bei ihm waren, sagte er, daß Muktananda die Befreiung erlangt hätte. Obwohl physisch Hunderte von Meilen voneinander entfernt, waren der Guru und sein Schüler eins geworden. Kurz darauf rief Nityananda seinen Schüler nach Ganeshpuri zurück, damit er sich dort niederlasse.

Solange Bhagawan Nityananda noch lebte, versuchte Swami Muktananda zu verbergen, was er erlangt hatte. Trotzdem begannen viele in ihm das lebendige Beispiel dafür zu sehen, was Bhagawan Nityananda in Wirklichkeit zu geben hatte. Kurz bevor er starb, rief Bhagawan Nityananda dann Muktananda zu sich und gab die

Autorität und die mystische Kraft seiner Tradition an ihn weiter. Er sagte zu Muktananda, daß er eines Tages die Segenskraft der Siddhas der ganzen Welt zugänglich machen würde. Es geschieht selbst bei einem derart vollendeten Yogi selten, daß er für immer in der Erfahrung des höchsten Selbst verweilt, daß er Befreiung erlangt. Aber die Gnade erleuchteter Meister aus vielen Jahrhunderten weiterzugeben, ein Siddha-Guru zu sein und diesen Sitz der höchsten Kraft einzunehmen, ist noch mehr als das.

In dieser Zeit kam Gurumayi, damals noch ein Kind, zum ersten Mal nach Ganeshpuri und begegnete ihrem Guru. Als Jugendliche verbrachte sie alle ihre Wochenenden und Feiertage in seinem Ashram. In ihren frühen Teenagerjahren gewährte er ihr *shaktipat*, die große Initiation, die er von Bhagawan Nityananda erhalten hatte – und damit betrat sie das mystische Reich von Muktanandas Welt. Shaktipat entfachte in ihr die gleiche tiefe Sehnsucht nach der höchsten Wahrheit, die Baba Muktanandas eigenen spirituellen Weg gekennzeichnet hatte. Die Meditation wurde zum Mittelpunkt ihres Lebens. Obwohl sie während der Woche zur Schule ging, hatte sie in ihrem Herzen den Entschluß gefaßt, eine Yogini zu werden und wie Baba der Welt zu entsagen.

Während sie heranwuchs, wuchs auch das Ausmaß von Baba Muktanandas Auftrag. Er wurde zum Lehrer für die ganze Welt. Zuerst waren da die spirituellen Pilger und Pilgerinnen aus den verschiedensten Ländern, die den Weg zum Ashram fanden. Dann ging Muktananda auf Geheiß seines Gurus selber auf Reisen. Zu einer Zeit, da alle Welt von politischer, sozialer und kultureller Revolution sprach, brachte Muktananda seine „Meditations-Revolution", wie er sie nannte, in den Westen. Er brachte Shaktipat dorthin, er brachte den Gesang von Mantras und alle anderen Schätze des Yoga. Was Muktananda erlangt hatte, war so unerschütterlich, daß er all seine Jahre des Studiums und der Übungen in einem Weg zur Synthese bringen konnte, der das Allerbeste der indischen Überlieferung enthielt, die Kronjuwelen des Yoga. Schon bald wurde es an Gurumayi herangetragen, auf seiner „Tournee" mitzureisen.

Als sie ein scheuer Teenager von neunzehn Jahren war, machte Muktananda sie zu seiner Dolmetscherin, obwohl sie zu der Zeit nur

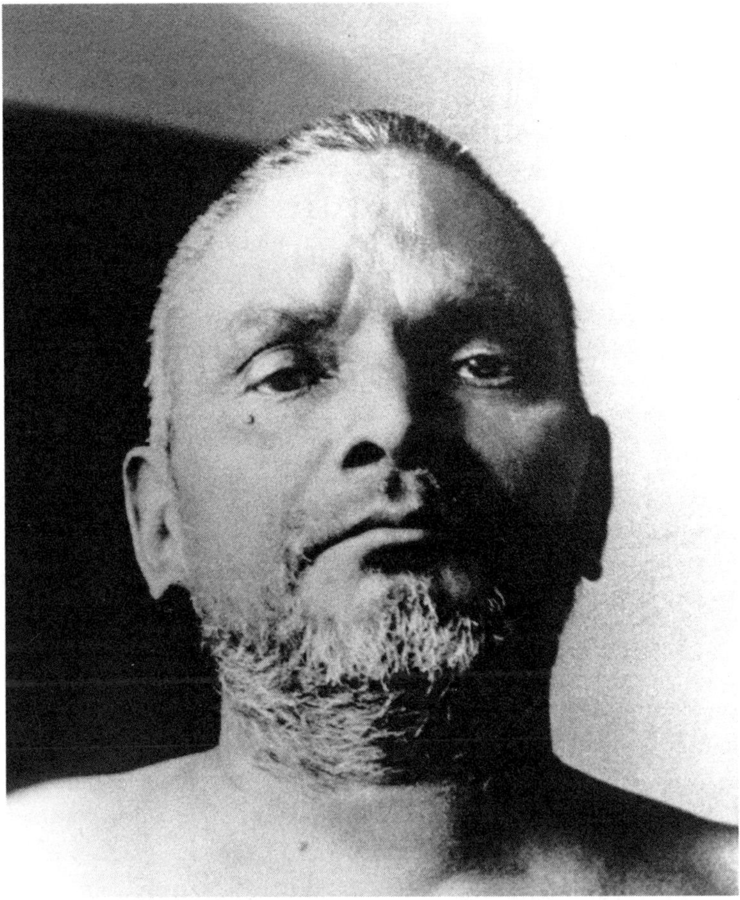

BHAGAWAN NITYANANDA

stockend Englisch sprach. Das bedeutete, daß jedes Wort, das er zu den Tausenden von Menschen sprach, die zu ihm kamen, alles, was er während der beiden Weltreisen lehrte, all seine Ratschläge, seine Worte des Trostes und seine Erkenntnisse von ihr aufgenommen und weitergegeben wurden. Seine Anweisungen, seine Beobachtungen, seine Gedanken gingen ihr unentwegt durch den Sinn.

Im Laufe der Jahre gab Baba ihr immer mehr Verantwortung. „Yoga ist Geschick im Handeln", heißt es in der *Bhagavad Gītā*, und diesen Eindruck hatte man von ihr, wenn man sie bei der Arbeit sah. Gurumayi stand schon damals sehr im Licht der Öffentlichkeit. Gleichzeitig war sie mit einer klassischen inneren Sadhana beschäftigt – Meditation, Singen, Studium der Schriften, dem Meister dienen. Sie hielt diese Sadhana aufrecht, unabhängig davon, wo Babas „Tour" gerade war, mitten unter und vor Tausenden anderer Menschen, die auf der Suche nach Gott waren. Im Rahmen ihres eigenen Lebens, inmitten des Ashramgefüges und bei ihren Reisen rund um die Welt überließ sie sich der geheimnisvollen Alchemie der Gnade des Gurus mit einem Feuer und einer Entschlossenheit, die einem den Atem raubte.

In Gurumayis ganzem Leben ging es immer darum, dem Geheiß des Gurus zu folgen – und das tut sie mustergültig und bis ins Detail. Von allen Elementen der Guru-Schüler-Beziehung ist dieses vielleicht das Entscheidendste, das Wirksamste und das Schwierigste. Muktananda sagte oft: „(Psychisch-geistige) Kräfte oder Erkenntnisse sind nicht etwas, was vom Himmel fällt und in uns übergeht. Man bekommt diese Kräfte und diese Erkenntnisse, indem man dem Gebot des Gurus gehorcht." Gurumayi nahm diese Aussage immer ganz wörtlich, mit dem Verständnis, daß dies der Schlüssel zu allem ist, was es zu erlangen gibt. Immer wenn Muktananda ihr etwas gebot, gleich, ob es ganz simpel oder hochkompliziert war, führte sie es auf der Stelle aus, mit ganzem Herzen, ohne davon abzuweichen oder es sich leichter zu machen.

Im Laufe der Zeit nahm sie jeden Aspekt dessen, was dieser namhafte Siddha-Meister erreicht hatte, in sich auf. Seine Weisheit, sein Scharfsinn in praktischen Dingen, sein Mitgefühl und seine Selbstlosigkeit, seine Kenntnisse auf dem Gebiet der Medizin, der

Kochkunst, der Schriften, der Musik und der Wege des Herzens – all das erlangte auch sie. Schließlich übertrug Muktananda auf sie die alles verzehrende Kraft seines Zustandes, den die Yogis *sahaja samādhi* nennen, Meditation mit offenen Augen, ununterbrochenes Einssein mit dem Absoluten. Es war ein phänomenales Beispiel für Schülertum, ein unauslöschlicher Beweis dafür, daß die Lehren und die Guru-Schüler-Beziehung einen Menschen befreien können, daß das Ziel des spirituellen Lebens – ganz gleich, wie man es nennen mag, ob Selbstverwirklichung, Erleuchtung, Befreiung – kein Märchen aus vergangenen Zeiten ist, sondern eine Realität, die in Reichweite ist, ein Zustand, den man erlangen kann.

In dem Augenblick, in dem der Guru Shaktipat gibt, sät er einen kostbaren Samen aus. Der Schüler oder die Schülerin muß sich selber bemühen, ihn zu schützen und zu nähren. Bei ihm oder ihr liegt die Verantwortung dafür, ihn zu hegen, während er zu einer zarten Pflanze heranwächst. Gleichzeitig schenkt der Guru ständig seine Gnade, um den Keim am Leben zu erhalten und sein Wachstum zu fördern. Allmählich reift dann im Laufe der Jahre der zarte Keimling zu dem großen Baum der Erleuchtung heran.

1982, fünf Monate bevor Muktananda starb, legte Gurumayi das Mönchsgelübde ab. Ihr Guru gab ihr den Namen Swami Chidvilasananda, was „die Glückseligkeit des Spiels göttlichen Bewußtseins" bedeutet. Ein paar Tage später führte er sie in ihr Amt als Guru ein, und nun sprechen die Meister der Siddha-Tradition durch sie.

Was sie lebt und was sie lehrt, ist Muktanandas Siddha Yoga. Gurumayi hat Siddha-Yoga-Meditation die innere Reise zum Herzen genannt. Sie ist eine Pilgerfahrt, die mit Shaktipat beginnt, der Herabkunft der Gnade. Diese Initiation ist die Morgenröte der Sadhana, des spirituellen Lebens. Als Folge davon entsteht spontane Meditation, unser Interesse und Verlangen nach spirituellen Übungen wächst, und das Streben nach Befreiung kommt in Bewegung. Alle Arten von Yoga werden zu einem natürlichen Teil des Weges, der sich in uns entfaltet. Die Tugenden – unser göttliches Erbe, unser innerer Reichtum – werden ausgegraben und ans Licht gebracht.

Jede der Tugenden, die Gurumayi in diesem Buch bespricht, ist eine tiefgründige Übung. Wird sie aufrichtig praktiziert, führt jede einzelne die Wahrheitssuchenden zum gleichen Zustand innerer Stille, der Erfahrung des Selbst. Das ist der Ort, von dem Gurumayis Worte kommen. Auch deshalb werden die Tugenden in ihrer Gegenwart und in ihren Lehren lebendig. Sie bringt uns mit der gleichen Reinheit in uns selber in Berührung. Ob die Quelle dieser Reinheit „das Selbst“, „das höchste Bewußtsein“, „Gott“ oder „die Göttin Kundalini“ genannt wird – ob sie als „Er“ oder „Sie“ oder „Es“ bezeichnet wird – Gurumayi weist auf etwas hin, das jenseits aller Sprache liegt. Ebenso kann in ihren Geschichten, Anekdoten und Zitaten „er“, „sie“, „es“ oder „sie“ (Plural) vorkommen. Wie das Pronomen auch heißt, sie spricht uns alle an, unabhängig von Alter, Geschlecht und Kultur. Gurumayi begrüßt alle an der Schwelle zur spirituellen Erfahrung. Sie öffnet die Tür zum Reich des Herzens und offenbart das Geheimnis, das dort verborgen ist – die Flamme des höchsten Bewußtseins, göttlich und unzerstörbar, das reine ewige Selbst. Sie ist das, was wir in Wirklichkeit sind. Machen wir uns dieses Wissen zu eigen, wenn wir Gurumayis Worte lesen.

– Swami Kripananda

Vorwort

Von sämtlichen überlieferten Schriften aus dem Hinduismus hat die *Bhagavad Gītā* vermutlich die breiteste und anhaltendste Resonanz gefunden. Sicher – die dort dargestellten spirituellen Ziele sind umfassend und versöhnlich: verschiedene Richtungen der frühen indischen Philosophie werden zusammengefügt, indem das Wissen um eine transzendente Wahrheit mit der Hingabe zu einem persönlichen Gott in Einklang gebracht wird. Doch der wichtigste Grund für die langanhaltende Anziehungskraft der *Gītā* zeigt sich vielleicht in ihrer Stellung innerhalb des Mahabharata-Epos. In der *Gītā* unterweist Krishna, der Erhabene, den Helden Arjuna. Diesen quälen Zweifel, ob er seine schreckliche Kampfespflicht erfüllen muß. Die *Gītā* führt über metaphysische Reflexion und visionäre Offenbarungen zu einer Ermutigung zum selbstlosen Handeln. Da hier ein Weg für spirituelle Befreiung angeboten wird, der durch unser Wirken in der Welt zustandekommt, ist Krishnas Botschaft über die Jahrtausende hinweg von zentraler Bedeutung geblieben.

Bereits seit dem 8. Jahrhundert, als Shankara seinen Kommentar zur *Gītā* schrieb, haben uns religiöse Lehrer Erläuterungen hinterlassen, die den einen oder anderen Aspekt des Textes hervorheben. Doch nicht nur in allen klassischen Vedanta-Schulen sind Kommentare über die *Gītā* geschrieben worden. Auch moderne geistige Führer wie Mahatma Gandhi und Sri Aurobindo haben sich mit ihr beschäftigt. Sie waren auf der Suche nach Wegen, die es ermöglichten, eine spirituelle Sichtweise in das Leben des 20. Jahrhunderts zu integrieren. Von all den bedeutenden hinduistischen Schriften hat die *Gītā* vermutlich die größte Relevanz für die inneren Kämpfe des Menschen auf der Suche nach Gott, bei der er mit den täglichen Widersprüchen des Lebens in unserer modernen Gesellschaft umgehen muß.

Swami Chidvilasananda konzentriert sich bei ihren Ausführungen auf das 16. Kapitel der *Gītā*. Dort werden die Unterschiede zwischen einem göttlichen Schicksal und seinem Gegenteil erläutert. Ihr Kommentar weist uns auf die Tugenden hin, die wir im spirituellen Leben heranbilden sollten, und macht diese für uns unmittelbar erfahrbar. Swami Chidvilasananda kommt aus einer Tradition von Lehrern, die Schülern in Ost und West praktischen Zugang zu einem sehr wirksamen Yoga gewährt. Sie spricht allgemeingültig und klar, ausgehend von ihrer eigenen Erfahrung. Ihre Beschreibungen der menschlichen Schwächen treffen ins Schwarze, und die Abhilfen, die sie darlegt, sind einleuchtend. Durch ihre wohlbedachten Worte, wie auch durch ihre eindrucksvolle Gegenwart, läßt sie uns wirksam an ihrer Erkenntnis teilhaben.

Lassen wir ihre Worte auf uns wirken.

– *Daniel Gold*
Department of Asian Studies
Cornell University

Gebet

Muktānandāya gurave śhiṣhya-saṃsāra-hāriṇe
Bhakta-kāryaika-dehāya namaste chit-sad-ātmane

Om namaḥ śhivāya gurave sac-chid-ānanda-mūrtaye
Niṣhprapañchāya śhāntāya nirālambāya tejase

Om saha nāvavatu saha nau bhunaktu
Saha vīryam karavāvahai
Tejasvi nāvadhītam astu mā vidviṣhāvahai

Om śhāntiḥ śhāntiḥ śhāntiḥ
Sadgurunāth Mahārāj kī Jay!

Gegrüßt sei Muktananda, der Guru,
der seine Schüler vom Kreislauf von Geburt und Tod errettet,
der einen Körper angenommen hat,
um den Bedürfnissen seiner ergebenen Anhänger
entgegenzukommen,
und dessen Natur Bewußtsein und Sein ist.

Om. Ehre dem Guru, der Shiva ist!
Seine Form ist Sein, Bewußtsein und Glückseligkeit.
Er ist transzendent und ruhig, erhält sich selbst und ist leuchtend.

Om. Mögen wir, Guru und Schüler, gemeinsam beschützt sein.
Mögen wir uns gemeinsam an den Früchten
unserer Handlungen erfreuen.
Mögen wir gemeinsam Kraft erlangen.
Möge unsere Erkenntnis voller Licht sein.
Mögen wir niemals Feindseligkeit untereinander empfinden.

Om. Friede. Friede. Friede.
Ehre dem Meister, der mir die Wahrheit offenbart hat!

Am Anfang: Liebe

Mit grosser Achtung und grosser Liebe heiße ich euch alle von ganzem Herzen willkommen.

Genau in diesem Augenblick, zehn Uhr morgens, ist es im Gurudev Siddha Peeth, unserem wunderbaren Ashram in Indien, abends halb acht. Auch dort findet jetzt ein Programm statt. Natürlich beginnen wir gerade mit unserer Feier, und dort geht sie zu Ende, aber, ah, denkt dort doch bloß an all die Leute, die heute in Ganeshpuri im Gurudev Siddha Peeth zusammengekommen sind.

Erinnert euch an Bhagawan Nityanandas Tempel und seine goldene kosmische Gestalt. Denkt an Baba Muktanandas Samadhi-Schrein, dessen Wände mit Pfauenfedern ausgekleidet sind. Der Samadhi-Schrein ist immer voller Duft, und in ihm schwingt natürlich die großartige Energie, Babas Shakti – wunderbar, zart und stark. Wo du im Ashram in Ganeshpuri auch bist, immer spürst du unvorstellbar viel Liebe, und eines weißt du ganz sicher: jedes einzelne Teilchen im Gurudev Siddha Peeth ist von der Gnade des Gurus erfüllt.

Im Siddha Yoga ist es Brauch, daß jede Reise im Tempel zu Füßen von Bhagawan Nityananda anfängt und aufhört. Man geht dorthin, um ihn ehrfürchtig zu begrüßen und seinen Segen zu empfangen. Vor kurzem waren wir für mehrere Monate in Indien. Kurz bevor wir abfuhren, besuchte ich den Kuhstall. Er ist heute woanders untergebracht, auf der Rückseite eines großen Hügels, der den Namen Tapovan trägt. Wenn man schnell hinmöchte, muß man ins Auto steigen. Als wir an diesem Tag dorthin fuhren, schaute ich immer wieder den Himmel an. Es war Abend, und der Himmel sah herrlich aus – vollkommen dunkel, mit dicken, schweren Regenwolken verhangen, außer einem kleinen Fleck im Westen, nur einem kleinen Fleck, der ganz golden war. Es war atemberaubend. Es war erstaunlich in seiner Schönheit. Die Gipfel der Berge sahen aus, als wären sie in goldenes Licht getaucht.

Vom Kuhstall ging ich in den Tempel. Und da saß Bhagawan Nityananda mit seinem goldenen Körper. Ihr müßt wissen, daß die Statue von Bhagawan Nityananda in Ganeshpuri leuchtend golden ist. Als ich ihn an diesem Abend sah, wurde mein Geist vollkommen still. Ich konnte nicht sagen, ob ich Bhagawan Nityananda anschaute oder den Himmel. Als ich dort stand, war es ganz klar: es gibt keinen Unterschied. Er ist das Universum.

Dann kamen wir nach South Fallsburg. Nach unserer Ankunft gingen wir als erstes in den Tempel. Und da war Bhagawan Nityananda. An diesem Tag war ein schimmernder Brokatstoff um seine Gestalt drapiert. Der Himmel, Bhagawan Nityananda im Tempel in Ganeshpuri und Bhagawan Nityananda im Tempel hier, sie waren alle das gleiche. Wo du auch hingehst, der Guru ist bei dir. All das ist das Spiel des Bewußtseins.

Jetzt sitzen wir hier in South Fallsburg im Shakti Mandap, dem Pavillon mit der wunderbaren Energie. Dies hier ist einer der schönsten und energiegeladensten Orte im Ashram. So viele ganz besondere Ereignisse sind hier gefeiert worden. Wir haben hier, umgeben von Schnee, „Intensives", Tanzsaptahs um das Feuer herum sowie viele Kurse abgehalten. Wir haben hier im goldenen Licht vieler Sonnenuntergänge meditiert und bei vielen goldenen Sonnenaufgängen die *Guru Gītā* gesungen. Wir hatten vedische Feuerzeremonien mit unseren gelehrten Brahmanen. Es ist hier so viel gesungen worden, und man kann das spüren. Der Klang der Mantragesänge liegt in der Luft, man kann ihn hören.

Warum sind wir heute früh hier zusammengekommen? Ja, wir feiern einen Geburtstag, aber es gibt noch einen anderen sehr wichtigen Grund, weshalb ihr gekommen seid. Wir sind hier, um das Sommer-Retreat 1993 zu eröffnen. Der Anfang eines jeden Sommers ist immer voller Spannung, Segen, Erwartung, Neugier, und wir fassen viele Vorsätze. Bislang stand jeder Sommer unter einem bestimmten Motto, und auch dieses Jahr haben wir wieder ein bestimmtes Ziel. Wir werden uns eingehend mit dem Thema Ashram-Dharma befassen – was bedeutet es eigentlich, in einem Ashram zu leben? Wie kann man seine Zeit hier angemessen, auf „dharmische" Weise verbringen? Genauer gesagt, wir werden uns mit den glorreichen Tugenden beschäftigen. Wir werden uns fragen: „Welche Tugenden kann ich diesen Sommer kultivieren?"

Diese Zeit eignet sich offenbar gut dazu, die Tugenden, die in uns verborgen liegen, diese göttlichen Geschenke, näher zu betrachten. Wir werden sie genauer untersuchen, sie schätzen lernen und andere an ihnen teilhaben lassen.

Der chinesische Philosoph Mencius sagte einmal: „Die Tugenden sind nichts, was uns eingeflößt wird; sie sind uns von Natur gegeben. Sucht sie, und ihr werdet sie finden; vernachlässigt sie, und ihr werdet sie verlieren."

Vielen machen diese Tugenden Angst. Sie haben etwas so Erhabenes, daß sie sich überfordert fühlen. Sie denken, daß sie sie nie verwirklichen könnten. Mencius' Satz rückt die Sache jedoch in ein ganz anderes Licht. Tugenden sind nichts, was du von außen bekommst; sie existieren bereits in dir. Daher ist es wichtig zu entdecken, was dir gegeben worden ist, und zu lernen, es zu bewahren.

Für den großen indischen Heiligen Bhartrihari waren Tugenden eine verwandelnde Kraft. Bhartrihari sagte: „O weiser Mensch, gewöhne dir an, göttliche Tugenden zu kultivieren, denn sie lassen den Bösen gut und den Dummen weise werden; sie stimmen Feinde freundlich und machen Unsichtbares sichtbar. Göttliche Tugenden verwandeln auf der Stelle Gift in Honig, und sie gewähren dir die Frucht deiner Handlungen."

Das werden wir hier also tun. Wir werden die Lehren der Siddhas über die Tugenden untersuchen und praktizieren. Wir werden uns alle Mühe geben, tief in unser Herz zu schauen. Wir werden die Schatztruhe öffnen, die dort auf uns wartet, und die wundervollen Juwelen unter die Lupe nehmen, die sie enthält.

Dauerhaftes Glück stellt sich erst dann ein, wenn du Gott in dir erkennst. Alle Seligkeit gehört dir, wenn du die Wahrheit deiner eigenen Natur erfährst. Man kann also nicht sagen, daß die Tugenden das letzte Ziel des spirituellen Lebens sind. Es ist jedoch auch wahr, daß niemand je das Ziel ohne sie erreicht. Die glorreichen Tugenden bringen dich weiter, ebenso wie an Lastern haftenzubleiben dein Untergang ist.

Wir werden uns so viel Zeit nehmen, wie wir brauchen, um dieses Thema zu erforschen. Heute morgen möchte ich euch jedoch von der höchsten Perspektive aus einen Überblick über unser Thema geben. Wir wollen die Tugenden mit Hilfe der Worte Krishnas in der *Bhagavad Gītā* untersuchen. Diese Schrift ist einer der heiligsten Texte über Yoga. In achtzehn Kapiteln übermittelt Shri Krishna seinem Schüler Arjuna die Essenz der Weisheit. Zum Wohl der gesamten Menschheit gibt er ganz praktische Ratschläge zum „Yoga der Meditation", „Yoga der Handlung" und „Yoga der Hingabe" und daneben sehr subtile Unterweisungen zum „Yoga der Herrlichkeit Gottes".

Das sechzehnte Kapitel der *Bhagavad Gītā* heißt „Der Yoga der Trennung zwischen dem Göttlichen und dem Dämonischen". In 24 Versen stellt Krishna uns ganz meisterhaft die glorreichen Tugenden vor – jene Eigenschaften, die auch unser göttlicher Reichtum genannt werden – sowie auch all jene Verhaltensweisen und Impulse, die an den Tugenden nagen und die es abzulegen gilt. Hier ist die Übersetzung der ersten fünf Verse:

Der gesegnete Herr sprach:

> Furchtlosigkeit, ein reines Wesen, Standhaftigkeit im Yoga und im Wissen, Freigebigkeit, Selbstbeherrschung und Opferbereitschaft, Studium der heiligen Texte, Askese und Rechtschaffenheit,

Gewaltlosigkeit, Wahrheitsliebe, Freisein von Wut, Entsagung, Heiterkeit, Verzicht auf üble Nachrede, Mitgefühl für alle Lebewesen, Freiheit von Verlangen, Sanftmut, Bescheidenheit, Abwesenheit von Wankelmut,

Energie, Vergebenkönnen, innere Stärke, Reinheit von Körper und Geist, Freisein von Böswilligkeit, Freisein von Stolz – das, Arjuna, sind die Gaben der Menschen mit einem göttlichen Schicksal.

Heuchelei, Arroganz, Stolz, Wut, Überheblichkeit und Unwissenheit sind die Gaben der Menschen mit einem dämonischen Schicksal, Arjuna.

Das göttliche Schicksal führt zur Befreiung, das dämonische zur Knechtschaft. Aber trauere nicht! Dein Schicksal ist ein göttliches, o Arjuna." [16:1-5]

Auch wir haben wirklich ein göttliches Schicksal – hier zusammenzusitzen und die Weisheit der Siddhas in ihrer reinsten Form aufnehmen zu können, so klare Anweisungen zu bekommen, wie wir diese Weisheit auffassen und anwenden sollen. Gemeinsam werden wir diesen Sommer zu einem großartigen Erlebnis machen. Gemeinsam werden wir den Segen der Natur in diesen schönen Bergen empfangen. Gemeinsam werden wir unsere Liebe zu Gott und Seine großzügigen Gaben teilen, und unsere Tugenden werden heller hervorleuchten.

Am heutigen Tag danke ich dem Herrn für alle, die sich bemüht haben, diesen Tag zu einem sehr frohen Geburtstag zu machen. Und schließlich – vor aller Zeit, zu dieser Zeit und jenseits aller Zeit – bete ich darum, daß ich meinem Guru Baba Muktananda immer dankbar sein möge. Durch seine Gnade sehe ich. Seine Gnade läßt mich wahrnehmen. Seine Gnade läßt mich Gottes strahlenden Glanz spüren, Seine Großzügigkeit, Güte, Liebe und alles, wofür Er, der erhabene Herr, steht. Möge ich immer daran denken, daß ohne seine Gnade nichts möglich ist. Ich verneige mich vor den Füßen Baba Muktanandas, um mich ständig daran zu erinnern, daß mein Körper, mein Geist und mein Herz ihm gehören. Ich verneige mich vor den Füßen Baba Muktanandas mit dem Bewußtsein, daß es ohne seine Liebe kein Leben gibt.

Wen hat Baba Muktananada am meisten geliebt? Für wen hat er sein Leben geopfert? Wessen Liebe hat er in uns erweckt? Wer war sein Geliebter? Bhagawan Nityananda. Baba Muktananda liebte seinen Guru. Durch die Art und Weise, wie er seinen Guru liebte, zeigte er uns, was Hingabe ist und wie wir ihn lieben können.

Noch einmal danke dafür, daß ihr seid, wer ihr seid. Noch einmal danke, daß ihr die Liebe in eurem Herzen zeigt.

Noch einmal danke, daß ihr das Gewahrsein der Größe Gottes feiert. Wenn ich über die Milliarden von Sternen, Planeten und Milchstraßen nachdenke, die so wunderbar und so präzise am Himmel stehen, zu derart großartigen, komplexen Mustern zusammengefügt; wenn ich über das Nichts im Samenkorn nachsinne, aus dem der Baum hervorgeht, wird mir immer wieder klar, daß mein Leben in Seinen Händen liegt. Was sind all diese Dinge ohne Seine Gnade? An dem Tag also, den ihr meinen „ganz, ganz frohen Geburtstag" nennt, feiere ich die Gegenwart Gottes in meinem Leben. Ich heiße all den unsichtbaren Segen willkommen.

Noch einmal verneige ich mich vor den Füßen Baba Muktanandas. Ich bete darum, daß mein Kopf nie von der strahlenden Herrlichkeit seiner Füße getrennt sein möge. Mögen sich all meine Gedanken zu seinen barmherzigen Füßen auflösen.

Mit großer Achtung und großer Liebe heiße ich euch von ganzem Herzen willkommen.

24. Juni 1993

KAPITEL EINS

FURCHTLOSIGKEIT

Abhayam

MIT GROSSER ACHTUNG UND GROSSER LIEBE heiße ich euch alle von ganzem Herzen willkommen.

Der bedeutsamste Augenblick in deinem Leben ist der, in dem du den Entschluß faßt, die höchste Wahrheit zu erkennen, ein Entschluß, der so sehr feststeht, daß es kein Zurück mehr gibt. Natürlich ist es nicht ganz einfach, an diesen Punkt zu kommen. Es ist leicht, sich die Erleuchtung in Tagträumen auszumalen. Es ist ein Leichtes, zu phantasieren, daß du die Wahrheit kennst, dir vorzustellen, unerschütterlich in der Wahrheit deiner Natur zu wurzeln, aber dich wirklich dafür einzusetzen, ist eine andere Sache. Das Selbst zu erkennen, ist das schwierigste Unterfangen, das die Menschheit kennt. Warum? Weil es so viele Dinge gibt, die einen Menschen davon abhalten, dem auch nur nahezukommen.

In einem Vers der *Bhagavad Gītā* sagt Krishna zu Arjuna:

trividhaṃ narakasyedaṃ dvāraṃ nāśhanam-ātmanaḥ /
kāmaḥ krodhas-tathā lobhas tasmād-etat-trayaṃ tyajet //

Dreifältig ist das Tor zur Hölle,
zur Zerstörung des Selbst:
Verlangen, Wut und Gier.
Deshalb sollte man diese drei von sich weisen. [16:21]

Gier, Wut und Verlangen. Wut, Verlangen und Gier – sie stehen in keiner bestimmten Reihenfolge. Wenn ein Verlangen nicht erfüllt wird, führt das zu Wut, und die Wut wiederum führt zu Gier. Wenn andererseits Gier da ist und sie nicht befriedigt wird, wenn sie ihrer Objekte beraubt wird, entsteht auch Wut. Man benutzt diese Wut als Energie, um zu bekommen, was man sich in den Kopf gesetzt hat; man will es um jeden Preis. Du siehst also, daß man nur selten eines dieser drei allein antrifft, und alle drei zusammen machen aus den schönsten Motiven eines Menschen Makulatur. Sie zerstören die Sehnsucht nach der höchsten Wahrheit. Sie sind wie Stachel, die ständig Löcher in dein Verständnis bohren, in dein reines Gewissen, deinen Anstand und all deine anderen hohen Prinzipien, bis schließlich nichts mehr davon übrig ist. Verlangen, *kāma* – was auch mit „Sinneslust" übersetzt werden kann – sowie Wut und Gier, das sind die Wächter, die Eskorten, die dir dabei helfen, die Schwelle zur Hölle zu überqueren.

Im *Skanda Purāna* heißt es:

kāmaṃ krodhaṃ cha lobham cha yo jitvā tīrthamāviśhet /
na tena kiṇchidaprāptaṃ tīrthābhigamanād bhavet //

> Wenn ein Mensch, der Verlangen, Wut und Gier besiegt hat, eine heilige Stätte betritt, gibt es nichts, was er auf seiner Pilgerfahrt nicht erlangen kann.

Viele fragen: „Wie sollte ich in einem Ashram leben? Wie sollte ich mich an einem Ort verhalten, der spirituellen Übungen geweiht ist?" Dieser Vers gibt dir eine sehr schöne Antwort darauf. Besiege diese drei Feinde. Versuche ständig, sie zu meistern, statt ihr Sklave zu werden. Dann wirst du die Kraft dieses Ortes und die Kraft des Selbst, das in dir wohnt, sofort spüren.

Wenn Leute das hören, haben sie immer eine Frage im Kopf: „Kann man das alles denn wirklich vollständig überwinden? Velangen, Wut und Gier?" Die Weisen, die ihre Sinne gemeistert haben, erwidern mit großem Nachdruck: „Ja, man kann sie vollständig überwinden." Dafür ist es jedoch wichtig, Tugenden zu kultivieren. Sie sind die beste Rüstung. Anstatt zuzulassen, daß schlechte Angewohnheiten dich zugrunderichten, hebt die positive Kraft der Tugenden deren Wirkung auf und macht sie schließlich allesamt zunichte.

Die erste Tugend, die Krishna Arjuna im 16. Kapitel der *Bhagavad Gītā* empfiehlt, ist Furchtlosigkeit. Jnaneshwar Maharaj, der große Dichterheilige aus Maharashtra, sagt in einem Kommentar zu diesem Vers:

> Von allen *daivī sampatti*, göttlichen Eigenschaften,
> nimmt Furchtlosigkeit den obersten Rang ein. [16:67]

Denken wir einmal hierüber nach. Stimmt es nicht, daß der Mensch die meisten Sünden aus Angst begeht? Stimmt es nicht, daß der Mensch es vor lauter Angst vorzieht, eingeschränkt zu bleiben? Stimmt es nicht, daß der Mensch aus Angst alles auf Distanz hält – selbst die Vision Gottes? Stimmt es nicht, daß du dir aus Angst oft viel Freude vorenthalten hast? Stimmt es nicht, daß du aus Angst das verloren hast, was dir am meisten bedeutet hat? Stimmt es nicht, daß du aus Angst Lügen erzählst?

Und wenn du jemand anderen als Lügner bezeichnest, geschieht das nicht auch aus Angst? Würde überhaupt irgend jemand lügen, wenn es keine Angst gäbe?

Baba Muktananda sagt: „Es gibt nur zwei Dinge, die Angst auslösen. Erstens: sich nicht bewußt zu sein, daß ein göttlicher Ort der Furchtlosigkeit in einem existiert. Zweitens: sich der Hilfe Gottes nicht bewußt zu sein."

Dies ist wirklich eine große Wahrheit. In dir gibt es einen göttlichen Ort der Furchtlosigkeit, und Gottes Hilfe ist immer für dich da. Deshalb machst du Sadhana, spirituelle Übungen: um in Berührung mit diesem inneren Raum zu kommen, um dir der Gnade Gottes bewußt zu werden. Du kannst nicht einfach pfeifend die Straße hinuntergehen und erwarten, mit dem Ort der Furchtlosigkeit in dir in Berührung zu kommen. Genausowenig kannst du voller Selbstüberschätzung ein Hornissennest ausheben und erwarten, Gott würde schon verhindern, daß du gestochen wirst.

Denke daran, deine Ängste sind sehr alt. Als dein Körper entstand, sind damit auch alle deine begrenzten Gefühle über dich selbst entstanden. Das bedeutet: im Augenblick deiner Geburt ist auch dein Gefühl der Hilflosigkeit und deine Angst vor der Welt geboren worden. Alle Welt betet Neugeborene förmlich an. Hast du einmal darauf geachtet, was die Leute sagen? „Och, ist das süß, das Baby! Schau dir dieses Gesicht an! Och, es hat ja richtig rote Bäckchen, es hat ganz lockige Haare. Sieh dir doch nur diese winzigen Nägel an! Nein – guck dir nur diese zarten Füße an. Ist das nicht das süßeste Baby, das du je gesehen hast?“ Wie sehr die Leute auch in diesem Stil weiterreden, wenn du in das Baby hineinsehen könntest, würdest du merken, daß es verängstigt ist. Es ist in die Welt hinausgestoßen worden. Du kannst dir diese Angst vorstellen. Du kannst dir buchstäblich seine Angst vorstellen, erdrückt zu werden, seine Angst zu ersticken, an einen unbekannten Ort befördert zu werden, an die Luft, in das Licht, in den Lärm, wo riesige Menschen darauf warten, es zu packen. Da ist sie schon, die Angst, ganz von Anfang an.

Der ganze Zweck des Lebens ist, dein Gefühl der Begrenztheit und die Angst vor der Welt, die damit einhergeht, wieder aufzuheben. Der ganze Zweck des Lebens ist, deinen Geist, dein Herz und deinen Körper zu stärken, so daß du wieder die höchste Wahrheit erfahren kannst. Die Herrlichkeit Gottes. Grenzenlose Freude. Bedingungslose Liebe. Wahre Hingabe. Und auch die glorreichen Tugenden, die als zentraler Teil deiner Natur in dir sind.

Einmal wurde Baba gefragt: „Warum macht man im Laufe seiner Sadhana Zeiten durch, in denen man Angst hat?“

Baba antwortete: „Wenn du auf eine Reise gehst, stößt du auf schadhafte Straßen und kommst durch dichte Wälder. Hier ist es genauso: wenn du auf der inneren Reise bist, kommst du an alle erdenklichen Orte. Ebenso wie es in dir ein Zentrum der Liebe gibt, gibt es dort auch ein Zentrum der Angst.

Angst ist der Schleier, der das Individuum und das höchste Selbst voneinander trennt. Wenn sich dein Bewußtsein mehr und mehr dem Höchsten nähert, erlebst du diese Angst sehr direkt. Du fürchtest dich schrecklich davor, dich fallenzulassen. Diese Angst hält dich davon ab, eins zu werden mit Gott. Manchmal hört jemand, der meditiert hat, für immer damit auf, weil er solch schreckliche Angst bekommt, wenn er das Zentrum der Angst erreicht.

Du solltest dich vor diesem Zentrum der Angst in acht nehmen. Wenn du ihm entgegentreten kannst, wirst du es hinter dir lassen. Dann wirst du all deine Angst verlieren. Wenn du dich mit viel Mut fallenläßt, wirst du DAS erlangen. Wenn du dich aus Angst zurückhältst, wirst du alles verlieren."

Solch eine wichtige Botschaft: „Wenn du dich aus Angst zurückhältst, wirst du alles verlieren." Baba Muktananda ermutigte spirituelle Pilger, ein Herz wie ein Löwe zu haben. Damit meinte er mehr als nur stark und unerschrocken zu werden; er meinte damit auch, offen zu sein, freigebig und freundlich. Ängste nisten sich in dunklen Ecken ein. Sie blühen im Schatten erst so richtig auf. Wenn die glorreichen Tugenden in dir leuchten, lösen sich die Ängste in nichts auf.

Angst hat viele, viele verschiedene Gesichter und Zusammenhänge, und es gibt eine endlose Palette von Gründen für ihre Existenz. Ganz prächtig gedeiht die Angst bei diesen verwickelten Bedenken. Du hast sicher schon sehr oft vor dir selbst und vor anderen verkündet: „Ich habe überhaupt keine Angst!" Und im Stillen hast du dich gefragt: „Stimmt das wirklich?" Oder du hast ganz kühn gesagt: „Ich kann das" – was immer „das" auch sein mag – „Ich bin stark, ich habe kein bißchen Angst." Und in dir flüstert eine leise Stimme: „Bist du sicher?"

Natürlich spielt sich manchmal jemand so auf, als ob er absolut keine Angst hätte. Jedoch scheint dann immer etwas im Spiel zu sein, das die Wahrnehmung dieses Menschen vernebelt. Weißt du, was das ist? Eine andere Ebene der Angst. Du mußt wissen, daß die Angst auch vor sich selber Angst hat. Sie versteckt sich auf vielerlei Weise. Eines ihrer Verstecke ist die Furcht vor einem möglichen Ereignis. Was für eine Art von Angst verbirgt sich hinter dieser Furcht? Die Angst vor einer Anstrengung, die du unternehmen mußt, oder die Angst davor, ein Versprechen einhalten zu müssen ... Wenn du willens bist, dich selber zu ergründen, wirst du die verschiedenen Deckmäntel herausfinden, unter denen die Angst bei dir auftritt. Manchmal versteckt sich die Angst hinter einer Fassade der Stärke. Jemand wirkt vielleicht sehr ehrlich, sehr direkt, mitteilsam, vertrauensvoll und so weiter, aber wenn du etwas tiefer blickst, siehst du, daß diese Eigenschaften nicht ganz so rein sind, wie es den Anschein hat. Sie stützen sich nicht auf Löwenmut. In vielen Fällen sind sie ein Versuch, Befürchtungen, Bestürzung und Enttäuschung zu kaschieren, die alle nur andere Namen für die Angst sind.

Im Grunde genommen kann Angst nützlich sein, wenn man sie richtig einsetzt, und äußerst schädlich, wenn man das nicht tut. Ein französischer Schriftsteller hat es einmal so ausgedrückt: „Es gibt eine tugendhafte Furcht, die das Resultat von Glauben ist, und eine verwerfliche Furcht, die durch Zweifel und Mißtrauen zustande kommt. Die erste Art führt zu Hoffnung und baut auf Gott, an den sie glaubt, die andere Art neigt zur Verzweiflung und baut nicht auf Gott, an den sie nicht glaubt. Die Menschen der einen Überzeugung haben Angst, Gott zu verlieren; die der anderen haben Angst, ihn zu finden."

Welche Art von Angst hast du? Hast du Angst, Gott zu verlieren oder ihn zu finden? Hast du Angst, die Wahrheit zu verlieren, oder hast du Angst, die Wahrheit zu erlangen?

Woran erkennst du, auf welcher Art von Angst deine Handlungen beruhen? Wie kannst du sicher sein, daß dein Verhalten nicht auf einem mutlosen Herzen beruht? Woher willst du wirklich wissen, daß das Beben in deinem Herzen durch die Liebe zu Gott ausgelöst ist und nicht durch Angst? Durch Selbstergründung, Selbsterforschung. Das ist der einzige Weg. Diese Übung ist unerläßlich. In gewisser Hinsicht praktizierst du alle anderen spirituellen Übungen – den festen Tagesablauf, regelmäßig singen, lesen, meditieren, selbstlos dienen – nur, damit du stark genug wirst, eine wirkliche Selbsterforschung auszuhalten.

Aber Vorsicht. Selbsterforschung bedeutet nicht, wegzugehen und sich unter einen Baum zu setzen oder nur für dich zu sein und die ganze Welt zu verfluchen. Viele praktizieren diese Art von Selbsterforschung ganz regelmäßig. Sie sitzen an einem Fluß und sagen zu sich selbst: „Du bist gut. Die Welt ist schlecht. Du bist ein wirklich toller Mensch. Die Welt gibt dir nicht so viel, wie du eigentlich verdienst. Du bist ein guter Mensch. Der-und-der ist ein ganz elender Kerl.“ Besonders, wenn Beziehungen zwischen Leuten in die Brüche gehen, fängt diese Art von Selbsterforschung sofort an. „Ich habe ihm alles gegeben. Schau nur, was er mir angetan hat!“ Oder: „Für diese Frau hätte ich wirklich sterben können. Wenn sie mir nur ihre Liebe geschenkt hätte!“ Vom yogischen Standpunkt aus betrachtet gilt so etwas nicht als Selbsterforschung.

Wenn du wirklich Selbsterforschung betreibst, was auch *atma vichara* genannt wird, stehst du dir von Angesicht zu Angesicht gegenüber; und dazu brauchst du Furchtlosigkeit. Furchtlosigkeit ist die Tugend, durch die du letztlich erkennst, wer du wirklich bist. Du hast keine Angst, in den Spiegel zu schauen.

Jedes Lebewesen auf dieser Erde ist bis zu einem gewissen Grad Angst ausgesetzt – aufgrund seines Schicksals und aufgrund der *samskāras*, der Handlungen und Eindrücke, die es in der Vergangenheit angesammelt hat. Andererseits verdient jedes Lebewesen auf dieser Erde auch, die höchste Erfahrung zu machen, die Erfahrung, daß Gott in ihm wohnt.

Während des Sommers in South Fallsburg werden viele verschiedene Kurse angeboten. Fast jeder Kurs wurde mit demselben Ziel konzipiert: das eigene Selbst kennenzulernen. Es ist nicht nur reine intellektuelle Weisheit, die hier weitergegeben wird. Was dir angeboten wird, ist die Erfahrung des höchsten Selbst, das in dir wohnt. Die Professoren, die Gelehrten, die Swamis, die diese Kurse halten, sprechen alle aus ihrer eigenen Erfahrung. Sie halten diese Kurse nicht, damit dir der Verstand stillsteht oder um dich intellektuell zu beeindrucken oder Lorbeeren dafür einzuheimsen. Sie sprechen aus der Tiefe ihres eigenen Wesens. Wenn du eine Lehre hörst, die aus der persönlichen Erfahrung von jemandem stammt, hat sie die Kraft, dich zu beeinflussen und deinen Geist, dein Herz und deinen Körper zu reinigen. Du kannst dann das, was dort beschrieben wird, wirklich erleben.

Ich möchte euch etwas erzählen, was heute früh passiert ist. Ich ging einen Gang im Ashram entlang, und eine Zimmertür stand offen. Ich blickte also in das Zimmer und sah diese ganzen

Bücher, die auf dem Bett aufgestapelt waren. Da waren viele, viele verschiedene Stapel Bücher und Papier. Ich war fasziniert. Ich stand ein paar Sekunden da, und dann klopfte ich ganz sachte an die Tür, um denjenigen, der das Zimmer zur Zeit bewohnt, auf mich aufmerksam zu machen. Es war einer der Professoren. Er saß vornübergebeugt über einem ganzen Arm voller Bücher. Er schaute auf, als er das Klopfen hörte, und die Brille rutschte ihm auf die Nasenspitze. Er starrte mich über seine Brillengläser abwesend an, wie sich das für einen richtigen Professor gehört, und sagte: „Oh! Oh!"

Ich fragte ihn, wie es ihm ginge, und er war so freundlich, mir zu antworten. Er erzählte mir, wie er sich fühlte und was alles in seinem Leben passierte. Während er sprach, erschien ganz plötzlich das Gesicht von Shirdi Sai Baba. Als ich ihn sah, fiel mir ein, daß genau das gleiche morgens nach meiner Meditation passiert war. Shirdi Sai Babas Gesicht war erschienen, ganz, ganz hell, strahlend weiß, es blendete regelrecht. Er hatte mich gebeten, die *Pādukā Āratī* zu singen, das Morgengebet, das in seiner Heimatstadt Shirdi gesungen wird. Einige von euch haben vielleicht noch nicht von Shirdi Sai Baba gehört. Er war ein großer Heiliger, der um die Jahrhundertwende in Maharashtra, in Indien, lebte. Noch immer kommen viele Millionen Menschen nach Shirdi, um den Schrein zu besuchen, wo er bestattet ist, und viele von ihnen empfangen dort unvorstellbaren Segen. Wenn man nur an Sai Baba denkt, reicht das bereits aus, seinen Segen zu erhalten. Als er in meiner Meditation erschien und mich bat, dieses bestimmte Gebet zu singen, mußte ich leider sagen: „Ich kann es nicht auswendig." Sai Baba sagte wieder: „Sing es."

In meiner Meditation fing ich also an, nach dem Blatt zu suchen, auf dem dieses Gebet stehen mußte. Ich konnte es nirgendwo finden. Durch all diese Aktivität kam ich aus der Meditation heraus. Jetzt, ein paar Stunden später, als ich vor der Tür des Professors stand, erschien Sai Babas Gesicht erneut. Der Professor sprach weiter, sanft, höflich, herzlich und liebenswürdig, und ich schaute dabei das Gesicht von Shirdi Sai Baba an, das vor dem Gesicht des Professors erschienen war. Im Geist fragte ich Sai Baba: „Weshalb erscheinst du heute immer wieder auf diese Weise?"

Und er antwortete: „Furchtlosigkeit. Das gebe ich den Menschen: Furchtlosigkeit."

Als der Professor am Ende seiner Geschichte angekommen war, verschwand auch das Gesicht von Sai Baba. Ich verabschiedete mich und ging. Sai Baba muß gewußt haben, daß ich heute über Furchtlosigkeit zu euch sprechen würde.

Ich erzähle euch diese Geschichte, um euch auf die Erfahrung aufmerksam zu machen, die in diesen Lehrern lebendig ist. Sie haben sich in das vertieft, was sie studieren. Wenn also diese Professoren und die Swamis, die Siddha-Yoga-Mönche, über die Lehren sprechen, beruht das nicht auf unverarbeitetem Wissen, das einem menschlichen Gehirn entsprungen ist, sondern auf ihrer tatsächlichen Erfahrung, die gereift ist, die sie in sich aufgenommen und verstanden haben. Deshalb können diese Kurse tatsächlich deine Verbindung mit deinem eigenen Wesenskern stärken. Du hast bereits die Übungen, das Verständnis. Du hast einiges Handwerkszeug für die Kontemplation. Wenn du also die höchste Wahrheit hörst, dann kannst du sie auch in dir erkennen.

Möchtest du frei von Furcht sein, sind die spirituellen Übungen das Beste, was du dafür tun kannst. Immer wenn Leute im Ashram sagen, daß sie Schwierigkeiten haben, wird ihnen geraten, in den Tempel zu gehen, sich vor Bade Babas Statue zu setzen und zu beten. Sie bekommen gesagt: „Geh zum ‚Chant', laß dein Herz den Namen Gottes singen. Meditiere. Sei nicht so hart zu dir. Gib dir etwas Zeit."

Spirituelle Übungen schwächen die Macht der Angst über deinen Geist, und sie stärken die Liebe zu Gott. Sie schwächen die Unruhe des Geistes und stärken sein Vermögen, still zu sein. Spirituelle Übungen schwächen die Neigung der Sinne, sich nach außen zu wenden und stärken die Sehnsucht nach der Wahrheit. Natürlich mußt du beharrlich sein, wenn du all das erreichen möchtest. So sagte der altehrwürdige Weise und Dichter Bhartrihari in einem Vers des *Nīti Shataka:*

prārabhyate na khalu vighnabhayena nīchaiḥ
prārabhya vighnavihatā viramanti madhyāḥ /
vighnaih punaḥ punarapi pratihanyamānāḥ
prārabdhamuttamajanā na parityajanti //

Aus Angst vor Hindernissen fangen mutlose Menschen gar nicht erst etwas an. Gewöhnliche Menschen beginnen etwas, hören aber auf, wenn die ersten Hindernisse auftauchen. Aber die besten aller Menschen geben ein edles Bestreben nicht auf, auch wenn sie wiederholt durch widrige Umstände zu Fall kommen. [27]

Es gibt nur wenig Belohnungen auf dem spirituellen Weg, die so befriedigend sind wie die, furchtlos zu werden. Wenn du einmal die Angst, diesen ominösen Feind, überwunden hast, scheint Licht durch das Dickicht der Welt. Du mußt verstehen, daß es hier darum geht, die tiefsitzende Furcht zu überwinden, die dich von Gottes Liebe trennt.

Natürlich gibt es auch die ganz normalen Ängste. Wenn du zum Beispiel am Rande eines Kliffs entlangstolperst, hast du Angst hinunterzustürzen. Das ist eine gute, gesunde Angst. Wenn du kochst, und die Flammen schlagen allzu hoch, bekommen es deine Finger mit der Angst zu tun: sie wollen ihnen nicht zu nahe kommen. Auch eine gute, gesunde Angst. Gib sie nicht auf. Daß wir uns nicht mißverstehen – Angst zu überwinden bedeutet nicht, die körperlichen Reflexe aufzugeben. Diese Reflexe sind notwendig. Wenn du eine schlammige Landstraße entlanggehst und vor dir ist ein riesiges Schlagloch, bei dem dein Fuß innehält, ganz von selbst, dann ist es unsinnig, „Ich habe keine Angst" zu sagen und blindlings weiterzulaufen. Achte auf diese guten und vernünftigen Ängste. Aber von denen sprechen wir jetzt überhaupt nicht.

Wir sprechen über den Schleier, der die individuelle Seele und das höchste Selbst voneinander trennt, die Angst, die dich von Gott fernhält. Ein Dichterheiliger mit Namen Krishnasuta, der im 19. Jahrhundert in Maharashtra lebte, komponierte zum Thema Angst einen sehr schönen *bhajan,* ein hingebungsvolles Lied an Gott, über die Angst. Darin heißt es:

Vor was kann sich jemand fürchten, wenn sein Geist sich
in der Seligkeit des Bewußtseins aufgelöst hat?
Angst kommt nur durch das Gefühl individueller Existenz,
Das auf Identifikation mit dem Körper beruht.
Angst überlebt nicht im Zustand göttlichen Bewußtseins,
Sie wird unwirklich, selbst in der gewöhnlichen Welt.
In dem Augenblick, in dem ich erkannte, daß ich die
Wahrheit bin, das Sein und die Seligkeit,
Verschwanden meine Sünden und auch meine Verdienste.
Die Angst, daß der Tod seine Kinder, seine Frau oder ihn
selber hinwegraffen wird,
Belastet einen Menschen nicht mehr, wenn seine grundlegende Unwissenheit,
Die Identifizierung mit dem Körper, die Bindung an
materielle Güter und an die Familie, verschwinden.

In den Veden steht immer wieder, daß alle Zweifel sich
auflösen,
Wenn einer die höchste Wahrheit, das göttliche Bewußtsein,
erkennt.
Krishnasuta ergriff die Füße seines Gurus erst dann,
Als er diese Wahrheit erkannt hatte.

In allen Schriften drängen uns die Weisen, Tapferkeit und ein mutiges Herz zu entwickeln. Auch das ist eine mögliche Beschreibung des Zustands der Furchtlosigkeit. Um diesen Zustand zu erreichen, halte dich am Mantra fest. Wiederhole um jeden Preis das Mantra. Bringe deinen Geist, deinen Körper und dein Herz in Einklang mit den Schwingungen des Mantras. Laß deine Begrenzungen sich dadurch auflösen. Mantrawiederholung, *japa,* ist das beste Gegenmittel für die Krankheit, die Angst heißt – die Angst, die dich von Gott entfernt, die Angst, die deine Prinzipien zerstört. Es gibt sogar ein Sprichwort, in dem es heißt: „Wenn Gefahr droht, singe ihr etwas vor." Denke daran, du bist nicht deine Angst. Wenn du das Mantra singst, sei dir dabei gewahr: „Ich bin Bewußtsein, ich bin Seligkeit, ich bin das Selbst." Dann wirst du vor nichts Angst haben.

Shirdi Sai Babas Botschaft war immer: „Habe keine Angst, ich bin bei dir.“ Diese Furchtlosigkeit entwickelst du, indem du zunächst einmal den Worten der Heiligen vertraust. Sie stehen dir zur Seite. Das ist absolut wahr. Es gibt ein weiteres Sprichwort, in dem es heißt: „Habe keine Angst vor morgen. Gott ist bereits dort.“

Mit großer Achtung, mit großer Liebe heiße ich euch alle noch einmal von ganzem Herzen willkommen.

26. Juni 1993

KAPITEL ZWEI

Ein reines Wesen

Sattva-saṃśhuddhi

Mit grosser Achtung und grosser Liebe heiße ich euch alle von ganzem Herzen willkommen.

Einer der fruchtbarsten Wege, Gnade ins eigene Leben zu bringen, ist ein von Herzen kommendes Gebet. Gebete haben große Kraft. Natürlich beten manche um negative Dinge. Andere beten um kleine Vorteile. Um dir darüber klarzuwerden, wofür du beten solltest, um den Segen anzustreben, der am zuträglichsten ist, mußt du wirklich ganz sorgfältig kontemplieren. Ein echtes Gebet ist für sich genommen schon ein Segen.

In einer alten Hymne aus den Upanischaden betet ein Weiser:

O Herr,
Möge mein Körper rein werden.
Möge ich frei sein von Unreinheit.
Möge ich mich als das göttliche Licht erkennen.

O Herr,
Möge mein Geist rein werden.
Möge ich selbst rein werden.
Möge ich mich als das göttliche Licht erkennen.

O Herr,
Möge ich durch mein geläutertes Verständnis erkennen,
wer Du bist.
Möge ich durch mein geläutertes Verständnis die höchste
Seligkeit erkennen.
Möge ich durch mein geläutertes Verständnis Dich erkennen,
der Du die höchste Seligkeit bist.

So einfache Worte und doch voller Kraft. Die Gebete der Weisen offenbaren das Selbst, weil ihr eigenes göttliches Herz in ihre Worte geflossen ist. Wenn wir die Gebete wiederholen, die sie gesprochen haben, reinigt das unser Herz. Es gibt jedoch auch andere Gebete, die ganz spontan aufkommen, ohne jegliche Kontemplation, und sie sind nicht weniger rein, nicht weniger echt.

Unser Thema sind die glorreichen Tugenden. Um sie zu erforschen, nehmen wir die *Bhagavad Gītā* zu Hilfe, das „Lied des Erhabenen". Im 16. Kapitel, „Der Yoga der Trennung zwischen dem Göttlichen und dem Dämonischen", zählt Krishna Arjuna die Tugenden auf, die einem Menschen helfen, die Hindernisse im Leben zu überwinden, damit er oder sie die höchste Wirklichkeit erfahren kann, das Göttliche, das in seinem oder ihrem Herzen wohnt.

Tugenden. Laß dich nicht durch das Wort erschrecken. „O je, das-und-das ist so ein hohes Ideal, wie kann *ich* das jemals erreichen?" Was du denkst, dazu wirst du. Deshalb mußt du deine Gedanken beobachten und das höchste Verständnis deiner eigenen Natur kultivieren, damit du durch das, was in deinem Kopf vor sich geht, nicht heruntergezogen wirst. Es ist viel besser, diese Tugenden anzustreben, als sie zu fürchten; besser, auch nur einen winzigen Bruchteil einer einzigen Tugend zu erfahren, als in Elend zu schwelgen.

Angefangen haben wir gestern abend mit der Tugend der Furchtlosigkeit. Man muß furchtlos sein, um die Schönheit des großen Selbst zu entschleiern. Ihr müßt verstehen, daß wir nicht über die normale Angst sprechen, die Art von Angst, die den Körper und den Geist ganz automatisch befällt, wenn euer Wohl auf dem Spiel steht. Wir sprechen über die todbringende Furcht, die Suchende von der Erfahrung Gottes trennt. Eine der grundlegenden Lehren von Siddha Yoga ist: „Sieh Gott in jedem." Vielen fällt es schwer, das in die Tat umzusetzen. Warum? Sie haben Angst. Angst wovor? Vor der Vision Gottes. Die Angst ist der Feind, der besiegt werden muß, bevor die Lehren lebendig werden können.

Ein Mystiker des Abendlandes, Angelus Silesius, hat einmal gesagt: „Gar unausmeßlich ist der Höchste, wie wir wissen; und dennoch kann ihn ganz ein Herz umschließen!"

Mit dem gleichen Erstaunen verkündet eine der Schriften des Kaschmir-Shaivismus: „O Herr, Du hast Dich im Körper des Menschen verborgen. Was für ein Mysterium!"

In diesem menschlichen Körper lebt die große Wahrheit. Sie ist voll und ganz dein. Entdecke sie.

Die Tugend, die wir heute besprechen werden, ist Wesensreinheit, *sattva-samshuddhi*. Die wörtliche Bedeutung dieses Ausdrucks ist sehr tiefgründig. *Sat* steht für die Wahrheit, die die Essenz deines Wesens ist, innerlich und äußerlich; *shuddhi* für Reinheit. Die absolute Reinheit der Essenz deines Wesens ist also *sattva-samshuddhi*.

Es stimmt schon: wenn ein Mensch geboren wird, trägt er ein schweres Bündel von früheren Eindrücken und Konsequenzen seines Verhaltens. Alles, was er gesehen und gefühlt hat, und das Resultat all dessen, was er in der Vergangenheit getan hat, bringt er in dieses neue Leben mit. Warum? Die Eindrücke von allem, was die Sinne tun, von all diesen Handlungen, nisten sich in uns ein.

Du denkst vielleicht, daß du dir einen harmlosen kleinen Film anschaust, nur, um dir die Zeit zu vertreiben. Du mußt jedoch wissen, daß jeder Teil der Handlung dieses Films in deinem Organismus hängenbleibt. Du denkst, daß du nur eben schnell etwas ißt, eine Kleinigkeit – nur etwas Pizza. Du mußt jedoch verstehen, daß jedes Gramm Öl von dieser Pizza sich in den Organen deines Körpers festsetzt, und das wiederum wirkt sich auf die *nādīs* aus, die Kanäle, die den feinstofflichen Körper wie Adern durchziehen. Es dauert sehr, sehr lange, bis sie gereinigt sind, und das ist wirklich kein Witz. Wie oft ist dir ein alter Freund über den Weg gelaufen, jemand, den du mehrere Jahre nicht gesehen hast, und du warst ganz betroffen, wie sehr er sich verändert hat? Du denkst: „Du liebe Zeit, ist der alt geworden! In fünf Jahren!" Aber sind es wirklich die Jahre? Nein. Es kommt durch das zustande, was er gegessen hat, was er gedacht hat, was er gefühlt hat, was er getan hat. Die Eindrücke seiner Handlungen haben sich in seinem Organismus abgelagert.

Dämmert es dir allmählich? Einerseits bringst du die Eindrücke von vergangenen Leben mit; andererseits machst du heute Dinge, die ihre eigenen Folgen haben und ihre eigenen Früchte tragen. Deshalb ist es ganz entscheidend, welche Handlungen du in der Gegenwart ausführst. Entweder geben sie den alten Handlungen noch mehr Auftrieb, verstärken ihr Gewicht und ihren Sog, oder sie schlagen eine andere Richtung ein, und die Waagschaale senkt sich zur anderen Seite. Das Resultat ist entweder Glück oder Unglück.

Wesensreinheit, *sattva-samshuddhi*, hat ihren Ursprung in reinen Handlungen. Kein Film ist „harmlos". So etwas wie „einfach nur" eine Mahlzeit gibt es nicht. Alles, selbst die Nachrichten, beeinflußt dich auf einer tiefen Ebene. Hast du nicht oft gemerkt, daß du Stunden, nachdem du eine Nachricht gehört hast, deshalb noch immer traurig bist beziehungsweise dich gut fühlst – je nachdem? Nachrichten sind Nachrichten. Gut oder schlecht, sie beeinflussen dich. Alles, was du in die Ohren hineinläßt, bleibt in dir.

Sehr wenige Menschen können derartiges sofort verarbeiten. Du mußt extrem diszipliniert sein, um Eindrücke von außen aufzunehmen oder zu assimilieren und sie dann so schnell zu verarbeiten, daß nichts davon in deinem Organismus bleibt. Wenn du versuchst, in einem schlammigen Teich zu baden, wirst du vermutlich eher schmutziger als sauber werden. Womöglich versinkst du sogar in Jauche. Genauso ist es hier: wenn du leichtsinnig unreine Handlungen begehst, wirst du früher oder später bis zum Hals in ihren Folgen stecken.

In den *Spanda Kārikās,* einer grundlegenden Schrift des Kashmir-Shaivismus, heißt es:

nijāśhuddhyāsamarthasya kartavyeṣhvabhilāṣhiṇaḥ /
yadā kṣhobhaḥ pralīyeta tadā syāt paramaṃ padam //

Das Individuum wird von seiner eigenen Unreinheit behindert und hängt an seinen Handlungen. [1:9]

Das ist eine so vielsagende Behauptung. Unreinheit schiebt sich vor den höchsten Zustand, und aufgrund dessen hält man sich am Falschen fest. Sagt zum Beispiel jemand, er sei unfähig, eine reine Handlung, wie etwa meditieren, auszuführen, stellt sich folgende Frage: Der Unermeßliche wohnt in jedem Herzen; was also hält einen Menschen davon ab, das zu erkennen? Das Licht Gottes brennt hell in jedem Herzen. Wie der Dichterheilige Kabir sagt, gibt es kein Herz, in dem kein *sai,* kein Licht, existiert. Was also hält jemanden davon ab, das zu sehen? Was schwächt eine Person so sehr, daß sie nicht die Kraft hat, sich nach innen zu wenden?

Die Antwort lautet: die Unreinheiten dieses Menschen, Schichten über Schichten von Konsequenzen seines Verhaltens, ganze Berge von Schutt aus der Vergangenheit. Nicht genug, daß das Gewicht seiner Handlungen ihn ins Schwanken bringt – er klebt auch an ihnen.

Diese Unreinheiten sind das Ergebnis von drei konstanten, tiefsitzenden Gefühlen: „Ich bin unvollkommen; ich bin anders; ich bin der, der handelt, der Urheber meiner Handlungen." Nichts ist destruktiver als diese Gefühle, die im Kaschmir-Shaivismus die drei *malas* genannt werden. Weil sie existieren, dreht sich der Mensch immerzu auf dem Rad von Geburt und Tod, in seiner Begrenztheit gefangen. Er führt eine niedrige Handlung nach der anderen aus. Er verstrickt sich immer mehr in seine Verblendung. Seine Sichtweise ist völlig verdreht.

Es ist ein Teufelskreis. Jemand begeht eine üble Tat und denkt: „Was macht das schon? Ich bin immer schon ein schlechter Mensch gewesen." Du trinkst ein Glas Alkohol und sagst: „Ich könnte eigentlich auch ruhig zwei trinken ... Na ja, wo ich schon zwei getrunken habe, kommt es auf ein drittes auch nicht mehr an ... Nach dreien: Was soll das vierte Glas da noch ausmachen? Ich meine, betrunken bin ich ja sowieso schon." Auf diese Weise trinkst du innerhalb von ein paar Monaten vierhundert Gläser und merkst es nicht einmal.

Schließlich fragt jemand: „Bist du eigentlich Alkoholiker?"

Und du sagst: „Nein-nein. Dann und wann trinke ich mal ein Schlückchen, aber ich kann jederzeit aufhören."

So ist das mit allem, was du tust. Manchmal redet jemand ein oder zwei Stunden am Tag, um sich die Zeit zu vertreiben ... bei den Mahlzeiten. Ganz bald schon sind es drei oder vier Stunden, nur um auf dem Laufenden zu bleiben. Dann kommt die Zeit, wo die betreffende Person im Schlaf spricht.

Dann sagt jemand: „Meinst du nicht, daß du etwas zu viel redest?"

Und die betreffende Person ist ganz platt. „Wer, ich? Ich sag' doch kaum 'was. Ehrlich. Ich höre immer nur zu."

Eine Handlung führt zur nächsten und dann zur übernächsten und zur überübernächsten. Der Mensch hält nicht inne, fängt nicht an nachzudenken – und das ist das größte Problem. Nicht die Unreinheiten. Nicht die Malas. Sondern einfach zu vergessen, sich die grundlegenden Fragen zu stellen: „Was mache ich? Wohin gehe ich? Was will ich wirklich?"

Heute früh hatte ich ein Gespräch mit einer jungen Frau, die eine andere Arbeit sucht – eine bessere als ihre jetzige, wie sie es ausdrückt – und sie sagte: „Weißt du, Gurumayi, ich kämpfe ums Überleben."

„In welchem Dschungel lebst du denn?" fragte ich. „Soweit ich weiß, sind wir in Nordamerika. Du hast jede Menge Alternativen. Du kannst alles tun, was du willst. Es ist keine Frage des Überlebens. Es ist eine Frage der Wahl." Wenn du nicht innehältst, um zu überlegen, was du sagst, läßt du zu, daß jeder Gedanke, der dir durch den Kopf geht, dich beherrscht.

Ein Mensch, der so verblendet ist, sieht die ganze Welt durch seinen eigenen verzerrten Filter. Vom Standpunkt derer gesehen, die die höchste Wahrheit kennen, ist dieses Universum ein Spiel des Bewußtseins. Aber für einen solchen Menschen ist das Universum ein Ort der Strafe. Überall, wo er hinblickt, sieht er haßerfüllte Augen. Er findet Millionen Mängel, wohin er auch geht. Alle gehen ihm auf die Nerven. Die ganze Welt reibt ihn auf, und sein Unbehagen wächst ständig, ganz gleich, was geschieht. Wenn er auf der Erde ist, hat er Angst, daß die Ratten ihn anfallen. Wenn er im Himmel ist, macht er sich Sorgen, daß dort Drachen herumfliegen könnten.

Für ihn ist kein Ort heilig, keine Zeit wichtig, kein Mensch gut genug und keine Beziehung befriedigend. Nichts klappt. Seine Unreinheiten sind so verdichtet, daß er sich Liebe kaum vorstellen kann und Ekstase schon gar nicht. Wie ein Hund, der hinter dem eigenen Schwanz herjagt, macht er sich ganz benommen, bis er denkt, daß das Leben eben nicht mehr biete. Das Leben sei er. Basta.

Wenn jemand, der meditiert, sagt, daß es ihm oder ihr schlecht geht, fragt man sich: „Denkt dieser Mensch nach? Liest er Babas Bücher? Macht diese Frau denn je irgend etwas Gutes für jemand anderen?" Wenn du nämlich nur ein einziges Mal einem anderen zuliebe etwas Gutes tust, ist dein Leiden ausgelöscht. Das ist die Wahrheit. Dementsprechend merkst du auch bei jemandem, der immer wieder kommt, um dir von seinen Wehwehchen zu erzählen, daß er nichts aufnimmt, ganz gleich, was du sagst. Er oder sie lebt hinter einer Glaswand aus Elend; er kann das Licht sehen, will es aber nicht hereinlassen. Du fragst dich dann: „Versucht er denn nie, sich nach innen zu wenden? Oder hängt er so intensiv an allem, was er tut und an seinen Gefühlen, daß er nie auf den Gedanken kommt, sich zu beherrschen, ganz gleich, wie sehr er leidet?" Wenn das stimmt, wird er nur immer niedergeschmetterter und immer kraftloser werden und nie die große Wahrheit erfahren, die in ihm wohnt, vollkommen und voller Seligkeit.

Was die Reinheit angeht, sind die meisten wie Scheich Nasruddin. Einmal sah der Nachtwächter eines kleinen Dorfes seinen alten Freund Nasruddin um Mitternacht durch die Straßen wandern. „Was machst du denn hier so spät?“ fragte er. „Ich habe eine Menge Schlaf verloren“, erwiderte Nasruddin, „und ich versuche, ihn wiederzufinden.“ Genauso suchen Menschen nach der Reinheit – außerhalb von sich selbst. Sie wollen, daß jemand anders sie rein macht. Sie wollen, daß jemand anders in ihnen *shuddha bhāvana* hervorruft, reine Gefühle, reine Gedanken, und sie zu guten Handlungen motiviert.

Wenn etwas danebengeht, was machst du dann? Faßt du dich an die eigene Nase? Oder gibst du immer Gott, dem Guru und der Welt die Schuld? Ist dir je in den Sinn gekommen, daß du die große Wende in deinem Leben herbeiführen kannst, wenn du selbst die Verantwortung übernimmst? Oder bist du wie ein fauler Tiger, der nur den ganzen Tag lang herumliegt und darauf wartet, daß jemand anders ihm sein Futter bringt?

Was machst du? Hältst du dich in Schach? Oder läßt du deine Gedanken rasen, wohin sie wollen? Läßt du deinen Geist umherschweifen, wie er will, ohne deine Erlaubnis? Hältst du die Zügel in der Hand, so daß du den Geist, wenn er verrückt spielt, bremsen kannst? Oder wartest du nur darauf, daß der Allmächtige die ganze Arbeit macht? Was trifft für dich zu? Wie siehst du die Welt und dich selbst? Hast du jemals darüber nachgedacht? Wenn nicht, fange jetzt damit an.

Alle Welt sagt, daß so viele Mißgeschicke passieren, so viele Unfälle, daß sich ständig so viele schreckliche Dinge ereignen. Es ist eine feine Sache, nicht wahr, am Kaffeetisch zu sitzen und darüber zu reden, wer wen bombadiert, wer wem das Geld aus der Tasche zieht, wer wen vor Gericht bringt. Aber hältst du je inne und überlegst dir, daß auch du für das verantwortlich bist, was in der Welt passiert? In deinen eigenen vier Wänden? In deinem eigenen Hinterhof? Wie sorgst du in dir selbst für Ordnung?

Denke darüber nach. Wirst du wie Nasruddin nach draußen gehen, um deinen Schlaf nachzuholen? Oder bist du dein eigenes größeres Selbst, das weiß, wohin du schauen sollst, wo du sein sollst, was du empfinden sollst? Wie steht es mit deinen Gefühlen? Haben deine Gefühle ihr Eigenleben? Kommen sie zum Vorschein, wann immer sie wollen? Sind sie subversiv? Strecken sie dich nieder? Oder kommen sie aus einer tieferen Quelle, einer, die im Einklang steht mit der Zeit und dem Ort und den Bedürfnissen anderer Menschen?

Was schafft da Abhilfe? Die Weisen sagen: „Wach auf!" Kultiviere diese göttliche Tugend, ein reines Wesen, *sattva-samshuddhi*. Das ist ein sehr vielseitiges Thema. *Sattva-samshuddhi* ist etwas, das du erreichen kannst, ein Zustand, und bedeutet viel mehr als nur den Geist zu läutern, den Verstand zu stärken, den Körper und das Herz zu reinigen. *Sattva-samshuddhi* bedeutet, vollkommen einszuwerden mit der Reinheit.

Wie kannst du Reinheit in dein Leben bringen? Du fängst mit einfachen Dingen an. Zunächst einmal kannst du dafür sorgen, daß deine Handlungen rein sind. Wenn ein Gedanke aufkommt, halte einen Augenblick inne, bevor du dementsprechend handelst. Ist es kein erbaulicher Gedanke, laß ihn wieder eins werden mit dem höchsten Bewußtsein. Zweitens, löse dich von der falschen Bindung an unreine Handlungen. Geht dir der Kommentar eines Freundes oder einer Freundin zu deinem Verhalten gegen den Strich, dann weise die Bemerkung nicht kurzerhand zurück. Höre auf die Stimme Gottes darin. Selbst wenn du diesen bestimmten Ratschlag oder die Kritik oder die Verhaltensmaßregel nicht annehmen möchtest, schiebe sie nicht beiseite. Denke darüber nach. Gott spricht mit vielen Zungen. Und schließlich solltest du eine gesunde Disziplin entwickeln. Es gibt keinen anderen Weg, deine Sinne, deine Gewohnheiten, deine Gefühle und deine Gedanken zu beherrschen.

„Beschließt ein Mensch in seinem Herzen, gütig zu sein", sagte Konfuzius, „wird er frei sein von allem Übel." Dabei kommt es auch sehr auf deinen Vorsatz an. Beschließt du in deinem Herzen, einem hohen Ideal zu folgen, wirst du allmählich frei von aller Unreinheit. Woran du dein Herz hängst, dort wirst du enden. Jemand, der nicht bei einem festen und klaren Entschluß bleiben kann, tut sich sehr schwer, aus der Verblendung herauszufinden.

Wenn du jedoch wirklich an die Gnade glaubst, der gütigen Hand Gottes vertraust und wirklich dein Leben der höchsten Wahrheit hingibst, dann mußt du auf die Reinheit in deinem

Leben nicht eigens hinarbeiten. Du mußt dich nur vom Feuer des Yoga reinigen lassen, vom Feuer der Liebe Gottes. Wenn die Zeit dafür gekommen ist, wird alles, was du tust, so rein sein wie Gold. Jeder Gedanke wird fundiert und konstruktiv sein. Jede Faser deines Seins wird im Licht der Weisheit strahlen.

Eine der bedeutendsten Schriften über den Geist ist das *Yoga Vāsishtha.* Darin sagt der Weise Vasishtha:

yad-idaṃ bhāsate kiñchit-tat-tasyaiva nirāmayam /
kachanaṃ kāchakasyaiva kāntasyā 'timaṇeriva //

Alles, was leuchtet, ist das reine Licht des höchsten Wesens.
Sein Licht umgibt uns wie ein transzendenter Juwel.

[3.21:68]

Dieses Licht existiert in unserem Herzen. In dem Augenblick, in dem du deine eigene Reinheit erlebst, wirst du transparent, und das Licht scheint durch dich hindurch. Dieses Licht hat sogar einen Geschmack. Es ist Nektar.

Baba Muktananda hat uns eine sehr gute Richtschnur für den Ashramaufenthalt gegeben, damit wir die Reinheit in unserem Leben entwickeln und beibehalten können. In einem Satsang in Ganeshpuri sagte er einmal: „Man wird nicht einfach dadurch besser, daß man körperlich im Ashram anwesend ist. Man kommt dadurch weiter, daß man die Ashramdisziplin voll und ganz akzeptiert." Mit anderen Worten, du mußt mehr tun, als die Ashramdisziplin lediglich zu akzeptieren. Du mußt sie dir zu eigen machen. Solange du denkst, daß sie für jemand anders bestimmt ist, wird sie dir keine Freude machen, und du wirst nicht wachsen können.

Baba sagte sogar manchmal, wenn er über das Ashramleben sprach: „Ratten und Katzen und Hunde leben genauso im Ashram. Warum nicht? Auch Krähen und Küchenschaben und Tauben leben hier. Lebst du so wie sie im Ashram, wirst du überhaupt nichts entdecken."

Baba sagte dann weiter: „Wenn du im Krankenhaus eine tödliche Dosis Gift nehmen würdest, könnte dich selbst dort niemand retten. Du kannst nur von einer Krankheit geheilt werden, wenn du dich an das hältst, was dir der Arzt verschrieben hat. Ebenso kannst du im Ashram nur dann aus dem Meer des *samsāra*, dem Zyklus von Geburt und Tod errettet werden, wenn du dem großen Selbst, dem *ātman*, ergeben bist. Hängst du aber selbst hier an Vergnügen und weltlichen Dingen, wird das dein Untergang. Jeder Ashrambewohner mag am Anfang etwas faul und achtlos sein, aber wenn man nicht auf ihn aufpaßt, nehmen seine schlechten Angewohnheiten nur zu. Daher die Disziplin. Verändert sich deine Gesinnung nicht, kannst du solange im Ashram sein wie du willst, und trotzdem gibt es keine Garantie, daß du nicht zu Fall kommst." Das sollten wir nie vergessen.

Baba wurde oft gefragt: „Babaji, so viele Leute sind lange Jahre in deiner Nähe gewesen. Warum scheinen einige von ihnen überhaupt nicht weitergekommen zu sein?"

Baba sagte dann: „Ich kann nichts daran ändern. Es liegt nur an ihnen. Wer Fortschritte machen will, kann es auch. Er muß nicht in meiner Nähe sein. Er muß nur die Lehren befolgen, die Übungen machen und an den Guru denken. Dann wird er im Nu große Fortschritte machen."

Fortschritt auf dem spirituellen Weg entsteht durch das, was in deinem Geist vor sich geht. *Sattva-samshuddhi*, ein reines Wesen, ist eine Bewußtseinsebene. Sie entsteht durch das, was du denkst und fühlst, und ganz besonders durch das, was du tust.

In den Ashram kommen alle erdenklichen Arten von Menschen. Es gibt einige, die die Lehren intellektuell aufnehmen können. Sie verstehen die Lehren sehr gut und können sie auch an andere weitergeben. Die alte Vedanta-Philosophie hat einen Ausdruck für solche Menschen. Es heißt, daß ein solcher Mensch wie der Löffel sei, mit dem man den Nachtisch austeilt.

Baba erzählte diese Anekdote immer mit solcher Begeisterung. Er sagte: „Kennt ihr den langen Schöpflöffel, den man in einen großen Topf mit *kheer* eintaucht, den süßen Pudding, den alle so lieben? … Also, wenn dieser Löffel den Kheer serviert, sagt er dabei: ‚Mmmm, ist das *lecker!* Nimm doch noch ein bißchen mehr, nimm doch noch ein bißchen mehr. Es ist so köstlich, nimm noch etwas …' Und so verteilt und verteilt er, bis schließlich jemand sagt: ‚Hast *du* denn schon etwas davon probiert?'

Und der Löffel antwortet: ‚Es ist noch jede Menge da, ich habe noch so viel in diesem Topf. Bitte nimm noch etwas mehr. Ich werde dir etwas geben.'

Aber der andere ist hartnäckig. Er fragt immer wieder: ‚Hast du denn *selbst* schon probiert?' Schließlich zögert der Löffel einen Augenblick und sagt: ‚Ich weiß nicht so genau, was du meinst. Ich muß einmal darüber nachdenken.' "

So viele verstehen die Lehren auf der intellektuellen Ebene. Sie wissen, A kommt vor B und so weiter. Sie können das ganze Alphabet aufsagen. Aber ihr Lebensstil paßt überhaupt nicht zu den Lehren; und wenn du sie nach der Bedeutung dessen fragst, was sie sagen, der Bedeutung dessen, was sie an andere weitergeben, müssen sie passen.

Der Dreh- und Angelpunkt, wenn du *sattva-samshuddhi* entwickeln willst, ist die Reinheit deiner Handlungen. Deine Handlungen prägen deinen Charakter, sie spiegeln dein inneres Universum. Sie können eine flammende Fackel sein, die den Weg zum Paradies erhellt, oder sie können so niedrig sein, daß sie dir und deiner Welt den Untergang bescheren. Allein schon um dich in deiner Haut wohlfühlen zu können, um auch nur dieses kleine Bißchen zu erreichen, mußt du ein reines Gewissen haben. Sonst bist du ruhelos und fühlst dich unbehaglich. Wenn du das als Maßstab benutzt, kannst du dir vorstellen, wie rein du sein mußt, um das Selbst wahrzunehmen, oder wie rein du sein mußt, um Befreiung zu erlangen.

Bist du je beim Darshan nach vorne gekommen, hast dich dort niedergelassen, alle anderen aufgehalten und gefragt: „Kannst du mir jetzt sofort die Befreiung schenken?" Und da sagt jemand von der Hallenaufsicht: „Gehst du bitte einmal zur Seite?"

Du sagst entrüstet: „Ich stelle Gurumayi eine Frage!" Und du bleibst genau dort, wo du bist. Nach einer Weile wendet sich Gurumayi dir wieder zu, und du wiederholst deine Frage und versuchst dabei, wieder lieb auszusehen. „Kannst du mir jetzt sofort die Befreiung schenken?"

Gurumayi hört zu und schaut wieder weg. Die Hallenaufsicht sagt: „Kannst du bitte zur Seite gehen? Du hältst den Darshan auf."

Und dieses Mal macht dich das wütend. Du wendest dich ihr zu und fauchst sie an: „Ich stelle eine Frage! Es ist sehr wichtig!"

Du willst Befreiung, aber du kannst nicht einmal das Allereinfachste machen, nämlich, aus dem Weg gehen.

Im *Tao-te Ching* heißt es: „Mit Schlichtheit im Handeln und Denken kehrst du zum Ursprung des Seins zurück." Genau das ist der Weg, um ein reines Wesen zu erlangen: immer einfacher zu werden. Ein reines Wesen zu kultivieren, ist eine wunderbare Tugend.

Dabei ist, wie bei jeder anderen Tugend, Disziplin wieder von größter Wichtigkeit. Disziplin im Denken, Fühlen und Handeln ist wirklich das, was Harmonie und Wohlbefinden bewirkt. Kannst du dich beherrschen und durch spirituelle Übungen den ganzen Bodensatz vergangener Handlungen beseitigen, dann steht dir die Vision des Herzens vor Augen.

Gestern abend, bei unserer Besprechung der Furchtlosigkeit, haben wir gesagt, daß das Mantra zu wiederholen eines der besten Mittel ist, Angst zu überwinden. Es ist auch einer der besten Wege, diese Tugend zu erfahren. Das Mantra ist wirklich das beste Heilmittel. Es ist ein ganz subtiles Stärkungsmittel, wie Baba einmal sagte. Ebenso wie die Schwingung eines Klanges in einem leeren Raum widerhallt, so erfüllt der Klang des Mantras den leeren Raum deines ganzen Wesens mit der ihm eigenen vollkommenen Reinheit.

Wenn du heute abend aufstehst und die Halle verläßt, paß auf, wo du hintrittst, und paß auf, was dein Geist tut. Ein unruhiger Geist bringt dir den Untergang. Ein Geist, der in Berührung ist mit seinem wahren Selbst, mit seiner Essenz, führt zu Unbeschwertheit, ganz gleich, wo du hingehst. Bemühe dich also beim Verlassen der Halle, einfach zu bleiben in deinem Denken und in deinem Handeln. Achte auch auf den Zustand deines Herzens und darauf, wie die Bewegung oder Stille des Herzens dich insgesamt beeinflußt. Paß auf, was du ißt. Paß auf, was du sagst.

Wenn du heute ins Bett gehst, denke daran, das Mantra zu wiederholen. Es ist immer gut, vor dem Schlafengehen etwas aus den Schriften zu lesen, um deine nächtlichen Gedanken reiner werden zu lassen. Das einfachste ist, das Mantra zu wiederholen, bis du einschläfst. Das ist der beste und leichteste Weg, deine eigene Wesensreinheit zu erfahren. Baba sagte immer: „Im Grunde sind alle gut."

Mit großer Achtung, mit großer Liebe heiße ich euch alle von ganzem Herzen willkommen.

27. Juni 1993

KAPITEL DREI

STANDHAFTIGKEIT IM YOGA

Yoga-vyavasthiti

MIT GROSSER ACHTUNG, MIT GROSSER LIEBE heiße ich euch alle von ganzem Herzen willkommen.

Dieses ganze Universum ist aus dem Nichts entstanden. Und doch besteht es aus einer unendlichen Vielzahl von Lebewesen, Dingen, Namen und Formen. Menschen lassen sich von all diesen Erscheinungen sehr beeindrucken. Sie verlieren sich im Dickicht dessen, was ist und was nicht ist. Niemand kann dem ganz entkommen. Es ist Teil unserer Natur. Aber die gleichen Fragen nach der Wirklichkeit führen die Einzelnen in ganz unterschiedliche Richtungen – manche in die äußerste Verblendung und andere zur Befreiung. Der Weg, der sich zwischen diesen beiden Punkten erstreckt, wird Yoga genannt.

Der Geist braucht etwas, woran er sich festhalten kann. Sich selbst überlassen, weiß er nicht weiter. Ohne Stütze oder Richtung dreht sich der Geist im Kreis. Bei jedem Windstoß schwankt er hin und her wie ein Schiff ohne Ruder und ohne jemanden, der das Steuer in der Hand hält. Yoga festigt den Geist, so daß er sich ganz selbstverständlich auf die tiefsten Rhythmen seiner eigenen Natur einstimmt.

Das *Avadhūta Stotram* ist eine sehr schöne Hymne zu Ehren des großen Asketen Bhagawan Nityananda. In einem der Verse wird er so beschrieben:

yoga-pūrṇaṃ tapo-mūrtiṃ prema-pūrṇaṃ sudarśhanam /
jñāna-pūrṇaṃ kṛipā-mūrtiṃ nityānandaṃ namāmyaham //

> Im Yoga vollkommen, eine Verkörperung der Selbstdisziplin, voller Liebe, eine glückverheißende Erscheinung, vollkommen verwirklicht, eine Verkörperung der Gnade – vor diesem Nityananda verbeuge ich mich. [16]

Stütze dich auf diesen Gedanken. Laß dich durch dieses Bewußtsein lenken. Wie Bhagawan Nityananda kannst du regelrecht von der Kraft des Yoga, von der Kraft des Wissens, erfüllt werden.

Allein schon sich diesen Gedanken durch den Kopf gehen zu lassen, ist befreiend. Du mußt ein größeres Ziel haben. Du brauchst etwas Höheres, wonach du streben kannst. Das ist etwas, was jeder Suchende verstehen muß. Um seine Seele zu retten, muß er damit aufhören, auf einem Heuhaufen herumzusitzen. Sonst wird er in Flammen aufgehen, wenn jemand ein Streichholz fallenläßt. Er muß aufhören, in schlammigen Tümpeln herumzuwaten. Sonst wird er nie Reinheit kennenlernen. Er muß aufhören, sich auf die Fehler und Schwächen anderer zu konzentrieren. Sonst schadet er seinem eigenen geistigen Wohl. Ein wahrer Suchender muß sich weigern, andere Menschen schlechtzumachen oder darauf zu schauen, was sie alles haben, gleich, was es ist – gute Eigenschaften oder schlechte Eigenschaften, gutes oder schlechtes Verhalten, Armut oder Reichtum. Wer Gott wirklich sucht, wendet seine Aufmerksamkeit vom Verhalten anderer ab und prüft sein eigenes Herz.

Wir haben diese glorreichen Tugenden untersucht, eine nach der anderen, sehr sorgfältig, damit wir sie in die Tat umsetzen können. Wie ich schon sagte, diese Tugenden existieren bereits in uns. Wir müssen sie lediglich aufdecken.

Die erste Tugend, die wir untersucht haben, war Furchtlosigkeit. Erinnert ihr euch noch? Wir haben herausgefunden, was für ein schrecklicher Feind die Angst ist. Wenn wir irgend etwas in unserem Leben erreichen wollen, müssen wir die Angst überwinden. Wir müssen unseren Weg zur Furchtlosigkeit finden, die alle Krankheiten beseitigt und uns in Gott aufgehen läßt.

Wesensreinheit ist die zweite Tugend, die im 16. Kapitel der *Bhagavad Gītā* erwähnt wird, und auch damit haben wir uns befaßt: ständig Selbsterforschung zu betreiben, um sicherzustellen, daß sich auf unserem Herzen kein Rost bildet; uns selber in der Hand zu haben; so klar wie Kristall zu sein; nicht zuzulassen, daß auch nur eine Spur von Unehrenhaftem die Reinheit unseres inneren Zustandes trübt.

Jetzt kommen wir zu *yoga-vyavasthiti*, Standhaftigkeit im Yoga. Wir wollen uns zu Anfang eine sehr wichtige Frage stellen: Was ist Yoga? In der *Bhagavad Gītā* gibt Shri Krishna drei klare und sehr schöne Definitionen des Wortes, so daß wir nicht erst lange nach seiner Bedeutung suchen müssen. Wir brauchen auch nicht hier zu sitzen, uns am Kopf zu kratzen und fieberhaft nachzudenken: „Was denn nur? Was könnte das sein? Was ist Yoga?" Krishna war sehr barmherzig. Die erste Definition, die er Arjuna gab, lautet:

yogasthaḥ kuru karmāṇi saṅgaṃ tyaktvā dhanañjaya /
siddhyasiddhyoḥ samo bhūtvā samatvaṃ yoga uchyate //

Gehe, standhaft im Yoga, deinem Tun nach,
doch löse dich davon, und werde gleichmütig
gegenüber Erfolg und Mißerfolg.
Geistige Ausgeglichenheit, so sagt man, ist Yoga. [2:48]

Eine weitere Definition lautet:

buddhiyukto jahātīha ubhe sukṛitaduṣhkṛite /
tasmād yogāya yujyasva yogaḥ karmasu kauśhalam //

Einer, dessen Weisheit gefestigt ist,
streift in dieser Welt gute und schlechte Taten ab.
Widme dich daher dem Yoga!
Yoga ist Geschick im Handeln. [2:50]

Eine dritte Definition von Yoga, die Shri Krishna Arjuna gab, heißt:

taṃ vidyād duḥkhasaṃyoga-viyogaṃ yogasaṃjñitam /
sa niśhchayena yoktavyo yogo' nirviṇṇachetasā //

Das Durchtrennen der Verbindung mit dem Schmerz
soll als Definition von Yoga gelten.
Yoga muß mit Entschiedenheit praktiziert werden
und mit unberührtem Geist. [6:23]

Dies sind die drei wesentlichen Definitionen von Yoga in der *Bhagavad Gītā*. Geistige Ausgeglichenheit ist Yoga, *samatvaṃ yoga uchyate*. Yoga ist Geschick im Handeln, *yogaḥ karmasu kauśhalam*. Das Durchtrennen der Verbindung mit dem Schmerz ist Yoga, *yogo' nirviṇṇachetasā*.

Du brauchst das Wort *yoga* nur auszusprechen, und schon wird automatisch *rasa* in dir freigesetzt. *Rasa* ist der Nektar, das Aroma, der Brunnen des Lebens. Im Yoga beständig zu sein, heißt, daß du damit deine Ehrerbietung für das Ziel des spirituellen Lebens zum Ausdruck bringst. Es bedeutet, du weißt, wie wichtig es ist, den goldenen Kelch des Yoga festzuhalten. Es bedeutet, daß du den Weg mit großer Achtsamkeit und Dankbarkeit annimmst. Und allein schon die Tatsache, die einfache bewußte Erkenntnis, daß Yoga dir kostbar ist, reicht aus, daß dich die großen yogischen Regungen erfüllen: Mäßigung, Disziplin und Regelmäßigkeit.

Neulich kam morgens, nachdem wir die *Guru Gītā* gesungen hatten, eine Frau beim Darshan nach vorne und sagte: „Gurumayi, mein Geist ist so unruhig. Er schweift ständig hierhin und dorthin, selbst während der *Guru Gītā*. Ich kann ihn einfach nicht zur Ruhe bringen. Kannst du nicht bitte, bitte etwas daran ändern?" In ihren Augen standen Tränen. Ihr zitterten die Lippen. Ihr ganzer Körper flehte so offensichtlich um Hilfe. Und dennoch, obwohl sie die Unruhe ihres Geistes beschrieb und wie er sie verrückt machte, war das Bemerkenswerteste an ihr ihre Willensstärke. Sie war so sehr auf einen Punkt ausgerichtet. Sie beschrieb ihren umherschweifenden Geist mit solcher Konzentration.

Man kann also nicht sagen, daß es ihr an geistiger Standhaftigkeit mangelte. Eigentlich nicht. Dazu hatte ihre Erklärung zu viel Kraft. Ebenso auch die Art und Weise, wie sie ihre Unruhe weiterhin zuließ. Es hatte Kraft, ja, aber man könnte es nicht Yoga nennen. Diese Frau hatte sich vollkommen in Erfolg und Mißerfolg verrannt, darin, ob sie gut sang oder schlecht. Sie stand völlig im Bann der Schwankungen ihres Geistes, und darauf war sie ausgerichtet – nicht auf die *Guru Gītā*. Diese Frau hat ein großes Konzentrationsvermögen, bloß konzentrierte sie sich auf das Falsche. Sie wußte ganz genau, was ihr Geist machte, aber sie war nur standhaft in ihrer Verblendung, nicht in der Reinheit des Yoga.

Menschen, die zynisch sind, legen die gleiche große Standhaftigkeit an den Tag. Sie sagen: „Das kann so nicht laufen! Es ist mir egal, was andere sagen, ich glaube das nicht. Früher habe ich Gott einmal geliebt. Aber jetzt nicht mehr! Das ganze ist doch nur eine Masche! Ich kann das nicht akzeptieren! Werde ich auch nicht!" Solche Standhaftigkeit ist Zynismus.

Shri Krishna wies Arjuna an, standhaft zu sein im Yoga. Was meinte er damit? Wir können das auf verschiedene Weise betrachten. Zum Beispiel: Er muß wohl gesagt haben: „Tritt nicht in die Fußstapfen eines unruhigen Geistes. Jage nicht den Wünschen eines unruhigen Geistes hinterher. Versuche nicht, die Muster vergangener Eindrücke wieder aufleben zu lassen. Beschäftige dich nicht mit törichten Bindungen aus der Vergangenheit. Treibe dich nicht in den dunklen Ecken deines Geistes herum."

Samatvaṃ yoga uchyate: „Geistige Ausgeglichenheit ist Yoga." Wenn du aufhörst, an negativen Handlungen zu hängen, wenn du von Beziehungen absiehst, die dich nur zu Fall bringen können, dann faßt du im Yoga Fuß. Du versinkst nicht im Treibsand der Illusionen. Du bist auf dem besten Weg, dir ein sehr solides Fundament zu errichten. Die gesamte Landschaft des Geistes breitet sich vor dir aus, und du lernst, sie anzuschauen, ohne dich von ihr irritieren zu lassen. Du bist Zeuge der Vergangenheit, der Gegenwart und der Zukunft, aber du läßt nicht zu, daß sie dein inneres Gleichgewicht beeinträchtigen.

Das ist geistige Ausgeglichenheit. Das ist Yoga.

Standhaftigkeit oder Beharrlichkeit, wie man manchmal auch sagt, steht in allen Bereichen des Lebens hoch im Kurs. Ohne sie gibt es kein Glück und keine Freude. Ohne sie kann man nichts erreichen, was von Dauer ist. Im Sanskrit wird das Wort für Beharrlichkeit unterschiedlich definiert. Eine Definition lautet *dīrgha prayatna*, das bedeutet „anhaltendes Bemühen". Eine weitere heißt *sthairya,* was vier verschiedene Bedeutungen hat: Festigkeit, Geduld, Konsequenz und Beständigkeit.

Wenn du auf Variationen in der Bedeutung eines Wortes stößt, verweist das darauf, wie tiefgründig das Wort ist. Du darfst nicht einfach bei seiner Fassade steckenbleiben, du mußt tiefer gehen. Es ist so, wie wenn man vom Strand aus den Ozean betrachtet. Natürlich sieht er weit aus, wunderbar und ehrfurchtgebietend. Aber um wieviel weiter, wunderbarer und ehrfurchtgebietender ist er, wenn du in seine Tiefen eintauchst. Dann wirst du zu einem Teil des Ozeans. Ebenso verwandeln Beharrlichkeit und Standhaftigkeit im Yoga dich in die höchste Wahrheit. Dann siehst du die höchste Wahrheit nicht länger wie ein Zuschauer aus der Entfernung. Du lebst in der höchsten Wahrheit. Du denkst an die höchste Wahrheit, und alle deine Handlungen stehen im Einklang mit der höchsten Wahrheit. Du brauchst Aufrichtigkeit nicht mehr zu suchen. Alles, was du tust, ist von der höchsten Wahrheit erfüllt.

Baba Muktananda wurde einmal gefragt: „Wie ist es möglich, daß man vergißt, was man klar erkannt hat, oder verliert, was man erlangt hatte?" Das kann einem große Angst machen, nicht wahr? Man will immer wissen: „Werde ich das wieder verlieren?" So viele fragen: „Wenn meine Kundalini Shakti an der Basis der Wirbelsäule erst einmal durch die Gnade des Gurus erweckt worden ist, wird sie dann womöglich irgendwann wieder einschlafen?" Oder die Leute fragen: „Wenn ich die höchste Wahrheit erst einmal gesehen habe, werde ich sie dann wieder vergessen?"

Baba antwortete: „Nur durch anhaltende, beständige Übung kannst du einer Erkenntnis Dauer verleihen. Es hat eine seltsame Ironie, daß es bestimmte Suchende gibt, die nach der Erweckung der Shakti durch den Guru anfangen, den Ashram, den Guru und ihre Sadhana, die spirituellen Übungen zu vernachlässigen. Und das Resultat ist, daß die Shakti, die große Energie, sie ebenfalls zu vernachlässigen beginnt."

Was für eine Vorstellung! Was für eine Warnung! Neulich gingen ein paar Mädchen auf zwei Gleichaltrige zu, die ganz neu im Siddha Yoga waren, und sagten: „Wir haben gesehen, daß Gurumayi euch ganz viel Aufmerksamkeit schenkt. Wir wollten euch nur sagen, daß das nicht so bleibt. Das ist eine bestimmte Phase in der Sadhana, man nennt das die Flitterwochen. Glaubt uns, es kann jetzt jederzeit passieren, daß Gurumayi euch links liegen läßt, paßt also bloß auf."

Diese beiden Neuen bekamen große Angst und wurden ganz unruhig. Sie gingen also zu einem „alten Hasen", einer Frau, die schon ziemlich viele Jahre im Ashram lebt, und fragten sie um Rat. Sie sagten: „Wenn wir uns vorstellen, Gurumayi beachtet uns gar nicht mehr, macht uns das Angst. Wir wollen nicht, daß Gurumayi nicht mehr mit uns zufrieden ist. Was können wir tun? Was können wir tun?"

Und die betreffende Frau, die im Yoga und im Dharma des Ashramlebens gefestigt ist, sagte: „Habt keine Angst. Zur Zeit sind euch Gurumayi und der Ashram so wichtig. Ihr kommt jeden Tag zur *Guru Gītā*. Ihr habt Interesse an der Meditation. Ihr macht begeistert alle Übungen. Ihr seid beide ganz durchtränkt von der Liebe zum Guru und von der Erfahrung der Shakti. Was habt ihr da zu befürchten? Ihr könnt euch dann Sorgen darum machen, daß der Guru euch nicht mehr beachtet, wenn ihr anfangt, Zeit zu vergeuden und euch mit den Jungen im Ashram herumzutreiben; wenn euch der Gedanke kommt: ‚Oh je, das Ashramleben ist sooooo langweilig.' Dann riskiert ihr, die Aufmerksamkeit des Gurus zu verlieren. Aber bis dahin macht euch keine Sorgen, habt keine Angst; macht einfach mit euren Übungen weiter."

Und das stimmt. In der Sadhana gibt es keine Flitterwochen. Sie ist von Anfang bis Ende ein einziges unentwegtes Bemühen. Es ist nicht so, daß du an einem Tag die Aufmerksamkeit des Gurus erhältst und sie am nächsten wieder verlierst. Die Gnade ist überreich vorhanden. Wie Baba immer sagte, hängt alles davon ab, wie sehr du dein Herz der Gnade aussetzt, wie sehr du dein Herz vor der Gnade versteckst. Solange dein Herz dem Guru und all denen gegenüber, die die Flamme Gottes in ihren Herzen tragen, vollkommen offen ist, solange du erfüllt bist von dem Verlangen, die höchste Wahrheit zu erfahren, solange hast du absolut nichts zu befürchten.

Baba sagte dann weiter: „Manchmal denkt jemand, wenn er ein paar Erkenntnisse gehabt hat oder einige Erfahrungen, daß er jetzt vollkommen sei. Aber er vergißt, daß man sorgfältig und über lange Zeit hinweg arbeiten muß, um das zu festigen, was man erreicht hat. Mache daher standhaft mit den Übungen weiter, kontinuierlich, über einen längeren Zeitraum hinweg, und dann wird das, was du erlangst, auch dauerhaft erhalten bleiben.

So sehr es dich auch interessieren mag, all diese verschiedenen Richtungen im Leben auszukundschaften, du mußt bei deiner spirituellen Suche auch beständig sein. Das ist also eine ganz notwendige Tugend, und du kannst sie nennen, wie du willst: Ausdauer, Standhaftigkeit, Festigkeit oder Zielstrebigkeit. Ohne sie geht es nicht.

Die zweite Definition, die Shri Krishna Arjuna gab, lautet: *yogaḥ karmasu kauśhalam,* „Yoga ist Geschick im Handeln." In diesem Vers wird Arjuna gesagt, er solle sich dem Yoga widmen, ohne guten und schlechten Taten zum Opfer zu fallen.

Die meisten handeln mit großem Nachdruck, um zu zeigen, wie recht sie haben und wie unrecht die anderen haben. Sie wollen beweisen, wie gut ihre Absichten sind und wie destruktiv oder eigennützig alle anderen. In ihrem Handeln ist also keine Reinheit. Es ist von einer Haltung gefärbt, die besagt: „Ich bin heiliger als du." Hast du dich schon einmal so verhalten? Ganz gleich, ob das, was du tust, richtig oder falsch ist, gut oder schlecht – im allgemeinen bemühen sich Menschen vor allem, die Oberhand zu gewinnen. Kommt dir das bekannt vor? Menschen, die sich so verhalten – und die meisten tun das – leben nach dem Gesetz des Dschungels. Der Stärkste überlebt. Wer am lautesten spricht, gewinnt. Und obwohl vielleicht vieles von dem, was sie tun, manchmal gut ausgeht, kann man trotzdem nicht sagen, daß sie im Yoga gefestigt sind.

Yoga ist Geschick im Handeln, erinnert ihr euch? Was ist das für ein Geschick? Es ist die Weisheit, dein niederes Selbst von deinem höheren Selbst zu trennen. Es ist die Fähigkeit, deine eigenen

Beweggründe zu erkennen, sagen zu können, ob du etwas tust, damit du selbst glänzen kannst oder zum Wohl der Welt, in der du lebst. Es ist die Kraft, mit deiner eigenen Dunkelheit zu ringen und deine Augen auf das Licht zu richten. Es ist die Fähigkeit, sich Versuchungen vom Leib zu halten und untadelig zu handeln.

Natürlich werden sich ganz sicher alle möglichen Hindernisse auftun. Es ist praktisch ein Naturgesetz – in dem Augenblick, in dem du dich dazu entschließt, jeden Morgen früh aufzustehen und zu meditieren, werden eine Million Ausnahmesituationen entstehen. Bist du im Yoga nicht gefestigt, wirst du nie „den Dreh finden", nie die subtile Fähigkeit erlangen, sie abzuwehren und deinen höchsten Dharma zu erfüllen, ganz gleich, was passiert. Es läuft nicht immer alles so, wie du es planst. Eigentlich tut es das fast nie. Du mußt also wachsam sein. Du kannst dich nicht auf dein gutes Karma verlassen oder die Verdienste, die du von deinen Ahnen mitbekommen hast. Du mußt lernen, dich allein auf dein Selbst zu verlassen. Deshalb praktizierst du Yoga.

Ein wunderbarer Schriftsteller sagte einmal: „Wenn dein Schiff nicht an Land kommt, schwimme zu ihm hinaus." Genau das ist Yoga in Aktion. Die meisten machen das jedoch nicht. Sie werfen mit Ratschlägen um sich, die zwei Pfennig wert sind, und erwarten dafür millionenfaches Entgegenkommen. Sie tun einmal etwas Gutes und fragen sich dann, warum das Universum nicht dankbar ist. Ist es nicht erstaunlich, was Menschen tun und was sie als Gegenleistung dafür erwarten; was Menschen *nicht* tun und dafür erwarten? Niemand will sich großartig darum bemühen, sein oder ihr Leben in ein Paradies zu verwandeln, aber alle möchten, daß andere etwas dafür tun. „Warum bist du nicht gekommen? Ich habe so lange gewartet. Warum hast du mich nicht angerufen? Warum hast du mir an meinem Geburtstag nicht geschrieben? Warum? Warum hast du dies nicht getan? Warum hast du jenes nicht getan? Warum sagst du mir nicht etwas Liebes? Warum nicht? Warum singst du nie ein Lied für mich?"

Es ist immer jemand anderes, der all diese wunderbaren Dinge tun sollte. Irgendwelche anderen Leute, die so gern als „die" bezeichnet werden. Wo sie schon dabei sind, sollten doch eigentlich auch „die" all diese großartigen Tugenden entwickeln. Schließlich, so sagst du dir, sind „die" ja auch diejenigen, die sie brauchen, oder?

In diesem Sommer haben wir einen Kurs mit dem Titel: „Begegnung mit dem Tod" angeboten. In diesen fünf Tagen ist vielen ihre eigene Sterblichkeit bewußt geworden. Eine Person sagte: „Das ganze Leben ist nur eine Vorbereitung auf den Augenblick deines letzten Atemzugs, oder nicht?" Dieses Verständnis ist unglaublich wertvoll. Die letzten Augenblicke im Leben, der Übergang ins Vergessen, müssen reibungslos, mit Anmut, vonstatten gehen. Du mußt bei diesem Übergang mit all deinen Verdiensten gewappnet sein.

Auf einer gewissen Ebene wissen das alle. Wie sehr jemand gewillt ist, sich dafür anzustrengen, ist eine andere Sache. Viele sind hellauf begeistert, wenn es um die Befreiung geht, um Gott, die Erlangung der höchsten Wahrheit, darum, der Menschheit zu dienen, diese Welt zu einem besseren Paradies zu machen, Tugenden zu entwickeln, die Liebe des Gurus zu erfahren, einen starken Geist und ein starkes Herz zu entwickeln, dem Hunger ein Ende zu bereiten und so weiter. Wieviele jedoch setzen sich wirklich für diese großen Belange, Offenbarungen, Einsichten, Taten und Ziele ein? Das ist die große Preisfrage. Wenn das allzu lange eine Frage bleibt, steckst du bis zum Hals in Schwierigkeiten, du schmorst ganz schön.

Warum? Schau dir ein Fragezeichen an. Es sieht schon aus wie ein Haken, ganz besonders im Spanischen, wo es auf dem Kopf steht. Wenn du dich nicht selbst von dem Haken befreist, wird deine Unwissenheit dich ersticken. Das ist in der Tat ein unseliges Leben – sich nicht nur allmählich im Vergessen aufzulösen, sondern auch im Vergessen zu leben. Ein französischer Schriftsteller sagte einmal: „Man sollte nur eine Sache wollen, aber das ständig. Dann kann man sicher sein, daß man sie bekommt. Aber ich will alles gleichermaßen. Deshalb stehe ich am Ende mit leeren Händen da. Jedesmal entdecke ich, und immer zu spät, daß sich das eine eingestellt hat, während ich schon dem nächsten hinterhergejagt bin."

In seiner spirituellen Autobiographie *Spiel des Bewußtseins* schrieb Baba Muktananda: „Wenn ein reicher Mensch sein Vermögen nicht hütet und ein guter Mensch nicht seine Tugenden, wird er diese bald verlieren. Ebenso schwächt ein Suchender, der ohne Disziplin lebt, der ein unregelmäßiges Leben führt, seine Shakti."

Der Guru wendet seine Aufmerksamkeit nicht von dir ab. Du bewirkst selber, daß du sie verlierst, indem du die Shakti in dir schwächer werden läßt. Ob das Resultat dieser Fahrlässigkeit ein Zweifel ist oder negative Gedanken, darauf kommt es gar nicht so sehr an. Sind dir einmal die Augen geöffnet worden für das, was du von deinem Wesen her in Wahrheit bist, dann mußt du lernen, diese Erfahrung in jeder nur möglichen Weise zu hegen.

Und jetzt kommen wir zur dritten Definition von Yoga. Shri Krishna sagt zu Arjuna: „Das Durchtrennen der Verbindung mit dem Schmerz soll als Definition von Yoga gelten." Dann fügt er hinzu: „Yoga muß mit Entschiedenheit praktiziert werden und mit unberührtem Geist."

Yogo' nirviṇṇachetasā, das Durchtrennen der Verbindung mit dem Schmerz: das ist solch eine erhabene Definition von Yoga. Was für eine Erleichterung es doch ist, herauszufinden, daß man sich wirklich vom Schmerz trennen kann. Man kann ohne Übertreibung behaupten, daß die ganze Welt leidet. Menschen leiden, und genauso auch Bäume, Meere, Vögel und Tiere. Selbst die Erde leidet. Selbst der Weltraum leidet – unter all den Raketen und Satelliten, der Invasion von Schadstoffen und kreisenden Raumstationen. Alles leidet. Das Leiden hat verschiedene Ursachen und kann in Länge und Intensität variieren, aber im Grunde ist alles das gleiche. Einige Menschen leiden, weil sie kein Geld haben. Andere leiden, weil sie nicht genug Liebe bekommen. Einige leiden unter ihrer geringen Selbstachtung. Andere leiden unter Gewalt. Aber letztlich leiden alle aufgrund von Unwissenheit.

Die indischen Schriften sprechen von drei Arten von Leidensursachen. Die erste wird *ādhyātmika* genannt – Leiden, das durch den Körper oder den Geist hervorgerufen wird. Diese Art von Leiden entsteht innerlich durch Krankheiten des Körpers oder durch unerfüllte Wünsche des Geistes. Baba sagte immer, daß dieses Leiden in erster Linie durch ein undiszipliniertes Leben und Unregelmäßigkeit jeder Art verursacht wird.

Die zweite Leidensursache wird als *ādhibhautika* bezeichnet – Leiden, das durch die Natur, durch die Welt und die Lebewesen um uns herum ausgelöst wird. Manchmal kommt es in Form einer Flut oder einer Dürreperiode oder eines Erdbebens, oder eine Region wird von einer Insektenplage heimgesucht. An bestimmten Orten oder zu bestimmten Jahreszeiten ist es vielleicht entweder zu kalt oder zu heiß, als daß es sich dort problemlos weiterleben ließe.

Die dritte Art von Unglück wird *ādhidaivika* genannt. Das ist das Leid, das durch die Götter, durch himmlische Wesen und durch Geister hervorgerufen wird. Den alten Schriften zufolge hat jedes einzelne Ding in diesem Universum seine eigene Gottheit. Sind diese Kräfte, diese Gottheiten, nicht mit uns zufrieden, schaffen sie Probleme. Immer wenn wir Mantras singen, um ein Programm zu eröffnen, singen wir zum Schluß *Om śhāntiḥ śhāntiḥ śhāntiḥ.* Wir wiederholen das Wort *śhāntiḥ,* „Friede", dreimal, als ein Gebet, daß wir vor diesen drei Arten des Unglücks bewahrt bleiben mögen.

Alles Leiden bringt Schmerz mit sich. Solange Suchende nicht verstehen, daß sie ihre eigenen Wunden heilen können, daß es in ihrer Macht steht, ihrer Qual ein Ende zu bereiten, sind sie mit dem Schmerz verheiratet. Daher erklärt Shri Krishna Arjuna, Yoga sei das „Durchtrennen der Verbindung mit dem Schmerz". Denke doch einmal einen Augenblick darüber nach. Mit Schmerz einschlafen, mit Schmerz aufwachen – und all das im Namen der Sinnesfreuden? Gibt es irgend etwas, was du tust und was nicht schließlich zu der einen oder anderen Art von Schmerz führen wird?

Es gibt ein wunderschönes Lied des Dichterheiligen Purandardas. Wenn ich es höre, kommen mir jedesmal die Tränen. An einer Stelle heißt es: „Am Anfang scheint es so angenehm zu sein. Aber am Ende verwandelt es sich unweigerlich in Schmerz."

Sinnesfreuden sind am Anfang so befriedigend, aber in keinem Menschenleben hat es je eine Zeit gegeben, wo sie nicht verdorben wären und sich in Schmerz verwandelt hätten. Yoga durchtrennt die Verbindung mit dem Schmerz. Da winkt also Erleichterung. Da winkt Freiheit. Wenn du standhaft im Yoga wirst, kannst du den Schmerz an seinen Wurzeln kappen. Dennoch macht es einigen Leuten Spaß, mit dem Schmerz verheiratet zu sein. Sie sind sehr treue Partner. Der Schmerz ist ihre Gottheit. Der Schmerz ist ihr Lorbeerkranz. Das Unglück bedeutet ihnen alles.

Der Schmerz bleibt so, wie er ist oder er wird schlimmer, wenn er kann, nur weil du ständig versuchst, ihn zu unterdrücken oder ihm auf andere Art auszuweichen. Manchmal weigerst du dich sogar dir selber gegenüber zuzugeben, daß du leidest. Aber je mehr du den Schmerz ignorierst, desto schlimmer wird er. Früher oder später mußt du dich dem Schmerz stellen, den du beiseitegeschoben hast. Überrascht dich das? Glaubst du, der Guru wird einen Zauberstab schwenken, und das wird dann das Ende deines Schmerzes sein? Warum denkst du nicht daran, statt dessen deine Beziehung zum Schmerz zu verändern?

Einmal stellte jemand Baba die Frage: „Du hast gesagt, um Leiden mit Dankbarkeit annehmen zu können, müsse man eine neue Sprache erlernen. Könntest du uns bitte sagen, wie das geht?“ Baba antwortete: „Diese neue Sprache bildet sich, wenn du im Leben immer wieder leidest. Leiden als etwas Gutes zu akzeptieren, es mit Mut und Standhaftigkeit zu ertragen, das ist die neue Sprache. Zu erkennen, daß man das eigene Leiden redlich verdient hat, es fröhlich zu akzeptieren und mit innerer Stärke auf sich zu nehmen, das habe ich mit ‚eine neue Sprache erlernen‘ gemeint.“

Mit anderen Worten: Baba fordert die Gottsuchenden auf, ihren Schmerz zu akzeptieren, statt zu versuchen, ihm aus dem Weg zu gehen. Er bezeichnet die Standhaftigkeit als eine neue Sprache.

Damit meint er, daß man lernen muß, Schmerz aus einem neuen Blickwinkel zu sehen. Das bedeutet nicht, daß du dich selbst schlechtmachst, indem du sagst: „Ich bin ein Sünder, ich habe es verdient zu leiden.“ Ganz und gar nicht. Du verstehst, daß du diesen Schmerz auf dich nehmen mußt, um die Verunreinigungen abzuspülen, die du angesammelt hast. Das ist notwendig, damit das Licht des Selbst wieder in dir aufflammen kann.

Baba sagt: „Akzeptiere diesen Schmerz fröhlich." Dazu mußt du die Quelle der Seligkeit in dir erschließen. Du mußt Yoga praktizieren. Baba fordert uns dazu auf, Krieger zu sein. In seinen Augen bist du nicht das Opfer. Nicht, wenn du die Stärke und das Vertrauen hast, diesen Schmerz anzunehmen und ihm ein Ende zu bereiten.

Goethe sagte einmal sinngemäß: „Nur der verdient seine Freiheit und seine Existenz, der sie täglich von neuem gewinnt." Praktiziere Yoga jeden Tag mit neuer Inspiration. Freiheit zu erlangen bedeutet nicht, daß dann alles vorbei ist und du dich nie mehr um irgend etwas sorgen mußt. Freiheit will genährt werden. Du mußt die Freiheit jeden Tag von neuem erfahren. Dein Leben gehört natürlich dir. Und doch mußt du es dir immer wieder zu eigen machen. Du mußt diesen Vertrag jeden Tag erneuern. Ansonsten verjährt er, und wer weiß: vielleicht hat er ja irgendwo eine Lücke? Du mußt also deinen Kontrakt mit dem Leben ständig erneuern.

Daher sagt Shri Krishna in diesem Vers zu Arjuna: „Dieser Yoga muß mit Entschiedenheit und unberührtem Geist praktiziert werden." Das ist solch ein wertvoller Ratschlag. Praktiziere diesen Yoga, dich geistig unerschrocken vom Schmerz zu scheiden. Den ersten Punkt, auf den er verweist, Entschiedenheit, kann jeder verstehen. Manchmal muß man es einfach wagen. So heißt es im *Yoga Vāsishtha:* Strenge dich an, beiße die Zähne zusammen und komme nicht ins Wanken. Aber der zweite Punkt, geistig unberührt weiterzumachen, ist sehr schwierig zu praktizieren. Es geschieht so leicht, daß man aus der Fassung gerät. Und doch fordert Krishna dich auf, dich unerschrocken deinem Schmerz zu stellen. Wenn du im Begriff bist, dich von deinen Schwierigkeiten zu befreien, verliere dabei nicht dein Selbst, das große Selbst. Wirf nicht um der Überwindung von Schwierigkeiten willen dein Selbst über Bord. Laß nicht um der Rettung eines Ertrinkenden willen dein Selbst untergehen. Fessle nicht um der Befreiung von Schmerz willen dein Selbst. Laß deinen Geist unerschrocken sein, unberührt.

Du brauchst wirklich einen klaren Geist, um die Ursache von Schmerz zu verstehen und dich davon zu befreien. Der Dichterheilige Jnaneshwar Maharaj sagte, wenn man einen Entschluß fasse, der von Nutzen sei, solle man dabei bleiben. Weiche nicht davon ab. Sei nicht wie Mark Twain, der einmal sagte: „Mit dem Rauchen aufzuhören ist das Einfachste auf der Welt. Ich muß es ja wissen, denn ich habe es tausendmal getan." Halte die Gelübde, die du ablegst. Sei entschlossen. Übe das, ohne ins Wanken zu kommen, und du wirst deinen Weg zur Freiheit finden.

Im Yoga gefestigt zu werden bedeutet, immer mehr mit der höchsten Wahrheit eins zu werden. Im Feuer des Yoga werden der Bodensatz des Geistes, der Wankelmut des Herzens, die Unreinheiten des Körpers allesamt zu Asche verbrannt. Mit anhaltender Anstrengung und Entschlossenheit kannst du die Aufgewühltheit des Geistes, die Ziellosigkeit beim Handeln und die drei Leidensursachen überwinden. Du wirst wieder einen Körper aus Licht gewinnen. Du erfährst deine eigene wahre Natur. Gott wohnt in dir als du. Das wird Realität. Liebe wird zu einer Realität. Wie Rumi sagt: „Halte dir ständig Seine Gebote vor Augen. Dann wird der Vogel der Gnade ganz plötzlich herabgeflogen kommen."

Wir haben einen langen Tag hinter uns, erfüllt von vielen Kontemplationen und vielen negativen Gedanken, erfüllt von vielen Vorsätzen und vielen erneuten Abweichungen von ihnen, von vielen Lehren und vielen Schwierigkeiten. Daher wollen wir uns innerlich erfrischen, mit unserem eigenen guten Gefährten, nämlich dem *prāna,* dem Ein- und Ausatmen. Laß deine Wahrnehmung klarer werden. Laß alle deine Gedanken zur Ruhe kommen. Laß den Körper still werden. Laß dein Herz aufmerksam auf den Klang des Atems achten. Während du langsam ein- und ausatmest, werde immer gefestigter im Yoga.

Mit großer Achtung und großer Liebe heiße ich euch alle von ganzem Herzen willkommen.

10. Juli 1993

KAPITEL VIER

STANDHAFTIGKEIT IM WISSEN

Jñāna-vyavasthiti

MIT GROSSER ACHTUNG UND LIEBE heiße ich euch alle von ganzem Herzen willkommen.

Ihr habt eine gewaltige Aufgabe bekommen: die glorreichen Tugenden zu kultivieren, genau die, vor denen ihr immer Angst hattet. Viele haben erwähnt, daß die Aussicht, diese Tugenden zu entwickeln, sie einschüchtert. Wenn sich diese Tugenden in dir erst einmal voll entfaltet haben, sagen sie, mußt du auch entsprechend leben. Du darfst nicht zulassen, daß diese Art von Angst das Gute in dir zerstört. Weshalb solltest du dein eigenes großes Selbst fürchten? Diese mächtige Kraft ist der innerste Teil deines eigenen Wesens. Du bist damit geboren worden, du lebst jeden Augenblick deines Lebens damit, und schließlich wirst du wieder darin aufgehen. Es ist viel besser, dein eigenes Selbst zu erkennen, statt vor ihm zu fliehen. Bei diesem Akt der Selbst-Erkenntnis kannst du gleichzeitig die glorreichen Tugenden erfahren, die du in dir trägst. Wenn das eine große Verantwortung ist, dann wachse eben entsprechend über dich hinaus.

Diese Tugenden sind wie der Dharma: sie werden dich immer schützen, wenn du auf den falschen Weg gerätst. Ohne sie hast du keine innere Sicherheit. Es gibt so viele Leute, die sich schwach fühlen, sie haben keinen inneren Halt. Sie glauben nicht so ganz an Gott, sie können die Gnade des Gurus nicht akzeptieren, und sie können die Hilfe von anderen in ihrem Leben nicht zulassen. Warum? Weil sie ihre eigenen Tugenden nicht kultiviert haben – sie sind nicht in Verbindung mit dem Guten, das in ihnen liegt, oder der Barmherzigkeit, die von Anfang an Teil ihrer Natur ist.

Heute werden wir die Tugend der Standhaftigkeit im Wissen untersuchen. Mit Wissen meinen wir hier das Wissen um das Selbst, das Wissen um die höchste Wahrheit. Das ist Weisheit, ein himmelweiter Unterschied zu der Art von weltlichen Informationen, die du bekommst, wenn du fernsiehst oder Radio hörst, wenn du liest oder mit anderen klatschst und tratschst. Das höchste Wissen läßt sich auf diese Weise nicht erwerben. Du kannst es nicht einmal erfassen, indem du in Büchern Beschreibungen darüber liest.

In jeder Schrift wird dem „Mann des Wissens" ein hoher Rang beigemessen. Im Siddha Yoga verehren wir das Wissen. Der Herr selbst preist den, der Wissen hat. In der *Bhagavad Gītā* sagt Shri Krishna:

chaturvidhā bhajante māṃ janāh sukṛitino 'rjuna /
ārto jijñāsurarthārthī jñānī cha bharatarṣhabha //

Vier Arten von tugendhaften Menschen verehren mich,
o Arjuna:
die im Elend sind, die Reichtum suchen,
die nach Wissen verlangen
und diejenigen, die weise sind. [7:16]

teṣhām jñānī nityayukta eka bhaktir viśhiṣhyate /
priyo hi jñānino 'tyartham ahaṃ sa cha mama priyaḥ //

Von ihnen ist der Weise, auf ewig standhaft,
dem Höchsten allein ergeben, der Beste.
Ich bin dem sehr, sehr lieb, der sich ganz in die Weisheit
versenkt hat,
und er ist Mir lieb. [7:17]

udārāḥ sarva evāite jñānī tvātmaiva me matam /
āsthitaḥ sa hi yuktātmā mām evānuttamāṃ gatim //

Wahrlich, alle diese Suchenden sind edel,
aber denjenigen, der sich ganz in die Weisheit versenkt hat,
den betrachte Ich als Mein eigenes Selbst.
Der Mensch, dessen Geist standhaft ist, ruht in Mir allein,
dem höchsten Ziel. [7:18]

Hast du nicht bemerkt, daß selbst in deinem täglichen Leben, wenn jemand dir einen guten Rat gibt oder ein tiefes Verständnis offenbart, ein Gefühl ungeheurer Dankbarkeit und Achtung in dir aufwallt? Ganz gleich, was du durchmachst oder wie schwierig dein Leben ist, du möchtest diesen Ratschlag beherzigen, und du magst diesen Menschen aufrichtig gern. Wenn das schon bei dir zutrifft, stell dir vor, wie sehr Gott den lieben muß, der wahres Wissen besitzt und sich dessen vierundzwanzig Stunden am Tag bewußt ist.

Neulich kam jemand abends beim Darshan nach vorne und sagte: „Gurumayi, ich bin aus dem dunklen Tunnel herausgekommen. Jetzt fühle ich mich sehr, sehr gut."

Ich dankte Gott im Geist dafür, daß er sich um diesen Mann gekümmert hatte, der so lange Zeit in innerem Aufruhr gelebt hatte. Und beim nächsten Atemzug sagte er dann: „Aber ich habe die Blaue Perle immer noch nicht gesehen."

Ich schaute ihn an und sagte: „Deine Schwierigkeiten sind zu Ende, dafür kannst du dankbar sein."

„Aber … ich habe die Blaue Perle noch nicht gesehen. Nach all den Jahren!" Dann sagte er: „Ich werde am Kurs über die Blaue Perle teilnehmen." Er sah mir direkt in die Augen, bedeutungsvoll, und gab damit zu verstehen, daß die Blaue Perle gut daran täte, sich einzustellen, wenn er dort wäre.

Kein Mensch ist je zufrieden. Keiner ist imstande, Zufriedenheit zu erleben. Warum konnte dieser Mann nicht die Freude auskosten, keine Schwierigkeiten mehr zu haben, statt sie durch das Verlangen wegzuspülen, die Blaue Perle zu sehen? Es ist solch eine tiefe Erleichterung zu wissen, daß die Zeit kommen wird, wo du durch deine Sadhana, durch dein ständiges Bemühen, tatsächlich die Probleme des Geistes überwinden kannst, die körperlichen Schwierigkeiten oder deine Lebensumstände. Das ist *jñāna,* das ist Wissen – zu lernen, mit dem zufrieden zu sein, was geschieht, ganz gleich, wie viel oder wie wenig du bekommst. Wenn du lernst, jeden Augenblick in deinem Leben zu genießen, dann sei dir darüber im klaren, daß das Wissen sich in dir gefestigt hat. Das ist der Augenblick, wo sich die Blaue Perle offenbaren mag – nicht, wenn du hinter ihr herrennst, nicht, wenn du es verlangst.

Wenn sich das Wissen um das Selbst in dir gefestigt hat, was weißt du dann wirklich? Was kannst du darüber sagen? Die Veden sind die älteste Schrift Indiens. Niemand hat die Veden verfaßt. Sie sind die ewige Weisheit, die den Weisen in tiefer Meditation offenbart wurde. In jedem der vier Veden gibt es ein *Mahāvākya,* einen Ausspruch, in dem seine wesentlichen Lehren zusammengefaßt werden. Diese bedeutenden Aussagen sind die Frucht der Veden, das Geschenk der Weisen, deren Wissen gefestigt war.

Der *Rig Veda* sagt aus: *Prajñānaṃ brahma,* „Das Absolute ist Bewußtsein."

Im *Atharva Veda* heißt es: *Ayam ātmā brahma,* „Das Selbst ist das Absolute."

Im *Sāma Veda* steht: *Tat tvam asi,* „Du bist Das."

Der *Yajur Veda* verkündet: *Aham brahmāsmi,* „Ich bin das Absolute."

In jeder dieser Aussagen kommt die grundlegende Einheit der individuellen Seele mit dem Absoluten zum Ausdruck. *Aham brahmāsmi* ist das Bewußtsein, das Baba an alle seine Swamis weitergab, an diejenigen, die Mönche wurden, die ihr Leben dem Dienst an der Menschheit weihen wollten, mit dem Verständnis, daß Gott in allen existiert. „Ich bin das Absolute." Das bezieht sich auf das reine „Ich", auf das vollkommene Ich-Bewußtsein. Es hat nichts mit dem trivialen Ego zu tun. Es kommt aus der tiefsten inneren Erfahrung.

Neulich sagte eine Frau, daß sie *tādāsana* praktiziert hätte, die Hatha-Yoga-Stellung, die auch unter dem Namen „Bergstellung" bekannt ist, und schließlich habe sie bemerkt, wie sie in

Meditation versank. Im Laufe der Jahre hatte sie viele Male gehört, wie der Meditationsprozeß auf diese Weise beschrieben wurde. Trotzdem hatte sie immer gedacht, daß *sie* dabei aktiv etwas tun müßte. Sie hatte sich sehr bemüht, mit großer Anstrengung und Akribie. An diesem Abend neulich, als sie in der Bergstellung stand, strengte sie sich jedoch nicht an. Und als ihr Körper in vollkommenem Gleichgewicht war, wurde ihr Geist still, und sie versank in Meditation. Sie fand sich in einem tiefen Seinszustand wieder, den sie nie zuvor erfahren hatte. Er war von solcher Seligkeit erfüllt, von solcher Wonne, so rein, daß sie sich nicht erinnern konnte, schon einmal Vergleichbares erlebt zu haben. Es war unbeschreiblich.

Aham brahmāsmi, „Ich bin das Absolute". Es stellt sich einfach ein. Es entspringt diesem Ort der Stille. Wenn du nur versuchst, die Worte zu wiederholen, ergeben sie für dich vielleicht nicht sonderlich viel Sinn. Aber wenn dieser Zustand in dir aufsteigt, entweder in der Meditation oder durch die Gnade des Gurus, ist die Erfahrung unverkennbar. Baba hat seine Weisheit weitergegeben. Er hat den Samen gelegt. Glaube also an die Gnade des Gurus und laß die Erfahrung des Absoluten in dir aufgehen.

Baba Muktananda sagte: „Die Schriften und die Heiligen haben viele Methoden beschrieben, durch die man das Selbst erkennen kann. Unter ihnen wird die Mantrawiederholung als der höchste Weg bezeichnet."

Es gibt zwei Mantras, die dieselbe Wahrheit ausdrücken wie die *mahāvākyas.* Sie lauten *So'ham,* was „Ich bin Das" bedeutet, und *Shivo'ham,* „Ich bin Shiva", die alles durchdringende, höchste Wirklichkeit. Als Baba Muktananda von seinem Guru, Bhagawan Nityananda, die Initiation empfing, waren genau das die Worte, die Nityananda sprach. Baba beschrieb diesen Augenblick in seiner spirituellen Autobiographie *Spiel des Bewußtseins.* „Bhagawan Nityananda sagte: ‚*Shivo'ham,* … so sollte es sein.' Und dieses großartige, erhabene und strahlende Mantra Parashivas zerstörte die unzähligen Klänge, die seit Anbeginn der Zeit im Raum meines Herzens aufgestiegen waren und mich durch endlose Geburten und Wiedergeburten hatten wandern lassen."

So'ham. Shivo'ham. Lebe beständig in dieser großen Wahrheit. Wenn man in seinem Wissen gefestigt ist, hat man den Schlüssel zum Herzen aller. In der *Bhagavad Gītā* sagt Shri Krishna:

īśhvaraḥ sarvabhūtānāṃ hṛiddeśhe 'rjuna tiṣhṭhati

Der Herr wohnt im Herzen aller Lebewesen, o Arjuna. [18:61]

Das Herz ist der Sitz der höchsten Wahrheit. Wenn du Wissen empfangen möchtest, mußt du diesen inneren Raum betreten. Ob du das Mantra wiederholst und die Wahrheit erfahren möchtest, die es verkörpert, ob du ein Buch liest, die Schriften studierst oder dir einen Vortrag anhörst – du kannst spirituelles Wissen nicht allein mit dem Verstand erfassen. Der Verstand, so wie du ihn kennst, muß gereinigt werden. Dann steigt Weisheit von tief in dir auf, aus dem weiten Raum des Herzens.

Unser Leben, heißt es in der *Bhagavad Gītā,* wird von den drei verschiedenen Eigenschaften, den *gunas,* bestimmt und beherrscht. Sie sind die grundlegenden Attribute der Natur. Sie bestimmen die Merkmale, die allen Geschöpfen von Natur aus gegeben sind. Diese sind: *sattva,* die Eigenschaft der Reinheit, des Lichtes, der Harmonie und des Guten; *rajas,* die Eigenschaft der Aktivität oder Leidenschaft; und *tamas,* die Eigenschaft der Trägheit, Dunkelheit und Unwissenheit.

Den ganzen Tag lang erlebt der Mensch all diese verschiedenen Eigenschaften, einmal in eine, einmal die andere. In einem Augenblick fühlst du dich vielleicht sehr rein, leicht und harmonisch, im Einklang mit dem Guten in deinem Herzen. Das ist *sattva.* Im nächsten Augenblick bist du voller Tatendrang, voller Verlangen nach dem einen oder anderen, und alles ist für dich voller Unterschiede. Das ist *rajas.* Dann wiederum bist du so träge, so stumpf – es ist so, als ob du in einem Verließ leben würdest. Das ist *tamas.* Alle Menschen machen wegen der *gunas* diese verschiedenen Phasen durch. Sie färben alles, was du tust.

Shri Krishna beschreibt auch die drei Arten von Wissen, die jeweils mit den *gunas* verbunden sind. Seine Beschreibungen sind sehr lebendig, und wir können die *gunas* leicht wiedererkennen.

Folgendes sagt Er über das Wissen, das von *tamoguna*, der Eigenschaft der Dunkelheit, gefärbt ist:

yat-tu kṛitsnavad ekasmin-kārye saktam ahaitukam /
atattvārthavad-alpaṃ cha tat-tāmasam-udāhṛitam //

Jenes Wissen, das sich nur auf einen bestimmten Effekt
konzentriert,
als ob er das Ganze wäre; ohne Sinn und Verstand,
nicht auf der höchsten Wahrheit gründend und trivial,
das wird als tamasisch bezeichnet. [18:22]

In Maharashtra, in Indien, gab es einen Dichterheiligen mit Namen Jnaneshwar, was wörtlich „der Herr des Wissens", der Meister allen Wissens, heißt. Obwohl er nur sehr kurze Zeit auf dieser Erde lebte, wird Jnaneshwar immer noch so geliebt und geachtet, daß er stets „*Mahārāj*" genannt und als König der Yogis verehrt wird. Der Kommentar, den er zur *Bhagavad Gītā* schrieb, ist ebenfalls nach ihm benannt: *Jñāneshwarī*. Darin gibt der Dichterheilige einen sehr beredten Kommentar zu diesem Vers ab. Wir müssen ihm wirklich dafür dankbar sein, weil die *shlokas,* die Verse der *Bhagavad Gītā,* ziemlich abstrus sein können. Jnaneshwar Maharaj erklärt also in seiner großen Barmherzigkeit das Wissen, das von der Dunkelheit des *tamoguna* beherrscht wird:

> Dies als Wissen zu bezeichnen, wäre genauso unmaßgeblich wie zu sagen, daß die Augen eines Blinden groß seien,
>
> Daß die Ohren eines Tauben wohlgeformt seien oder daß schmutziges Wasser sich gut trinken ließe. Ebenso ist von *tamas* getrübtes Wissen nur dem Namen nach Wissen.
>
> O Arjuna, diese Art von Wissen wandert nackt umher, nicht in die Autorität der Schriften gekleidet, und wendet der Überlieferung den Rücken zu.
>
> Dieses Wissen, besessen vom bösen Geist der Dunkelheit, wirbelt im Kreis wie ein Verrückter.
>
> Es betrachtet niemanden als Freund und sieht kein Essen als verboten an. Es ist wie ein Hund, der in einem unbewohnten Dorf losgelassen wird,

Der alles frißt und nur das liegen läßt, was seine Lefzen nicht erreichen können oder was so heiß ist, daß er sich daran die Zunge verbrennt.

Ebenso wie alles dem Tod als Nahrung dient und alles Öl für das Feuer ist, so betrachtet auch die Eigenschaft der Dunkelheit die ganze Welt als ihren Besitz.

Ein Mensch mit diesem Verständnis kann die Vorstellung nicht hinter sich lassen, daß der Körper das Selbst sei und ein steinernes Bildnis das Allerhöchste.

Für ihn ist alles, was die physischen Augen sehen können und alles, was den Sinnen gefällt, die einzig wirkliche Erfahrung.

Ist dein Wissen von *tamoguna* gefärbt, ist es sehr dunkel. Du denkst vielleicht, daß du die Lehren verstanden hast. Bleibt dein Verständnis jedoch von Dunkelheit bedeckt, nützt dir das nichts. Du hast nicht die Fähigkeit, das, was du gehört oder gelesen hast, auf deine alltäglichen Handlungen zu übertragen und bist der Verblendung ausgesetzt. *Tamoguna*. Deshalb sagt Jnaneshwar Maharaj schon gleich am Anfang, daß man hier eigentlich gar nicht von Wissen sprechen könne. Wissen ist rein, es ist tiefgründig. Wissen ist befreiend. Wenn du *jñāna-vyavasthiti* erlangst, Standhaftigkeit im Wissen vom Selbst, erfährst du Befreiung, das Ziel des Lebens. Es gibt Menschen, die denken, daß sie die Lehren verstanden hätten, aber dann fragen sie auch: „Warum mache ich nicht die gleichen großen Erfahrungen wie andere?“ Das ist so, weil ihr Wissen von der Dunkelheit getönt ist.

Was bedeutet das aber nun eigentlich? Sie benutzen das Wissen für ihre eigenen egoistischen Ziele. Man sagt, daß selbst bösartige Menschen die Schriften zitieren können. Die Leute zitieren die *Bhagavad Gītā*, sie zitieren die Bibel, sie zitieren die *Guru Gītā*, ob sie an diese Schriften glauben oder nicht. Das ist von Tamas getrübtes Wissen. Es wird keine Früchte tragen. Das sind die Menschen, die die Lehren benutzen, um daraus Kapital zu schlagen. Bedeuten die Lehren für dich nur einen Lebensunterhalt, einen Weg, deine Brötchen zu verdienen, dann ist auch das tamasisches Wissen. Es ist nichts Reines darin enthalten. Jnaneshwar Maharaj sagt also, daß solches Wissen im Sinne der Schriften wertlos ist: „Es sollte nicht als Wissen betrachtet werden, sondern als die Augen der Dunkelheit."

Manche Leute nehmen ein bißchen Weisheit, ein kleines Stück der Lehren mit nach Hause und benutzen es als Waffe, um ihre Familie einzuschüchtern. Das ist ein anderer Weg, die tiefgründige Kraft der Lehren zu mißbrauchen. Baba sagte: „Du mußt deinen Yoga nicht großartig zur Schau stellen. Du mußt auch nicht dein Wissen auf diejenigen abladen, die dir nahestehen. Liebe sie einfach mehr. Wiederhole das Mantra still für dich und befreie deinen Geist von Schutt, so daß du, wenn sie mit dir sprechen, auch ihre Liebe stärker spüren kannst." Das ist sattvisches Wissen, reines Wissen.

Wissen ist nichts, was ausschließlich im Gehirn zu finden ist und dafür sorgt, daß dein Kopf immer mehr anschwillt. Jeder Teil von dir ist wichtig. Jede Zelle in deinem Körper ist wichtig. Alles, was du tust und fühlst, ist wichtig. Ist dein Wissen rein, dann geschieht alles aus dem tiefsten Teil deines Wesens, aus dem großen Herzen heraus, wo die Wahrheit zu Hause ist. Von *tamas* getrübtes Wissen kennt kein Mitgefühl und gründet sich daher auch nicht auf die Schriften.

Jnaneshwar Maharaj sagt:

> Jetzt habe ich euch das tamasische Wissen erklärt, das die Eigenschaft der Dunkelheit hat, damit ihr es erkennen und zurückweisen könnt.

In der *Bhagavad Gītā* beschreibt Shri Krishna als nächstes das von *rajas* getönte Wissen. Er sagt:

pṛithaktvena tu yaj-jñānaṃ nānābhāvān-pṛithagvidhān /
vetti sarveṣhu bhūteṣhu taj-jñānaṃ viddhi rājasam //

Jenes Wissen, das alle Geschöpfe
als voneinander getrennte Wesen unterschiedlicher Art sieht,
ein jedes vom anderen verschieden,
wisse, daß dieses Wissen von *rajas* getönt ist. [18:21]

Jnaneshwar Maharaj schreibt hierüber in seinem Kommentar:

> Höre, o Arjuna. Wissen, das von der Vorstellung des Getrenntseins bestimmt ist, ist von *rajas* getönt.
>
> Ebenso wie ein Kind das Gold nicht erkennen kann, das sich in Schmuckstücken verbirgt, verbirgt sich bei diesem Wissen die allem innewohnende Einheit in Namen und Formen.
>
> Ebenso wie ein Unwissender den Ton nicht erkennt, nachdem er in Töpfe und Gefäße verwandelt wurde, ebenso wie Feuer bei hellem Licht unsichtbar ist,
>
> Ebenso wie der Dumme die Fäden nicht voneinander unterscheiden kann, nachdem sie zu Stoff verwoben sind, oder wie der Schwachsinnige die Leinwand haßt, auf die das Bild gemalt wurde,
>
> So erscheint aufgrund des von *rajas* getönten Wissens auch das Geschaffene voneinander getrennt, und die Wahrnehmung der Einheit wird überlagert.
>
> Das Feuer in verschiedenen Holzscheiten ist scheinbar jeweils ein anderes, der Duft in verschiedenen Blüten scheint ein anderer, und jeder Teich spiegelt anscheinend einen anderen Mond,
>
> Und genauso sieht das von *rajas* getönte Wissen die Vielheit im Geschaffenen und trennt es in groß und klein.

Dieses Wissen sieht ständig Unterschiede. Es sieht nur Getrenntes. Von seiner Perspektive aus scheinen die individuelle Seele und die höchste Seele zwei völlig verschiedene Dinge zu sein. Das ist dualistisches Wissen. Wie ich schon sagte, wenn dein Geist nicht klar geworden ist, wenn du Zweifel an deinem Weg hast, dann flirtest du ständig mit rajasischem Wissen. Du bist nicht ganz sicher, ob die spirituellen Übungen dir nützen werden oder nicht. Du bist nicht hundertprozentig sicher, ob die Meditation die richtigen Früchte tragen wird … im richtigen Maße … zur richtigen Zeit. Oder jedenfalls nicht mit absoluter Sicherheit die Früchte, die du haben möchtest.

Bei *rajoguna* triffst du ständig Entscheidungen. „Das-und-das ist sicher gut, das aber nicht. Das-und-das ist wunderbar; das aber klingt furchtbar." Du verbringst deine Zeit damit, Unterschiede zu erschaffen. „Vielleicht sollte ich nur das Mantra wiederholen und nicht die *Guru Gītā* singen. Vielleicht sollte ich nur Seva machen und nie zu einem Programm gehen ... Oder ist es genau umgekehrt?" Du fragst dich ständig, ob die eine Sache besser ist als die andere, und du wendest den gleichen, von *rajas* getönten Denkprozeß bei all deinen Begegnungen mit Menschen an. „Hmmm. Heute sagen sie das, aber gestern haben sie etwas anderes gesagt, und was sagen sie übermorgen? Hmmm. Was *bedeutet* das?" Du gehst dabei nie wirklich in dein Herz, den großen Raum, sondern bleibst immer an der Oberfläche des täglichen Lebens.

Von *rajas* getöntes Wissen: nicht zu wissen, daß das Licht des Mondes und das Licht der Sonne das gleiche sind; nicht zu erkennen, daß ein und derselbe Mond sich in vielen Teichen spiegelt; nicht zu verstehen, daß ein Gott im Herzen aller wohnt.

Manchmal kamen Leute zu Baba Muktananda und fragten ihn, wie er es denn fertigbrächte, alle gleichermaßen zu lieben. Baba lachte und fragte sie: „Warum nicht?" Sie protestierten dann lautstark. „Nein, *nein,* Baba, hör doch mal. Wie kannst du denn alle mit der gleichen Intensität lieben?" Da lachte Baba und sagte: „Warum denn nicht?" Dann wandten sie sich an die Übersetzerin. „Kannst du das jetzt bitte richtig übersetzen? Baba! Wie ist es dir möglich, nicht wenigstens einen Menschen zu hassen?"

Natürlich gab Baba zu verschiedenen Zeiten verschiedene Antworten, wundervolle Antworten aus seiner eigenen Erfahrung. Aber das ist ein perfektes Beispiel für von *rajas* getöntes Wissen. Nur weil du nicht weißt, wie es ist, alle gleichermaßen zu lieben, nährst du Zweifel und schaffst Unterschiede.

Einer der Gründe, weshalb die großen Meister alle Menschen in gleichem Maße lieben können, ist, daß sie keine egoistischen Motive haben. Sie wollen nicht den Reichtum eines anderen oder den Körper eines anderen oder die Frau eines anderen. Es gibt nichts, was sie wollen, und es mangelt ihnen an nichts. In diesem

Zustand ist es möglich, alle zu lieben, weil du kein Bedauern hegst, du trägst keinen Ärger in dir und du hast keine Angst. Daher kannst du Liebe für die gesamte Menschheit empfinden. Es gibt kein Handeln und kein Feilschen. Das ist keine Liebe, die etwas von Geschäftemachen hat, es ist die Liebe Gottes. Und deshalb gibt es keine Dualität und kein Getrenntsein, sondern immer und ewig nur die Erfahrung der Einheit.

In der *Bhagavad Gītā* beschreibt Shri Krishna reines Wissen, sattvisches Wissen, folgendermaßen:

sarvabhūteṣhu yenaikaṃ bhāvam-avyayam-īkṣhate /
avibhaktaṃ vibhakteṣhu taj-jñānaṃ viddhi sāttvikam //

Jenes Wissen, durch das man
die eine unzerstörbare Wirklichkeit in allen Lebewesen sieht,
ungeteilt, nicht getrennt in voneinander getrennten Wesen,
wisse, daß dieses Wissen von *sattva* bestimmt ist. [18:20]

Jnaneshwar Maharaj schreibt in seinem Kommentar darüber:

Eine klare Sichtweise befähigt einen Menschen,
alle Dinge deutlich zu sehen. Ähnlich kann man mit reinem Wissen die wahre Natur der Dinge verstehen.

O Arjuna, wenn sich solches Wissen entwickelt hat,
werden der Wissende und das Gewußte eins.

Die Sonne kann nie Dunkelheit sehen, das Meer kennt die verschiedenen Flüsse nicht, und niemand kann seinen eigenen Schatten umarmen.

Ebenso ist das auch mit diesem Wissen, denn durch dieses wird die gesamte Schöpfung, von den höchsten Göttern bis zum Grashalm, als eins gesehen.

Man kann ein Bild nicht sehen, indem man es anfaßt,
Salz kann man nicht mit Wasser waschen, und man hat keine Träume, wenn man wach ist.

Ebenso existieren der Wissende, das Gewußte und
der Vorgang zu wissen nicht länger getrennt voneinander, wenn man sie mit Hilfe des Wissens versteht, das von Sattva bestimmt ist.

> Ein intelligenter Mensch schmilzt Goldschmuck nicht ein, um zu sehen, ob er aus Gold besteht, und er filtert auch keine Wellen, um Wasser zu bekommen.

Ich liebe dieses Bild! Hast du das schon einmal getan: Wellen gefiltert, um Wasser zu bekommen? Es ist ein wunderbares Bild für etwas, was fast alle machen. Jnaneshwar Maharaj sagt dann weiter:

> Ebenso ist von *sattva* bestimmtes Wissen jenseits der Wahrnehmung, die Unterschiede in Dingen sieht.
>
> Schaut jemand zufällig in einen Spiegel, sieht er sein eigenes Bild. Ganz ähnlich verschwindet das Gewußte, wenn der Wissende weiß, wer er ist.
>
> Reines Wissen ist eine wahre Schatzkammer für den Reichtum der Befreiung.

Sattvisches Wissen ist das, was Krishna im 16. Kapitel anführt, als er Arjuna die göttlichen Tugenden beschreibt. Wir haben über die Standhaftigkeit im Yoga gesprochen. Dies ist ein weiterer Aspekt davon, und ihn zu kultivieren, ist ebenso wichtig. Du mußt standhaft in deinem Wissen werden. Nimm selbst in schwierigen Zeiten das reinste Wissen zu Hilfe, um zu begreifen, was geschieht. Sind deine Gefühle außer Rand und Band, dann spiele nicht ein Gefühl gegen ein anderes aus, sondern benutze *jñana,* reines Wissen, um zu versuchen, deine Gefühle zu verstehen.

Bei der Mantrawiederholung bist du in Berührung mit dem Wissen, das von *sattva* geprägt ist. Die reinen Schwingungen des Mantras führen dich zu ihm. Wenn du dich zur Meditation hinsetzt, laß deinen Geist ruhig werden und deinen Atem tief. Sobald alle körperlichen Impulse verstummt sind und du die große Stille im Mittelpunkt deines Seins erfährst, weißt du, daß du in Kontakt mit wahrem Wissen bist. Es ist dein eigenes. Werde gefestigt darin.

Vor etlichen Jahren unternahm Baba eine Pilgerfahrt nach Kaschmir, um die heiligen Orte zu besuchen, an denen die Weisen meditierten und unerschütterliches Wissen erlangten. Ein paar Tage vor Babas Ankunft wurde ein Würdenträger aus Kaschmir erschossen. Sein Sohn kam zu Babas Darshan. Er bat Baba inständig, das Grab seines Vaters zu besuchen und seiner Seele Frieden zu bringen.

Baba kam bei Sonnenuntergang dort an. Er stand im goldenen Dämmerlicht vor dem Grabmal und sang immer wieder einen Vers aus den Upanischaden. Es lag solche Tiefe und Schönheit in seiner Stimme. Jede Silbe dieses Verses wurde lebendig.

Wenn ich an diesen Vers denke, erinnere ich mich jedesmal, wie bewegt ich war, als Baba ihn an diesem Tag sang, und ich sinne über den außergewöhnlichen Segen nach, den er dieser dahingeschiedenen Seele gegeben hatte. Nur ein paar Monate zuvor hatte ich *sannyāsa,* das Mönchsgelübde, abgelegt. Während dieser Zeremonie hatte Baba leise viele, viele Male den gleichen Vers gesungen. Der Vers stammt aus der *Īśhāvāsya Upanishad,* und lautet:

īśhāvāsyaṃ-idaṃ sarvaṃ yat-kiñ-cha jagatyāṃ jagat /
tena tyaktena bhuñjīthā mā gṛidhaḥ kasyasvid-dhanam //

Wisse, daß alles, was sich in dieser veränderlichen Welt
bewegt, von Gott umgeben ist.
Finde daher Freude in der Entsagung
und begehre nicht, was anderen gehört.
Da Gott alles durchdringt, gehört dir nichts,
nicht einmal dein eigener Körper. [1]

Das ist das Feuer des Wissens. Zu wissen, daß alles in der Welt von Gott umgeben ist. Zu wissen, daß wahre Freude nur im *tyāga,* in Entsagung zu finden ist und nicht im Besitz. Zu wissen, wie du innerlich und äußerlich mit dem zufrieden sein kannst, was dir zufällt, und nicht dem hinterherzurennen, was andere haben.

Wenn du das hast, wenn durch die Gnade des Gurus dieses Wissen in dir aufsteigt, dann begreifst du, daß alles Gott ist, und du brauchst dir keine Sorgen zu machen, du brauchst keine Angst zu haben. Du verwaltest nur den Reichtum Gottes, ganz gleich, welche Form er annimmt, ob es dein Körper ist, dein Geist, dein Ego, dein Intellekt, dein äußerer Besitz oder die Tugenden, die in dir sind. Alles, was existiert, gehört Gott. Ist dein Verständnis erst einmal so unerschütterlich und so rein geworden, dann weißt du, daß du dich einfach für Gott um all diese Dinge kümmerst, die sichtbaren und unsichtbaren, die bekannten und unbekannten. Dann bist du nicht dieser schrecklichen Bindung unterworfen, die zu Schmerz führt. Dann ist deine Freiheit vollkommen.

Das ist die Art von Wissen, die du standhaft beibehalten mußt, ohne zu schwanken und unerschütterlich. Das ist das Wissen des Selbst.

Mit großer Achtung und großer Liebe heiße ich euch alle von ganzem Herzen willkommen.

11. Juli 1993

KAPITEL FÜNF

FREISEIN VON WUT
TEIL 1

Akrodha

MIT GROSSER ACHTUNG UND LIEBE heiße ich euch alle von ganzem Herzen willkommen.

Dies ist der Sommer der Tugenden, der Sommer der grandiosen Eigenschaften. In jedem Programm singen wir, ehe wir dann über die Tugenden nachsinnen, die in der *Bhagavad Gītā* besprochen werden. Singen ist wie ein Festmahl. Um zu singen, brauchst du keine Tugenden. Du mußt dich nur ganz dem Klang hingeben. Welche Gefühle du anfangs hast, spielt keine Rolle. Du kannst einfach nur singen und die herrliche Wonne spüren, die das Wesen des höchsten Selbst ist. Den Rest der Zeit über mußt du jedoch Tugenden kultivieren. Du brauchst ihren Beistand.

In der chinesischen Philosophie des Taoismus stellt der Weise im *Tao-te Ching* eine Reihe von wunderschönen Fragen über die Tugenden:

> Kannst du deinen Geist überreden, sein Umherwandern
> einzustellen und bei der ursprünglichen Einheit zu bleiben?
> Kannst du deinen Körper so beweglich machen wie den
> eines Neugeborenen?

Kannst du deine innere Sichtweise so rein werden lassen,
bis du nichts mehr siehst als das Licht?
Kannst du Menschen lieben und sie führen, ohne ihnen
deinen Willen aufzuzwingen?
Kannst du noch mit den lebenswichtigsten Dingen
so umgehen, daß du den Ereignissen ihren Lauf läßt?
Kannst du dich von deinem eigenen Geist distanzieren
und dadurch dann alles verstehen?

Heute abend werden wir die Tugend betrachten, die *akrodha* heißt, Freisein von Wut. In der *Bhagavad Gītā* sagt der Herr:

kāma eṣha krodha eṣha rajoguṇa-samudbhavaḥ /
mahāśhano mahāpāpmā viddhyenam-iha vairiṇam //

Verlangen und Wut,
aus der Eigenschaft *rajas* entstanden,
alles verschlingend, voller Sünde,
Wisse: sie sind dein Feind hier in dieser Welt. [3:37]

Mit anderen Worten, der ärgste Feind, den du auf der Erde hast, ist in den dunklen Ecken deines eigenen Geistes zu finden. Verlangen und Wut. Wo das eine ist, ist auch das andere nicht weit. Wenn man etwas will und einem ein Strich durch die Rechnung gemacht oder etwas vorenthalten wird, verwandelt sich das Verlangen in Wut. So gerne die Leute auch denken, man hätte sie provoziert: wenn jemand wütend ist, ist das immer seine eigene Schöpfung. Es ist wirklich so: wenn du wütend wirst, brauchst du niemandem außer dir selbst die Schuld dafür zu geben. „Kannst du deinen Geist überreden, sein Umherwandern einzustellen und bei der ursprünglichen Einheit zu bleiben?" Vielleicht ist das der Grund, weshalb die Leute manchmal, wenn ihr Geist außer Rand und Band ist, sagen: „Ich habe mich vergessen."

Die Quellen der Wut scheinen manchmal ein Rätsel. Sagen wir, es redet jemand mit dir. Was er oder sie sagt, ist sehr nett, sehr gut, sehr wahr. Trotzdem bringt es dich ganz plötzlich, wie aus heiterem Himmel, aus dem Gleichgewicht – du wirst unruhig. Irgend etwas geht dir quer, aber du kannst nicht sagen, was es ist.

Du hörst weiter zu. Was da gesagt wird, ist in Ordnung. Und trotzdem ...

Es gibt mehrere klar voneinander abgrenzbare mögliche Auslöser für dein Unbehagen. Zum Beispiel sagt dein Gegenüber vielleicht etwas Angenehmes oder gebraucht freundliche Worte, aber innerlich ist er oder sie sehr aufgebracht, und diese Energie verbreitet die betreffende Person um sich. Oder es kann sein, daß sie dir vor langer Zeit etwas angetan hat oder etwas gemacht hat, was nie bereinigt wurde. Und jetzt steigt, obwohl du dir dessen nicht bewußt bist, die Erinnerung daran wieder auf. Auf der bewußten Ebene ist das vielleicht das letzte, woran du denken würdest, und dennoch ist es die Quelle deines Unbehagens. Oder vielleicht hat der Betreffende dir in einem früheren Leben wehgetan – falls du an solche Dinge glaubst – und du trägst bis zum heutigen Tage den Eindruck dieses Unrechts, dieser negativen Gefühle, dieser Gedanken in dir, im *karmāshaya,* dem Reservoir von Karma. Zu diesem Zeitpunkt wird also aus heiterem Himmel dieses Stück altes Karma aktiviert, und du erlebst einen Aufruhr, der dir ganz ungerechtfertigt vorkommt. Unangemessen. Du bist aufgewühlt, obwohl das, was die betreffende Person sagt, sehr nett zu sein scheint, voller Güte, absolut prima.

Der Ursprung deiner Wut ist vielleicht ziemlich kompliziert. Eines jedoch kann man ganz klar und einfach sagen: du mußt diesen Kreislauf irgendwo anhalten. Wenn du jetzt sofort damit anfängst, besteht Hoffnung. Andernfalls, wenn du dich damit nicht auseinandersetzt, wenn du lediglich deine negativen Regungen bis auf weiteres abflauen läßt, wird es nur noch schlimmer. Diese Gefühle werden dich nie von selbst verlassen, sie werden mit dir zusammen alt werden. Sie werden dich von einem Leben zum anderen verfolgen. Daher, so sagen die Yoga-Schriften, mußt du dir deine Wut anschauen, du mußt sie unter die Lupe nehmen und lernen, sie aufzulösen. Wut ist der schlimmste der inneren Feinde, wegen ihrer Verbindung zu der endlosen Kette von Begierden. Immer wenn Unzufriedenheit da ist, ist auch Wut da. Wo eine Begierde ist, gibt es ganz sicher noch eine weitere.

Ein Sadhu, ein umherwandernder Yogi, saß einmal am Ufer eines Flusses. Es war ein herrlicher Nachmittag, nicht zu heiß, nicht zu kalt. Der Sadhu hatte einen sehr schönen Morgen verbracht, ganz nach seinem Geschmack. Er hatte in einem klaren Strom gebadet, seine Gebete gesprochen und war in einem duftenden Wald, unter einem schattigen Baum, seinen spirituellen Übungen nachgegangen. Dann hatte er in der Küche eines wohlhabenden Mannes, der einen frommen Koch hatte, sehr gut gegessen. Der Koch hatte den Teller des Sadhus vollgehäuft, zwei-, dreimal hintereinander, und ihn dann mit einem Korb voller leckerer Sachen für das Abendessen weggeschickt. Und jetzt saß er hier, am Ufer eines lieblichen Flusses, voll und ganz zufrieden. Es gab wirklich nichts mehr, was ihm zu wünschen übrigblieb – außer vielleicht ein kleines Nickerchen. Ein ganz kleines Nickerchen.

Die Augenlider des Sadhus wurden schwer und fingen an, träge zu flattern wie Schmetterlinge, die Honig trinken. Als er gerade dabei war, einzuschlummern, sah er einen Wäscher, der am Flußufer entlang in seine Richtung ging und zwei Esel bei sich führte, die mit schmutzigen Kleidern beladen waren. Der Sadhu dachte: „Oh weh! Ich hoffe, er kommt nicht hierher. Ich bin nicht in der Stimmung für oberflächliches Gerede ... und er riecht sicher auch gräßlich. Diese ganze schmutzige Kleidung, diese schmutzigen Esel.“ Der Sadhu machte schnell die Augen zu, damit der Wäscher denken sollte, daß er schliefe.

Aber der Wäscher war eben ein Wäscher. Er war ganz frei, viel freier eigentlich als der Sadhu. Er rief: „Hallo, Babaji! Ich muß noch einmal nach Hause und etwas holen, was ich vergessen habe. Könntest du bitte auf die Esel aufpassen, solange ich weg bin? Bitte, du bist ein heiliger Mann. Du solltest der Menschheit helfen. Ich komme bald zurück.“

Der Sadhu tat so, als ob er nichts hörte. Er saß einfach mit geschlossenen Augen unter dem Baum. Er hoffte, daß der Mann wegginge, und – wie man sich denken konnte – sein Gebet wurde erfüllt. Er hörte, wie sich die Fußschritte allmählich entfernten, und schlummerte recht süß im Schatten vor sich hin.

Als der Sadhu aufwachte, war eine Stunde vergangen, und der Wäscher war zurück. Als er den Hügel heraufkam, auf den Sadhu zu, brüllte und *schrie* er: „Wo sind meine Esel?“ Das Gesicht des Wäschers war so rot wie eine Tomate, und er ließ seine ganze Wut an dem Sadhu aus. „Du solltest auf meine Esel aufpassen. Warum hast du das nicht getan? Du bist mir ein schöner Sadhu! Geh und suche meine Esel und bringe sie zurück!“

Es gibt einen alten Spruch: „Wer schreit, ist im Unrecht.“ Und genau das passierte mit dem Sadhu. Er war außer sich vor Wut. „So behandelt man einen Mann Gottes nicht“, schrie er zurück. „Du mußt respektvoll mit mir reden. He! Tritt mich bloß nicht! Ich bin nicht einer von deinen Eseln!“

„Ich weiß!“ sagte der Wäscher. „Meine Esel haben mehr Verstand!“ Und sie begannen sich zu prügeln.

Was hatte der Sadhu nur für einen Tag – angefangen von einem Mittagessen, das gut genug für einen König gewesen wäre, bis hin zu einem Ringkampf im Schmutz mit einem groben, übelriechenden Wäscher. Was für ein Fiasko! Er versuchte, sich den Mann vom Leib zu halten, aber dann – na ja, ihr wißt ja, wie das so läuft … verlor er die Beherrschung.

Nun war aber der Wäscher sehr gesund und kräftig von all der Bewegung, die er hatte, wenn er Kleider wusch, und der Sadhu, der sich körperlich nie betätigte, war ganz dünn und zerbrechlich. Der Wäscher hatte ihn im Nu zu Boden geworfen und trommelte mit beiden Fäusten auf ihn ein. Ebenso wie derjenige müde wird, der Schläge einsteckt, verlassen auch denjenigen irgendwann die Kräfte, der die Schläge austeilt. Bald lagen beide Männer im Schlamm, völlig erschöpft.

Nach ein paar Minuten stand der Sadhu auf und fing an, die schmerzenden Stellen an seinem Körper mit Wasser zu betupfen. Der arme Mann hatte seine heitere Gemütsruhe verloren – ebenso wie den Kampf. Das einzige, was er nicht verloren hatte, war seine Wut. Aber was sollte er jetzt damit anfangen? Mit dem Wäscher war er fertig, und kein anderer war in Sicht.

Der Sadhu hob seine Augen gen Himmel und rief: „O Herr! Ich habe Dich mein ganzes Leben lang verehrt! Ich denke an Dich,

ich bete zu Dir, ich liebe Dich über alles! In den letzten dreißig Jahren, o Herr, ist kein einziger Tag, keine einzige Nacht vergangen, wo ich nicht an Dich gedacht habe. Deinetwillen, o Herr, habe ich alle Bequemlichkeiten des Lebens aufgegeben. Ich schlafe unter einem Baum! O Herr, die meiste Zeit über habe ich nicht einmal genug zu essen. Ich lebe von Beeren! All das habe ich für Dich getan. Aber als ich Dich gebraucht habe, o Herr, wo warst Du da?“

Wie sagt man so schön: Wenn du in Schwierigkeiten steckst und Gott dir nicht hilft, dann steckt Er in Schwierigkeiten. Der Sadhu wollte also wissen, wo Gott gewesen war, als der Wäscher ihn im Schwitzkasten hatte.

Sobald der Sadhu Babaji mit seinen Klagen fertig war, erschallte eine Stimme vom Himmel: „O Sadhu, Ich wollte dir so gern helfen. Ich bin sofort gekommen, als du Mich gerufen hast. Und Ich hätte dich auch gerettet. Ich hätte dich mit Meinen eigenen Händen dort herausgeholt. Aber als Ich herabblickte, war alles, was Ich sehen konnte, ein völlig verworrenes Knäuel wütender Energie. Ich konnte nicht sagen, wer der Wäscher war und wer der Sadhu.“

Genau das passiert nämlich. Wenn man einen Wutanfall bekommt, weiß man nicht, wer recht hat und wer unrecht, wer ein guter Mensch ist und wer nicht. Die Wut hat dann die Oberhand. Sie hat dann nicht nur die Oberhand über einen Aspekt von dir, sondern reißt gleich alles an sich. Genausowenig kannst du deine Wut irgendwo tief in dir verstecken, wo niemand sonst sie sehen kann. Wenn du das glaubst, machst du einen großen Fehler. Die Wut sickert aus jedem Teil deines Körpers, nur nicht aus deinem Bewußtsein. Jeder kann sie also sehen, bloß du selber nicht. Du läufst vielleicht mit der Vorstellung herum, daß du ein Bild abgibst, das sehr positiv ist, einfach wundervoll und sehr yogisch, aber wenn die Wut sich in den Zellen deines Körpers eingenistet hat, merkt man das.

Frei von Wut zu sein, ist eine glorreiche Tugend. Auch hier gilt jedoch wieder: um dahin zu gelangen, mußt du dich durch viele, viele Schichten von Erinnerungen und Assoziationen hindurcharbeiten, aber das geschieht ganz natürlich, bei jeder Übung, die du machst. Zum Beispiel singen wir jeden Morgen zusammen die *Guru Gītā*. Jede Rezitation der *Guru Gītā* wird einer Zelle Wut in deinem Körper ein Ende bereiten. Das tut sie wirklich. Sie reinigt deinen ganzen Organismus. Jede spirituelle Übung entfernt etwas vom Stigma der Wut.

Daher sagt Shri Krishna in der *Bhagavad Gītā:*

śhaknotīhaiva yaḥ soḍhuṃ prāk-śharīravimokṣhaṇāt /
kāmakrodhodbhavaṃ vegaṃ sa yuktaḥ sa sukhī naraḥ //

Wer hier auf der Erde, bevor er vom Körper befreit ist,
die Unruhe ertragen kann,
die durch Verlangen und Wut entsteht,
der ist diszipliniert;
er ist wahrhaftig ein glücklicher Mensch. [5:23]

Wann bist du wirklich glücklich? Wenn du ein Verlangen auflösen kannst, bevor es dich in den Kreislauf zieht, der sich in Wut verwandelt; wenn du ein Verlangen bereits im Keim ersticken und willentlich rösten kannst, dann wirst du ein sehr glücklicher Mensch. Das versteht man im Yoga unter Disziplin: die Oberhand über seine eigenen Begierden zu gewinnen. Viele hören das und sagen: „Was kann ich tun? Ich bin eben so, wie ich bin." Sagst du das von der höchsten Perspektive aus, ist es Teil einer großartigen und wahren Philosophie des Seins. „Ich bin, was ich bin." Sagst du das aber, weil du unter einer Bürde von Begierden zusammenbrichst, gefangen zwischen Schichten von harter, kalter Wut, dann bist du zum Scheitern verurteilt. „Was soll ich machen? Ich bin hilflos. So bin ich nun einmal." Du läßt einfach zu, daß deine Impulse und Gefühle dein Leben in die Hand nehmen und tust nichts, um sie zu beherrschen.

Ein Mensch, der nichts gegen seine Wut unternimmt, verbringt sein Leben in der Hölle. Die Hölle ist nichts anderes, als in den eigenen negativen Gefühlen zu leben, im eigenen üblen Geist. Das kann sehr subtil sein. Du denkst vielleicht, daß du nur gute, freundliche Gedanken hättest. Währenddessen jedoch zieht sich eine dunkle unterirdische Strömung von Wut und Ärger durch alles, was du tust. Wenn du dir dessen nicht bewußt wirst und nicht lernst, im Auge zu behalten, wohin sie wandert, ist diese verborgen dahinfließende Wut nur sehr schwer zu überwinden.

Es kann recht peinlich sein, wenn du denkst, du hättest nette, positive Gedanken und Gefühle, und dann aber entdeckst, daß darunter eine ganze Menge Aufruhr ist. Ein Teil von dir sucht nach einer Gelegenheit, es jemandem heimzuzahlen; du bist eigentlich wirklich sehr wütend, du kochst innerlich wegen etwas, das passiert ist. Derartiges geschieht ausnahmslos deshalb, weil du dich nicht darum gekümmert hast. Hast du dich damit auseinandergesetzt – das heißt, du gestehst es dir ein, nimmst es genauer unter die Lupe und befreist dich davon – so löst es sich für immer auf.

Die meiste Zeit jedoch möchten sich die Leute lieber nicht darum kümmern. Das zeigt sich in der Weise, wie sie ihr Leben führen. Wenn Menschen Schmerz erfahren, ist es meist ihr Hauptanliegen, ihn zu überwinden. Sie wollen so schnell wie möglich das andere Ende des Tunnels erreichen. Anstatt den Schmerz durchzustehen, ihn zu erleben und etwas daraus zu lernen, fragen sie sich und andere: „Wann ist das endlich vorbei?" Sie gehen zu einem Astrologen und fragen ihn: „Wann sind die schlechten Zeiten vorbei? Bitte sagen Sie mir doch, wie lange das noch dauern wird?" Oder sie gehen zu einem Medium. Oder sie setzen sich an einen Fluß, in der Hoffnung, daß alles in Ordnung sein wird, wenn sie ihn eine Weile vorbeiströmen sehen. Es ist eine natürliche Tendenz, wegzulaufen, aufzugeben, einen Rückzieher zu machen und sich dem, was schmerzhaft ist, nicht zu stellen. Weshalb sehen die Menschen das herrliche Licht in ihrem Innern nicht? Weshalb erfahren sie die große Wonne in ihrem Innern nicht? Weil viele Schichten von Wut und unerfüllten Begierden dazwischenliegen.

Ab und zu ist ein Funke da. Jemand erhascht einen flüchtigen Blick auf die höchste Wahrheit und erfährt ein wenig Liebe. Das löst sich dann jedoch in nichts auf. Ab und zu wird jemand völlig ekstatisch, will nichts mehr von dieser Welt wissen, fühlt sich vollkommen erfüllt. Das hält jedoch nicht an. Ganz gleich, was die betreffende Person tut, die Erfahrung hält nicht an.

Warum? Kannst du sagen: „Das Meer der Wonne in mir ist ausgetrocknet?“ Nein. Kannst du sagen: „Mit dem Meer der Wonne, dem ewigen Selbst, ist es vorbei; es existiert nicht mehr?“ Nein. Das Meer der Wonne kennt keine Grenzen. Es ist immer voll. Nur dein Erleben davon kommt und geht, dein Erleben dessen ist sporadisch. Warum? Aufgrund von unerfülltem Verlangen. Dein Geist jagt ständig verschiedenen Dingen hinterher. Selbst wenn du eins davon bekommst, hält deine Freude darüber nicht an. Und dann gibt es immer ein neues Verlangen, das deine Aufmerksamkeit in Anspruch nimmt – und dann ein weiteres und noch ein weiteres. Du kannst sie nie alle erfüllen, diese Wünsche, und sie nehmen kein Ende.

Solange so viel unerledigt im Raum steht, wirst du unruhig sein. Es ist, als hättest du ein Messer im Herzen. Es ist ganz gleich, was für Wissensschätze du dir angeeignet hast, mit welcher Inbrunst du dir die großen Aussagen der Veden wachrufst – ich bin die Wahrheit, ich bin Licht, ich bin das Selbst – du hast diese lästige Unruhe in dir, diese schreckliche Säure, die dich von innen her auffrißt. Krishna sagt daher zu Arjuna, er solle sich von Verlangen und Wut befreien.

Von Wut frei zu sein, *akrodha,* ist eine wirklich wunderbare Tugend. „Wer hier auf der Erde, bevor er vom Körper befreit ist, bevor der Körper von ihm abfällt, die Unruhe ertragen kann, die durch Verlangen und Wut entsteht, der ist diszipliniert.“ Wenn du dabei bist, dir Disziplin anzugewöhnen, ist die Kontemplation ein sehr nützliches Werkzeug. Du beobachtest deinen Geist, du beobachtest, was alles an die Oberfläche kommt. Das ist Disziplin. Disziplin bedeutet nicht, daß jemand dich herumkommandiert, daß jemand ständig zu dir sagt: „Mach dies, mach das, geh hierhin, geh dorthin, setz dich hierhin, setz dich dorthin.“ Das ist keine Disziplin, damit will einer nur zeigen, wer der Boß ist.

Disziplin ist eine Frage der inneren Einstellung. Man beobachtet, was hochkommt und was wieder vergeht. Dabei bleibt man ein Beobachter und erlangt dadurch das Vermögen, die allerersten Anfänge dieses Prozesses zu verstehen, wenn Verlangen und Wut noch im Keim stecken. Gelingt es dir, die Fußstapfen von Wut und Verlangen zurückzuverfolgen, ohne gezwungen zu sein, ihnen überallhin zu folgen, dann kann man dich als disziplinierten Menschen bezeichnen, als jemanden, der die Fähigkeit hat, sich selbst zu verstehen.

Im *Mahābhārata* steht eine Geschichte über einen Asketen mit Namen Kaushika. Kaushika hielt alle Reinheitsgelübde genauestens ein. Eines Tages saß er unter einem Baum und rezitierte die Veden. Unglücklicherweise wählte ein Kranich in den obersten Zweigen diesen Augenblick, um sich Erleichterung zu verschaffen, und der Klacks landete mitten auf Kaushikas kahlgeschorenem Haupt. Kaushika sah wutentbrannt zu dem Vogel hinauf, und sein Blick, der erfüllt war von der Kraft seiner Askese, ließ das Herz des Kranichs stillstehen. Der Vogel stürzte durch die Zweige herab und fiel tot vor seine Füße.

Kaushika war fassungslos. Angesichts des leblosen Geschöpfs packte ihn die Reue, aber gleichzeitig konnte er auch nicht umhin, von sich selbst beeindruckt zu sein. Er hatte ja gar nicht gewußt, wieviel er durch seine Übungen erlangt hatte. Obwohl er sich also schämte, aufrichtig schämte, und ihm der Kranich leid tat, war er insgeheim auch begeistert.

In diesem verwirrten Geisteszustand machte er sich auf, um sein Abendessen zu erbetteln. Aus dem ersten Haus, an dem er vorbeikam, strömten wundervolle Essensgerüche. Wie es so Sitte war, wartete Kaushika bei der Küchentür darauf, daß die Frau des Hauses ihn bemerkte. Er konnte sehen, daß sie mit dem Kochen beschäftigt war. Dann rief ihr Mann sie aus einem anderen Zimmer, er klang müde und hungrig. Natürlich mußte sie nachschauen, was er wollte, und ihm sein Abendessen servieren. Kaushika wußte, daß es als Ehefrau ihr Dharma war, ihre Pflicht, sich zuerst um ihren Haushalt zu kümmern. Aber ihm knurrte der Magen. Schließlich war er ein Asket, der viel erlangt hatte, und sie ließ ihn warten. Außerdem hatte seine Wut sich als so machtvoll erwiesen, daß er sich nicht verkneifen konnte, mit ihr zu spielen.

„Sie weiß nicht, wer hier an ihrer Türschwelle steht", dachte er. „Sie täte gut daran, mich nicht wütend zu machen."

Im nächsten Augenblick sah sie ihn und kam mit einer Entschuldigung auf den Lippen an die Tür. „Mein lieber Herr, wie lange habt Ihr gewartet? Darf ich Euch etwas zu essen bringen?"

Kaushika bekam wieder einen Wutanfall. „Wird ja auch Zeit, daß du mich bemerkst. Läßt du heilige Männer immer warten? Weißt du, welche Folgen Respektlosigkeit hat?"

„Warum seid Ihr so ärgerlich?" fragte die Frau. „Habt Ihr denn nicht gesehen, daß mein Mann mich gebraucht hat? Ich bin kein Kranich, mein Herr. Mich könnt Ihr nicht mit einem gewalttätigen Gedanken töten."

Kaushika verschlug es den Atem. Woher wußte sie, was mit dem Kranich passiert war?

„O Meister", fuhr die Frau fort, „Eure Wut ist Euer Todfeind. An Eurer Stelle würde ich nach Mithila gehen und Dharmavyada um seine Gnade bitten. Dieser Weise lebt in einem Zustand unerschütterlicher Weisheit."

Kaushika dankte der Frau demütig und mit gefalteten Händen. Er sah in ihr ein Instrument Gottes. Er berührte also ehrerbietig die Türschwelle von ihrem Haus, als ob es ein Tempel wäre, und machte sich sofort auf den Weg nach Mithila. Er erwartete, daß er den Weisen in irgendeiner einsamen Hütte finden würde, weit entfernt vom Lärm und geschäftigen Treiben des gewöhnlichen Lebens.

Ist das nicht großartig? Was für einen Geist die meisten haben? Er überschlägt sich förmlich, wenn es darum geht, sich auszumalen, wie es sein wird, dem Guru zu begegnen. „Ein Guru, der ganz alleine in einem Wald lebt ... mit ein oder zwei Schülern ..." Und dann: „Tiger und Schafe leben dort einträchtig zusammen ..." Und: „In dem Augenblick, wo du vor diesen großen Guru trittst, in diesem urzeitlichen Wald, in dem Augenblick, in dem sein Blick auf dir ruht, sagt er: ‚Mein Kind, du bist also gekommen.'" Dann stellst du dir vor, wie du vor diesem großen Meister sitzt, mit gefalteten Händen, dein Herz von Demut erfüllt, und wie dein ganzes Gemüt vor Hingabe überfließt.

Und dann, wenn der große Guru seinen gütigen Blick auf dir ruhen läßt, da fängst du, der du eigentlich gar nichts weißt, ganz spontan an, die Schriften zu rezitieren.

So sehen die Vorstellungen aus, die die Leute haben, wenn sie zu einem Guru kommen. Kaushika war nicht viel anders. Auch auf ihn wartete eine große Überraschung. Als er in der Stadt Mithila ankam und die Leute fragte, wo Dharmavyada lebte, da deuteten sie nicht in einen Wald, sondern schickten ihn zu einer Metzgerei. Und der Metzger selber entpuppte sich als der Weise.

Das war nun fast zu viel für Kaushika. Er blieb in einiger Entfernung stehen und versuchte, einen klaren Kopf zu behalten, als er sah, wie der Metzger plötzlich aufstand, aus dem Laden ging und direkt zu ihm herüberkam. „Ehrwürdiger Herr, ist alles in Ordnung?“ fragte der Weise respektvoll. „Hat die gute Frau Euch etwas zu essen gegeben, bevor sie Euch zu mir schickte?“

Kaushika blieb der Mund offenstehen. Die beiden steckten unter einer Decke!

„Ich weiß, warum Ihr hier seid“, fuhr der Weise fort. „Kommt heute abend mit mir nach Hause.“

In jener Nacht schaute Kaushika in Dharmavyadas Augen. Sie waren so tief wie der Ozean, so klar wie ein Gebirgsbach, so unerschütterlich wie ein Berg, so rein wie Gottes Liebe. Und dann sprach Dharmavyada zu ihm über den Dharma und darüber, ein Leben zu führen, das erfüllt ist von den göttlichen Tugenden. Er vermittelte Kaushika die Lehren, die im ganzen *Mahābhārata* widerhallen:

akīrti vinayo hanti hantyamanarthaṃ parākramaḥ /
hanti nityaṃ kṣhamā krodhāchāro hantyalakṣhaṇam //

Demut macht einem schlechten Ruf ein Ende,
eigene Anstrengung zerstört Unglück,
Vergebung beseitigt Wut,
und gutes Verhalten schleift unerwünschte
Eigenschaften ab.

dharmo jayati nādharmaḥ satyaṃ jayati nānṛitam /
kṣhamā jayati na krodhaḥ kṣhamāvān brahmaṇo bhavet //

Der Dharma, die Rechtschaffenheit, gewinnt immer,
niemals das Unrecht.
Die Wahrheit siegt immer, die Unwahrheit scheitert
am Ende stets.
Geduld und Nachsicht setzen sich immer durch, nicht Wut.
Wer geduldig ist, wird schließlich eins mit dem Absoluten,
dem Brahman.

Kaushika blieb bei dem Weisen und lernte, was wahre Größe ist. Er sah, wie jede Geste des Heiligen, jedes Wort, das er zu seiner Familie, seinen Nachbarn und den Leuten sagte, die in seinen Laden kamen, von Liebe, Einfachheit und Gottes Gnade erfüllt war. Mitten in der Hektik des normalen Lebens hatte er den Zustand unerschütterlicher Weisheit erlangt.

Dieser Zustand ist das höchste Ziel. Hast du dich von Wut befreit, ist unerschütterliche Weisheit die Frucht. Sich von Wut freizumachen scheint viel Arbeit zu sein, aber es ist eine großartige Aufgabe, die viel Freude macht. Du entdeckst dabei dich selbst. Du lernst, deine Grenzen zu verstehen; du verstehst auch deine große Herrlichkeit. Jedes Mal, wenn du auf eine deiner Grenzen stößt, wie zum Beispiel die Unfähigkeit, deine Wut zu besiegen, erkennst du auch die unendliche Macht der Barmherzigkeit Gottes, und sie rührt dich. Wenn Gottes Liebe dich anrührt, löst sich deine Wut auf. Wie der Weise sagte, Vergebung beseitigt die Wut. Das bedeutet, dir selbst so wie anderen zu vergeben, immer nur das beste über andere und das Universum zu denken, und mit dem ganzen Herzen dabeizusein, wenn du deiner Pflicht nachkommst. Es ist sehr wichtig, daß du deine Pflicht von ganzem Herzen tust. Dann wächst und gedeiht das, was du tust.

Immer wenn Baba gefragt wurde: „Wie gebe ich meine Wut auf?" antwortete er: „Mach einfach Schluß damit!" Wenn er das sagte, gab er demjenigen auch die Gnade und den Willen, es zu tun. Es ist eine sehr gute Lehre, die man in die Tat umsetzen sollte. Mach einfach Schluß damit. Tu es einfach. Während du den

Prozeß durchmachst, dich von deiner Wut zu lösen, denkst du darüber nach, du gehst in dich, du wächst über die vielen Schichten von Eindrücken und Verhaltenskonsequenzen hinaus, die sich wie eine Kruste um dein Herz gelegt haben. Sie verflüchtigen sich im yogischen Feuer der Liebe Gottes.

Jetzt wollen wir uns ein paar Sekunden Zeit nehmen und noch einmal über die Worte aus der chinesischen Philosophie nachdenken, die wir am Anfang gehört haben. Der Weise Laotse fragte:

> Kannst du deinen Geist überreden, sein Umherwandern
> einzustellen und bei der ursprünglichen Einheit zu bleiben?
> Kannst du deinen Körper so beweglich machen wie den
> eines Neugeborenen?
> Kannst du deine innere Sichtweise so rein werden lassen,
> bis du nichts mehr siehst als das Licht?
> Kannst du Menschen lieben und sie führen, ohne ihnen
> deinen Willen aufzuzwingen?

Mit großer Achtung und großer Liebe heiße ich euch alle von ganzem Herzen willkommen.

31. Juli 1993

KAPITEL SECHS

FREISEIN VON WUT
TEIL 2

Akrodha

MIT GROSSER ACHTUNG UND MIT GROSSER LIEBE heiße ich euch alle von ganzem Herzen willkommen.

Singen ist wie ein großes Festmahl. Singen ist Nektar. Baba Muktananda sagte immer, wenn du lange meditierst, kann es passieren, daß der ganze *rasa,* die Körpersäfte, im Feuer des Yoga verbrannt werden. Um dich von neuem zu beleben, um die Zellen zu regenerieren, brauchst du das Aroma, den Nektar und die Süße, die im Körper durch das Singen freigesetzt werden.

Dies ist der magische Sommer der göttlichen Tugenden. Aus aller Welt sind Menschen, die es nach Wissen verlangt, hier zusammengekommen, um am Ashramleben teilzunehmen und den Tagesablauf wahrzunehmen, der Meditation, Singen, *Gurusevā* oder selbstloses Dienen, Kurse und Intensives umfaßt. Alle diese Aktivitäten fördern die Innenschau. Sie erfordern sie sogar. Selbsterforschung und die Neubewertung des eigenen Lebens sind die treuen Begleiter spiritueller Übungen.

Viele kommen in der Annahme hierher, daß sie alles bekommen, was sie brauchen. Diese Auffassung ist gut, solange sie nicht vergessen, voll und ganz an dem teilzunehmen, was ihnen angeboten wird. Um ein Geschenk fassen und aufbewahren zu können, muß das Gefäß stabil und rein sein, sonst wird womöglich selbst Nektar vergeudet. Wie rein und wie stark muß ein Mensch also werden, um das Geschenk der Weisheit aufnehmen zu können? Wer Gott finden will, muß daher Tugenden entwickeln und sie in die Tat umsetzen. Dann wird er innerlich immer klarer und heller, bis schließlich sein ganzes Wesen von Licht erfüllt ist und er so durchsichtig wird wie der Wind. Ein Gefäß, das so rein ist, verdient es, das Wissen vom Selbst, *ātma-jñāna,* in sich zu bewahren.

Viele sagen, daß sie das Selbst erkennen wollen, das höchste Selbst, und es ist ihnen vielleicht sogar ernst damit. Aber sie sind nicht bereit, sich von ihren Konzepten, ihren Angewohnheiten und all den altvertrauten Verhaltensmustern zu trennen, wie verheerend sie auch sein mögen. Sie sind nicht willens, die hinderliche Bürde der Besitztümer greifbarer und nicht greifbarer Art aufzugeben. Das macht es sehr schwer, die höchste Wahrheit zu hören, die höchste Wahrheit zu sehen, die höchste Wahrheit zu erkennen und in der höchsten Wahrheit zu leben.

Genau das ist der Grund dafür, einige Zeit im Ashram zu verbringen: du lernst, deine Hand zu öffnen und alles loszulassen, was dich bindet, damit du die Hände frei hast, um das beim Schopf zu packen, was du wirklich willst. Shirdi Sai Baba sagte immer: „Ich gebe den Menschen, was sie wollen, in der Hoffnung, daß sie eines Tages das wollen, was ich ihnen zu geben habe."

Manchmal wirkt es so, als ob einige hier im Ashram herumspazieren und alles tun, was ihnen in den Sinn kommt, wobei das eigene körperliche Wohlbefinden Vorrang hat. Ihnen wird, offen gestanden, nur ein gewisser Spielraum gegeben. Ganz allmählich gewöhnen sie sich an die Übungen, bis sie sich eines Tages schmerzlich ihrer eigenen Sehnsucht bewußt werden. Dann können sie das Wissen vom Selbst aufnehmen.

Sich eine Zeitlang im Ashram aufzuhalten, ist eine großartige Sadhana. Es ist kein Wochenendausflug, keine Stippvisite, bei der du dir dein Ticket für das Wissen vom Selbst abholst und dich dann weiter im Zyklus von Geburt und Tod drehst. Der Ashram ist ein Ort, der dazu da ist, daß du alle deine Verhaltensweisen unter die Lupe nimmst und den Spiegel deines Geistes reinigst. Deines *eigenen* Geistes – du mußt es nicht für andere tun. Der Ashram ist also ein wundervoller Ort für Sadhana.

Wir haben angefangen, das Geheimnis von *akrodha* zu enträtseln, des Freiseins von Wut, des Nichtvorhandenseins von Wut, des Aufgebens von Wut. Wie ihr vielleicht noch wißt, sagt Krishna im 3. Kapitel der *Bhagavad Gītā* zu Arjuna, daß Wut eine der zerstörerischsten Neigungen des Menschen sei und Freisein von Wut eine der größten Tugenden. Shri Krishna sagt ganz klar:

kāma eṣha krodha eṣha rajoguṇa-samudbhavaḥ /
mahāśhano mahāpāpmā viddhyenam-iha vairiṇam //

Diese Kraft ist Verlangen, diese Kraft ist Wut:
und sie kommt aus *rajoguna,*
alles verschlingend, voller Sünde,
Wisse: sie ist dein Feind hier auf dieser Welt. [3:37]

Wenn Leute hören, daß sie ihr Verlangen und ihre Wut aufgeben müssen, um den höchsten Zustand zu erlangen, regen sie sich auf. Aus irgendeinem Grund wollen Menschen glauben, daß sie die höchste Wahrheit erlangen könnten, ohne an all das Ungelöste in ihnen zu rühren.

In diesem Vers sagt der Herr, daß Verlangen und Wut aus *rajas* hervorgehen. Was meint Er damit? Ihr habt gehört, daß das Universum aus den drei *gunas* besteht, den drei Eigenschaften: *sattva* (Reinheit), *rajas* (Aktivität) und *tamas* (Trägheit). Sie sind wie drei Stränge, die zum Strick geflochten sind. Sie sind die Fäden, aus denen der Stoff der Wirklichkeit gewebt ist. Auch der Mensch ist aus diesen drei Eigenschaften zusammengesetzt: *sattva, rajas* und *tamas.* Jeder Gedanke, jedes Wort, jedes Gefühl, jede Geste und jede Handlung ist von diesen drei verschiedenen Eigenschaften bestimmt. Sie färben alles, was wir denken, fühlen, sagen und tun.

Shri Krishna stellt diese drei Eigenschaften recht ausführlich dar, und noch eingehender beleuchtet sie Jnaneshwar Maharaj, der große Heilige aus Maharashtra, in seinem genialen Kommentar zur *Bhagavad Gītā*, der *Jñaneshwari* heißt. Hört bei diesen Beschreibungen einmal ganz genau hin. Shri Krishna sagt zu Arjuna:

sattvaṃ rajas-tama iti guṇāḥ prakṛitisambhavāḥ /
nibadhnanti mahābāho dehe dehinam-avyayam //

Sattva, rajas, tamas –
auf diese Weise fesseln die Eigenschaften,
die aus der Natur hervorgegangen sind,
das unzerstörbare, verkörperte Selbst
an den Körper, o Arjuna. [14:5]

Jnaneshwar Maharaj bemerkt in seinem Kommentar hierzu:

Die drei Eigenschaften werden Reinheit, Leidenschaft und Dunkelheit genannt und sind aus Materie geboren.

Von diesen dreien ist die Reinheit die höchste, die Leidenschaft die mittlere und die Dunkelheit die niedrigste Qualität.

Diese drei Eigenschaften sind in all unseren geistigen Neigungen enthalten, ebenso wie die drei Stadien Kindheit, Jugend und Alter dem Körper innewohnen.

Sobald das große Selbst als der, der das Feld kennt, in den Körper eingeht, identifiziert es sich mit dem Körper.

Versuche einmal Jnaneshwars Beschreibungen der drei Eigenschaften auf dein Leben zu beziehen. Finde heraus, ob du verstehen kannst, wie sie jeden deiner Gedanken und jede deiner Handlungen prägen, wie sie dich in deinem Wachzustand, deinem Traumzustand und selbst im Tiefschlaf beeinflussen.

In der *Bhagavad Gītā* sagt Shri Krishna dann weiter:

tatra sattvaṃ nirmalatvāt prakāśhakam-anāmayam /
sukhasañgena badhnāti jñānasañgena chānagha //

Sattva kennt keine Unreinheiten und
Krankheit und erhellt alles.
Deswegen bindet *sattva* einen Menschen,
indem er am Glücksgefühl hängt
und Wissen erlangen möchte, o Arjuna. [14:6]

Verstehe also: Krishna sagt, daß sogar *sattva,* die Eigenschaft der Reinheit, eine Bindung darstellt. Dabei geht es um die Bindung an das Glücksgefühl, die Bindung daran, Wissen zu besitzen oder rein zu sein. Jnaneshwar Maharaj sagt dazu in einem Kommentar:

> Da begeistert sich einer darüber, wieviel er weiß,
> zerstört sein eigenes Glück und wirft schließlich die Freude
> der Selbst-Verwirklichung *(ātma sākshātkāra)* von sich.
>
> Er hat seine Freude am Lernen, ist entzückt über die
> Anerkennung, die er findet, und prahlt damit, daß er alles hat,
> was er braucht.
>
> Er sagt sich: „Was für ein Glück ich habe! Meine Freude
> ist unübertroffen!"
>
> Die verschiedenen Spielarten des Guten lassen ihn ganz
> aufgeblasen werden.
>
> Der üble Geist des Stolzes auf seine Gelehrsamkeit fesselt ihn.
>
> Er empfindet keine Traurigkeit dabei, die Einsicht zu
> verlieren, daß er das spirituelle Licht verkörpert, und
> sein Wissen über weltliche Dinge erstreckt sich so weit wie
> der Himmel.
>
> Er ist ein Experte in allem weltlichen Wissen, versteht alles,
> was mit Opferritualen zusammenhängt, und weiß sogar, was
> im Himmel vor sich geht.

Das stimmt doch, oder nicht? Heutzutage fliegen selbst die Raketen dorthin.

> Dann prahlt er damit, daß niemand außer ihm gelehrt sei
> und daß sein Geist der Himmel sei, an dem der Mond der
> Weisheit leuchtet.
>
> Auf diese Weise lenkt die Reinheit die individuelle Seele
> mit den Zügeln des Glücks und des Wissens, genauso wie ein
> Bettler seinen Ochsen führt.

Shri Krishna sagt dann weiter in der *Bhagavad Gītā:*

rajo rāgātmakaṃ viddhi triṣhṇāsaṅga-samudbhavam /
tan-nibadhnāti kaunteya karmasaṅgena dehinam //

Wisse, daß die Eigenschaft *rajas* von Leidenschaft
gekennzeichnet ist,
die aus Durst und Bindung entsteht,
Diese fesselt den Menschen, o Arjuna,
durch die Bindung ans Handeln. [14:7]

Jnaneshwar Maharaj erklärt auch diesen Vers sehr schön:

Entsteht ein Verlangen, hält man Sinnesobjekte für süß, obwohl sie vom Schmerz getönt sind. Selbst die Herrlichkeit Indras, des Herrschers über die himmlischen Welten, kann das Verlangen nicht zufriedenstellen.

Das Verlangen wird so intensiv, daß ein Mensch sogar einen ganzen Berg Gold besitzen könnte – es würde ihn nur anstacheln, noch mehr zu erwerben.

Wenn er heute alles ausgibt, was er hat, macht er sich Sorgen um morgen, also nimmt er große Vorhaben in Angriff.

So jemand ist bereit, selbst für den geringsten Gewinn sein Leben wegzuwerfen, und er denkt, daß er sein Ziel erreicht hätte, wenn er auch nur einen Grashalm bekommt.

O Arjuna, ganz ähnlich wie am Ende der heißen Jahreszeit der Wind nie stillsteht, so hört ein solcher Mensch nie auf zu arbeiten, weder tagsüber noch bei Nacht.

Er stürzt sich in das Feuer des Tuns, um irgendeines Gewinnes willen im Himmel oder auf der Erde.

Obwohl das Selbst sich vom Körper unterscheidet, fesselt es sich mit Ketten aus Verlangen und trägt um seinen Hals die Bürde weltlicher Belange.

Die zweite Eigenschaft, *rajas* oder *rajoguna,* bei der die Bindung an das Handeln überwiegt, ist nicht schwierig zu verstehen. Dieser eine Satz erklärt alles: Entsteht ein Verlangen, hält man Sinnesobjekte für süß, obwohl sie vom Schmerz getönt sind. Es kommt die Zeit, wo aus dem Kind ein Teenager wird, so etwa zwischen zwölf und dreizehn Jahren, und dann entsteht ein starkes Verlangen nach einem anderen Körper, nach einem anderen Menschen. An diesem einen Beispiel kannst du sehen, wie ein

Verlangen Menschen verrückt machen kann. In diesem Fall versteht der Junge oder das Mädchen nicht genau, was passiert, es ist nur ein namenloses Verlangen. Dennoch ist es eine Kraft, die ihn oder sie in den Untergang treiben kann.

Shri Krishna sagt dann weiter:

tamas-tv-ajñānajaṃ viddhi mohanaṃ sarvadehinām /
pramādālasya-nidrābhis-tan-nibadhnāti bhārata //

Wisse, daß die Eigenschaft *tamas* aus Unwissenheit geboren ist,
die alle verkörperten Wesen verwirrt.
Sie fesselt den Menschen, o Arjuna,
durch Nachlässigkeit, Trägheit und Schläfrigkeit. [14:8]

Das ist *tamoguna,* die dunkle Eigenschaft. Jnaneshwar Maharaj sagt in seinem Kommentar zu diesem Vers:

Der Schleier der Dunkelheit, der das irdische Leben trübt,
gleicht der schwarzen Wolke der Nacht der Betörung.

Er ist die Essenz der Unwissenheit, denn allein seinetwegen
dreht sich die Welt im Tanz der Verblendung.

Mangel an Unterscheidungsvermögen ist sein Zauber.
Er ist wie ein Becher, gefüllt mit dem Wein der Torheit.
Er dient als Waffe, die das Vermögen eines Menschen,
das Selbst zu erfahren, betäubt.

O Arjuna, die Natur der Dunkelheit ist so beschaffen,
daß sie jeden, der sich mit seinem Körper identifiziert,
in enge Fesseln legt.

Dann sehnt sich sein Herz nur noch danach zu schlafen;
selbst die Seligkeit des Himmels würde ihm weniger
Vergnügen bereiten als einzuschlafen.

Wenn er sich hinlegen sollte, während er die Straße
hinuntergeht, wäre ihm selbst Nektar gleichgültig.
Er würde nur schlafen wollen.

Würde man ihn je zwingen zu arbeiten, packte ihn
blanke Wut.

Er weiß nicht, wann oder wie er handeln und mit wem oder
wie er sprechen soll, was er zu tun vermag und was nicht.

Er vollführt skrupellos ungebührliche Handlungen und hat seine Freude daran, das Falsche zu tun.

Tamoguna ist Tatenlosigkeit.

So gesehen ist die Dunkelheit die Kraft der Lethargie, der Faulheit und der Nachlässigkeit, die die ursprünglich reine und freie Seele bindet.

Die drei Eigenschaften: *sattva, rajas, tamas.* In der *Bhagavad Gītā* sagt Shri Krishna dann weiter:

sattvaṃ sukhe sañjayati rajaḥ karmaṇi bhārata /
jñānam-āvṛitya tu tamaḥ pramāde sañjayaty-uta //

Die Eigenschaft *sattva* bindet ans Glücklichsein,
und *rajas* bindet an Aktivität;
tamas verdunkelt das Wissen
und bindet uns an Nachlässigkeit. [14:9]

Die drei Eigenschaften regieren das Leben aller. Der eigentliche Zweck von Yoga ist, über sie hinauszuwachsen, sich vollkommen zu reinigen und sich von *sattva, rajas* und *tamas* zu befreien.

Das Wesen der drei *gunas* erklärt, warum du so denkst, wie du denkst, und warum du so fühlst, sprichst und handelst, wie du es tust. Damit hast du die gesamte Landkarte vor dir. Mehr mußt du wirklich nicht wissen. Manchmal ist dein Leben von Reinheit erfüllt. Manchmal ist da Verschiedenes, wie bei *rajoguna.* Zu anderen Zeiten strotzt es von Unreinheit – und das ist *tamoguna.*

Wenn du etwas über das Wesen der drei Eigenschaften hörst, bekommst du wenigstens eine ungefähre Vorstellung davon, was Krishna meint, wenn er sagt, daß Verlangen und Wut aus *rajoguna* hervorgegangen sind. Da *rajoguna* zwischen der intensiven Reinheit von *sattva* und der undurchdringlichen Dunkelheit von *tamas* liegt, kann diese Eigenschaft verwirrend sein. *Rajoguna* ist sowohl rein als auch unrein, er ist eine Mischung von *sattva guna* und *tamoguna.* Wenn du also zum Beispiel ein Verlangen hast, dann rechtfertigst du das damit, daß du sagst: „Aber dieses Verlangen wird mich ans Ziel bringen. Ich brauche es. Sonst läuft bei mir nichts." Rein und unrein. Oder wenn du wütend wirst, rechtfertigst du das vielleicht damit, daß du so etwas sagst wie: „Ich muß Ärger machen, sonst wird in meiner Abteilung nichts termingerecht fertig." Du denkst also, daß Wut der Treibstoff sei, der dein Büro oder deine Arbeit in Gang hält, und daß das Verlangen der Treibstoff sei, der dein Leben in Gang hält.

Je nachdem, wohin dein Kopf sich neigt, mehr in Richtung *sattva guna* oder *rajoguna,* schwingst du hin und her wie ein Pendel. Du möchtest in der Gesellschaft der Wahrheit bleiben, trittst aber lediglich auf der Stelle. Dieser Wirrwarr ist typisch für das Wesen von *rajoguna,* den das Haften am Handeln charakterisiert.

Wer Gott wirklich finden möchte, wird um jeden Preis dem Weg des *dharma,* des rechten Handelns, folgen. Er ist entschlossen, das höchste Ziel zu erreichen, und nichts kann ihn davon abbringen. Jedoch hat nicht jeder solch eine intensive Sehnsucht nach Gott, nach Befreiung. Die meisten Menschen sind ganz zufrieden mit der Komplexität ihres Lebens. Es gefällt ihnen, sich im Labyrinth ihrer Handlungen zu verlieren. Es macht ihnen sogar großen Spaß.

Alles, was sie ab und zu – wenn sie sich fürchterlich in die Klemme gebracht haben – wollen, ist, daß jemand kommt und das ganze Chaos wieder in Ordnung bringt. Wenn sie völlig apathisch irgendwo herumsitzen, dann hätten sie es gerne, daß jemand vorbeikommt und sie wachrüttelt. Wenn sie im Dickicht steckengeblieben sind, inmitten von Dornen, dann möchten sie, daß jemand kommt und sie befreit ... und danach wieder nach Hause geht.

Die meisten Menschen fühlen sich also durchaus wohl dabei, wie es um ihre Angelegenheiten bestellt ist. Sie mögen all ihre Illusionen. Sagst du ihnen, sie sollten sich verändern, dann geht ihnen das im Grunde gegen den Strich; du stößt sie vor den Kopf und bringst sie ziemlich in Not.

Niemand will in den Himmel kommen, wenn das bedeutet, die eigene vertraute deprimierende Umgebung zurückzulassen.

Die Macht der Gewohnheit ist genauso wie die Schwerkraft: sie hält alle unten. Was tun, wo das nun einmal so ist? Diese Frage läßt sich am besten mit einer Geschichte beantworten.

Eines Tages badete ein großer Heiliger Indiens, Tulsidas, im Ganges. Er sah, wie ein Skorpion in der Strömung vorbeitrieb. Seine kleinen Beine zappelten erbärmlich vor lauter Anstrengung, sich über Wasser zu halten. Tulsidas war von Mitleid erfüllt, als er das sah. Er fischte also den Skorpion aus dem Wasser. Dieser stach ihn kräftig und rutschte aus seiner Hand ins Wasser zurück, wo er zappelnd auf den Wellen dahintrieb und es so aussah, als würde er im nächsten Augenblick untergehen. Wieder fischte Tulsidas den Skorpion heraus, und der biß ihn erneut. Das geschah zehnmal hintereinander.

„He du!" rief ein Mann, der am Ufer stand, zu ihm herüber. Tulsidas drehte sich um. „Was für ein Mensch bist du nur?" sagte der andere. „Ich habe dich beobachtet, wie du zehn Minuten lang versucht hast, diesen nichtsnutzigen Skorpion zu retten. Warum läßt du ihn denn nicht einfach ertrinken?"

Tulsidas erwiderte: „Mein Freund, der Skorpion geht nie gegen seine eigene Natur an, selbst wenn sein Leben auf dem Spiel steht. Weshalb sollte ich dann gegen meine angehen?"

Da haben wir unsere Antwort. Es ist unsere Natur, die höchste Wahrheit zu suchen, ganz gleich, wie oft wir dabei gestochen oder im Meer des weltlichen Lebens hin- und hergeworfen werden. Laßt uns mit den Übungen weitermachen. Durch sie können wir Wissen in uns aufnehmen und bewahren. Sie polieren dieses Gefäß, bis die Liebe Gottes es zum Glänzen bringt. Da Verlangen und Wut die Todfeinde der höchsten Vollendung sind, muß ein wahrer Suchender sich sehr bemühen, das Verlangen mit Stumpf und Stiel auszurotten und die Flammen der Wut zu löschen. Baba Muktananda sagte: „Du kannst die Wut durch rechtes Verständnis aus deinem Herzen verbannen, indem du dir ihre möglichen Konsequenzen bewußt machst, indem du dir der Tatsache bewußt wirst, daß die Wut all deine *tapasya*, alle Verdienste der strikten Disziplin, die du eingehalten hast, zunichte macht."

Diejenigen, die die höchste Wahrheit kennen, warnen Suchende ständig vor den Auswirkungen der Wut. Es gibt so viele großartige Geschichten darüber. Es heißt, ganz gleich, wieviele asketische Übungen du gemacht hast, der winzigste Funke Wut verwandelt alle deine Verdienste in Staub, und du mußt wieder von vorne anfangen. Es heißt, ganz gleich, mit wieviel reinen Handlungen und Gedanken du deine Tage füllst, wenn auch nur ein Funke von Wut in deinem Herzen lebendig ist, verbrennt die ganze Reinheit im Handumdrehen.

Du kannst das in deinem eigenen Leben beobachten. Du kannst tatsächlich beobachten, wie unerfülltes Verlangen sich ganz allmählich in blinde Wut verwandelt. Früher oder später wallt sie auf. Scharfe Bemerkungen, Wutanfälle und Bitterkeit – all diese Dinge entfremden dich von deinen Lieben und von den Dingen, die du erlangt hast, vom Wissen, das du erworben hast und – was am schlimmsten von allem ist – von deinem eigenen Selbst.

Wut trennt dich von deiner eigenen Freude, von dem, was dich nährt, von deiner Liebenswürdigkeit, von dem, was du erreicht hast, von der Liebe. Es ist so, als ob du auf dem Trockenen sitzt, abgeschnitten von deinen tieferen Gefühlen und deiner wahren Natur. Wut läßt die Herrlichkeit des Selbst, deines eigenen Selbst, wie eine Erinnerung aus längst vergangenen Zeiten erscheinen. Daher versucht ein guter Mensch, ein edler Mensch, ein Sadhu, seine Wut zu bezähmen. Eines Tages wird die Wut sich – durch die Macht des großen Selbst und die Auswirkung spiritueller Übungen – auflösen.

Im *Mahābhārata* heißt es:

Sechs Arten von Menschen ist immer elend zumute:
die auf andere neidisch sind,
die andere hassen,
die unzufrieden sind,
die auf Kosten anderer leben,
die mißtrauisch sind,
die leicht wütend werden.

In Wirklichkeit ist die Wut das, was die fünf anderen Umstände hervorruft. Es gibt viele Leute hier in dieser Halle und auf der ganzen Erde, die diese Welt zum Frieden führen wollen. So viele geben beim Darshan ein Symbol für den Weltfrieden ab – eine weiße Flagge oder eine bestimmte Blume. Als wir im letzten Frühjahr nach Mexiko gingen, kam eine Gruppe zum Darshan, die sich als Friedensinitiative vorstellte. Sie hatten ein bestimmtes Symbol als Gabe mitgebracht und wollten ein besonderes Lied vorsingen. Wie viele andere möchten sie der Welt Frieden bringen. Und jetzt überlege einmal: Wie kannst du der Welt Frieden bringen, wenn du wuterfüllte Gedanken hast?

Wie kannst du erwarten, daß andere dir mit Liebenswürdigkeit begegnen, wenn deine Worte bitter sind? Wie kannst du erwarten, daß andere dir gegenüber offen sind, wenn du an altem Groll festhältst? Wie kannst du erwarten, daß andere dir vertrauen, wenn du hinter ihrem Rücken ständig Gemeinheiten begehst? Wie kannst du erwarten, daß andere nett zu dir sind, wenn du bei jeder Kleinigkeit an die Decke gehst? Wie kannst du erwarten, daß andere dich in aller Unschuld lieben, wenn du bei allem, was sie tun, gleich beleidigt bist? Wie kannst du erwarten, daß andere sich dir anvertrauen, wenn du immer griesgrämig bist?

Siehst du, wie viele Formen die Wut annehmen kann? Ständige Gereiztheit, Ärger, Verdruß, Feindseligkeit, Mißmut, Schroffheit, Ausbrüche, Wut, Nachtragendsein – um nur einige zu nennen – all das sind verschiedene Gesichter der Wut.

Im Grunde genommen ist die Wut ein Trick, den du dir selbst und anderen gegenüber anwendest, um deinen Willen durchzusetzen. Überlege einmal. In bezug auf dein eigenes Leben. Denke nicht über andere nach. Laß sie in Frieden. Wann bist du, in deinem eigenen Leben, wütend geworden? Warum bist du wütend geworden? Wozu hast du die Wut benutzt? Zu welchem Ergebnis hat das geführt?

Wir alle fangen damit schon als Kinder an, oder nicht? Wenn wir unseren Willen nicht bekommen, sind wir wütend. Kaum sind wir wütend, sagen unsere Eltern: „Schon gut, schon gut, schon gut – du bekommst ja, was du willst, Liebes."

Und wir denken: „Aha! Es klappt!" Es fängt also an, sobald wir in diese Welt geboren werden: du entdeckst, daß du wütend werden kannst. Weinen ist eine andere Form von Wut. Schluchzen ist eine andere Form von Wut. Du weinst und bekommst deinen Willen. Denke nicht, daß diese Art von Weinen ein Zeichen von Schwäche ist. Diese Tränen sind die Macht der Wut.

Deinen eigenen Willen durchzusetzen, wird dir auf dem spirituellen Weg nicht die Befreiung bringen. Die Befreiung stellt sich ein, wenn du den Willen Gottes herausfindest und ihm folgst.

Warum sollte man eigentlich auch so weit gehen? Benutzt du deine Wut, um deinen Willen durchzusetzen, macht dich das auch nicht glücklich. Du bist danach noch unglücklicher als zuvor. Es gibt nichts Schlimmeres als einen Menschen, der seine Wut als selbstgerechte Entrüstung über den Zustand der Welt hinstellt. Diese Art von Wut kann niemandem helfen, weil sie auf Verantwortungslosigkeit basiert. Solche Leute sind immer bereit, allen anderen die Schuld für das zuzuschieben, was in ihrem Leben nicht stimmt – Gott inbegriffen – aber nur ganz selten betrachten sie einmal ganz kühl das, was sie selbst tun. Du würdest dich wundern, wie weit sie gehen, um nicht die Verantwortung für das übernehmen zu müssen, was sie sagen, geschweige denn für das, was sie tun. Ist dir das schon einmal aufgefallen? Niemand will etwas an seinem eigenen Handeln ändern, das voll von *rajoguna*, *tamoguna* und *sattva guna* ist. Statt dessen wollen alle, daß die Welt sich ändert.

In der *Bhagavad Gītā* sagt Shri Krishna:

ahaṃkāraṃ balaṃ darpaṃ kāmaṃ krodhaṃ parigraham /
vimuchya nirmamaḥ śhānto brahmabhūyāya kalpate //

Wer Selbstsucht, Gewalt, Überheblichkeit,
Verlangen, Wut und Besitzdenken aufgibt,
solch ein Mensch ist selbstlos und ruhig,
bereit für das Einssein mit dem Absoluten. [18:53]

Jnaneshwar sagt in seinem Kommentar dazu:

> Der Suchende macht seine Wut zunichte, das größte aller Laster, die Wut, die umso nutzloser ist, je mehr sie genährt wird.
>
> Beseitigt er alle Spuren von Verlangen, rottet er mit ihnen auch die Wut aus.
>
> Werden seine Wurzeln gekappt, so vertrocknen die Zweige des Baumes; und ganz ähnlich stirbt, wenn das Verlangen stirbt, mit ihm auch die Wut.
>
> Wenn also der Feind namens Verlangen in diesem Kampf getötet wird, dann erleidet die Wut das gleiche Schicksal.

Nach dem ersten Vortrag über die Wut fragte jemand: „Ich sehne mich nach Wissen. Ist auch das schlecht? Muß ich auch das loswerden?“ Wenn du dich nach Wissen sehnst, ist das *sattva guna.* Wenn du das in die Tat umsetzt und das Höchste erlangst, *ohne* dich in den drei Eigenschaften zu verheddern, wirst du die höchste Wahrheit erfahren. Wenn du andererseits sehr stolz bist auf das, was du gelernt hast, bist du in *sattva guna* steckengeblieben. Wenn du das in die Tat umsetzt, ist das *rajoguna.* Wenn du dich auf deinen Lorbeeren ausruhst und faul wirst, müßig ins Leere starrst, als ob du tief in Gedanken versunken seist, kommt *tamoguna* ins Spiel. So bist du dann also wieder vollkommen in die drei Eigenschaften verstrickt.

Wir sind auf dem spirituellen Weg. Wir wollen das Höchste erlangen, wir wollen die höchste Wahrheit erkennen. Versuche also nicht, etwas vor dir zu rechtfertigen oder dich selbst zum Narren zu halten, indem du sagst, dieses bestimmte Verlangen sei in Ordnung, jenes andere aber sei nicht in Ordnung, das-und-das Verlangen sei akzeptabel, das andere nicht. Betrachte die Wurzel jedes Verlangens. Untersuche es. Benutze es nicht nur als eine Gelegenheit für leeres Gerede oder dazu, mit deiner Kenntnis der *Bhagavad Gītā* zu prahlen. Untersuche es ganz ehrlich. Wenn du mit jemandem sprechen möchtest, dann sprich in einer Weise, daß deine Aussage Kontemplation auslöst anstatt Streit, Wortgefechte oder eine sinnlose Debatte. Laß gerade dieses Gespräch etwas sein, das dich zur höchsten Wahrheit führt.

Um die Lektion zu begreifen, die Krishna Arjuna erteilt, mußt du verstehen, warum der große Krieg des *Mahābhārata* stattfand. Zwei Parteien aus ein- und derselben Familie, die Pandavas und die Kauravas, wollten das Land regieren. Dieses Verlangen, das nicht erfüllt wurde, löste Wut aus und dann schließlich einen Krieg. Als Arjuna sich kampfbereit machte, geschah das zunächst aus folgenden Motiven: Verlangen, Herrschenwollen, dem Willen, den Gegner zu bezwingen – und Wut: dem Drang, seine sogenannten Feinde umzubringen.

Arjuna war ein Krieger und hatte in zahllosen Schlachten Erfahrungen gesammelt. Er kannte den Geschmack von selbstgerechter Wut und das Verlangen, für das zu kämpfen, woran er glaubte. Auf diese Weise hatte er alle Taktiken der Menschen und Dämonen glorreich besiegt. Er glaubte also, daß diese Gefühle für ihn unerläßlich seien. Er verband das Aufflammen ihres Feuers in seinem Blut mit Sieg. Aber an diesem Morgen, als der Krieg gerade beginnen sollte, war irgend etwas anders.

Arjuna schaute sich auf dem Schlachtfeld um, und dort, im hellen Morgenlicht, sah er alle seine Vettern, seine Onkel, seine Lehrer und die Familienältesten, die Spielgefährten und Rivalen seiner Kindheit, seine Verwandten. Anstatt einer Armee von Feinden gegenüberzustehen, blickte er in die Augen seiner Freunde – er sah den ruhmreichen Bhishma, den Mann der Weisheit; den mächtigen Karna; Ashvatthama; Kuntibhoja; Drona, den Lehrer, den er verehrte, und seine Vettern, sein eigen Fleisch und Blut. Jedes Gesicht durchbohrte sein Herz. In diesem Augenblick hatte Arjuna kein Ziel mehr vor Augen, und sein Mut schwand dahin. Ihre Gesichter waren ein Spiegel, und was er darin sah, entwaffnete ihn. Er sah seine eigene Wut und sein eigenes Verlangen vor sich. Sie wurden klar reflektiert und standen ihm vor Augen.

Bis dahin war Arjunas Bewußtsein etwas getrübt. Alles, was er tat, schien für ihn in Ordnung zu sein. Aber jetzt hatte sich der Nebel gelichtet. Sein Gewissen funkelte klar wie ein Kristall und begann, ihm Fragen zu stellen zu dem, was er da tat. Es brachte ihn dazu, seine Motive zu überprüfen und die leidenschaftlichen Gefühle in Frage zu stellen, die in ihm aufwallten.

Das war solch eine neue Erfahrung für Arjuna, die Fragen waren so unvertraut, die Antworten so verblüffend, daß seine instinktive Reaktion die war, die Waffen fallenzulassen und den Kampf zu verweigern. „Wozu kämpfen?“ sagte er. Das war für ihn der einzig erkennbare Weg, seinem Verlangen und seiner Wut zu entsagen. Im Grunde genommen wußte er nicht, wie man ohne sie kämpft. Verlangen und Wut waren immer seine Energiequelle gewesen, der Ursprung seiner großen Stärke. Seine Adrenalindrüse funktionierte nur in *rajoguna*. Dabei ging es um persönlichen Ruhm, persönlichen Gewinn, reine und unreine Impulse, die alle miteinander vermischt waren, ein Durcheinander aus Motiven und Reaktionen.

Aus diesem Grund hielt Krishna Arjuna in Seiner Barmherzigkeit zurück und erteilte ihm die Unterweisung, die in der *Bhagavad Gītā* enthalten ist. Arjunas Kampfmotive wurden dadurch geläutert, und er konnte das Schlachtfeld ertragen, wenn durch den Kampf der Dharma aufrechterhalten wurde. Verwurzelt im Wissen um das Selbst und in der Weisheit des rechten Handelns war er bereit, aus *sattva guna* heraus zu kämpfen, mit reinen Motiven, ohne eine Spur von Eigennutz. Der Kampf würde also rechtens sein, und auch sein Ausgang würde demnach gerecht sein, denn Dharma gewinnt immer.

Die Lehren werden vom Guru an den Schüler weitergegeben, vom Guru an den Schüler – so ist es schon immer gewesen, in der ganzen Geschichte. Das Leben ist ein Schlachtfeld. Man muß ständig kämpfen und sich den Herausforderungen des Lebens stellen. Ein Mensch, der für die höchste Wahrheit kämpft, muß sich jedoch von allen falschen Absichten befreien und innerlich rein, ganz rein werden. Um Befreiung zu erlangen, muß man auf diesem Schlachtfeld des Lebens gegen seine inneren Feinde kämpfen. Gleichzeitig muß man den Dharma bewahren.

Mit der Kraft des Dharma geht die Überzeugung einher: „Das ist das einzig Richtige.“ Solange du dich fragst: „Ist dies richtig oder ist das richtig? Was soll ich machen? Es ist doch nicht falsch, oder? Ist das richtig?“ – solange du in dieser Art von Dilemma steckst, sind deine Motive aller Wahrscheinlichkeit nach nicht rein, nicht dharmisch. Handelst du aus dieser Vorstellung von richtig und falsch heraus, bist du völlig in den drei Gunas gefangen, in den drei Eigenschaften. Du erfährst überhaupt nicht das Selbst. Basieren deine Handlungen auf der Erfahrung des Dharma und des Selbst, kann dich nichts ablenken, nichts kann dich von etwas abbringen, und nichts kann dich besiegen. Wenn ein Suchender von Verlangen und Wut befreit ist, leuchten alle anderen Tugenden in großer Herrlichkeit.

Deshalb kommst du in den Ashram. Das ist ein wundervoller Ort, seiner Sadhana nachzugehen. Welche Stufe in deiner spirituellen Entwicklung du erreicht hast, ist ganz gleich. Du darfst dich selbst oder die Intensität deiner Sadhana nicht mit anderen vergleichen. Du solltest keine Zeit damit verlieren, darüber nachzudenken, wie du in den Augen der anderen dastehen magst. Stattdessen solltest du stets darüber nachdenken, wie Gott dich sieht. Wie möchtest du mit den Augen Gottes gesehen werden? Ganz gleich, wieviel du zu tun versuchst, das Universum liegt nicht in deinen Händen. Dennoch hat Gott dir die Freiheit gegeben, an deinem eigenen Universum zu arbeiten und auch die Früchte deiner wahren und guten Handlungen zu erfahren.

Mit großer Achtung und großer Liebe heiße ich euch alle von ganzem Herzen willkommen.

1. August 1993

KAPITEL SIEBEN

MITGEFÜHL

Dayā

MIT GROSSER ACHTUNG, GROSSER LIEBE heiße ich euch alle von ganzem Herzen willkommen.

Du machst vielleicht viele deiner spirituellen Übungen gemeinsam mit anderen, und doch ist Sadhana ein Prozeß, der in dir stattfindet. Wenn du singst und sich dein Herz dabei vollkommen öffnet, überrollen dich Wellen von Nektar. Selbst wenn dein Herz nicht vollkommen offen ist – irgendwie sickert der Nektar, der tief in dir ist, dennoch durch. Ist dein Geist während der Meditation unstet, bist nur du dafür verantwortlich. Du kannst eigentlich nicht herumlaufen und dich überall darüber beschweren. Du mußt dich nach innen wenden. Handelt es sich jedoch um ein äußeres Hindernis, kannst du dich darüber beklagen. Du kannst deine Aufmerksamkeit nach außen wenden und so richtig loslegen. Du kannst natürlich das Hindernis auch zu deinem Vorteil nutzen und es als Gelegenheit sehen, eine der Tugenden zu kultivieren, die in der *Bhagavad Gītā* beschrieben werden.

Wir haben diese Tugenden sehr sorgfältig untersucht, eine nach der anderen, und viele haben uns erzählt, was sie alles beim Kultivieren dieser Tugenden erlebt haben. Sie hätten, wie sie sagen, auch die Schönheit dieser Tugenden erfahren, wenn sie erst einmal ein Hindernis, mit dem sie konfrontiert wurden, bewältigt hatten. Dann hätten sie versucht, die betreffende Tugend immer länger zu bewahren, so daß sie sie wirklich auskosten und in die Tat umsetzen konnten.

Vor allem haben viele darüber gesprochen, wie es ist, das Gefühl der Wut zu überwinden. Einige sagen, sie hätten sich bemüht zu verstehen, wie und warum sie wütend sind. Sie haben dieses Gefühl bis zu seinem Ursprung zurückverfolgt, und dort haben sie statt Wut ihr eigenes wahres Selbst entdeckt. Selbst wenn du deine Sadhana unter dem Gesichtspunkt machst, Negativität und innere Feinde zu überwinden – was du schließlich erfährst, ist dein eigenes großes Selbst. Hinter allem verbirgt sich das höchste Bewußtsein.

Heute abend werden wir *dayā* besprechen, die wundervolle Tugend des Mitgefühls. Die Wurzel des englischen Wortes *compassion* besteht aus zwei Teilen: *com,* was im Lateinischen „zusammen" heißt, und *pati,* was „leiden" bedeutet. Mitgefühl wird definiert als das spirituelle Bewußtsein vom Schmerz eines anderen Menschen und ein auf ihn gerichtetes Gefühl selbstloser Zärtlichkeit.

Baba Muktananda war der Inbegriff dieser Art von Mitgefühl. Er bemerkte einmal: „Wir sagen immer, daß der Mensch auf einer hohen Stufe steht, daß er erhaben und edel ist. Das Licht Gottes leuchtet in einem Menschen. Sein Herz ist erfüllt von Gottes Mitgefühl und Liebe. Aber das weiß er nicht. Wenn du schläfst, bekommst du etwas Ruhe. Aber wenn du meditierst und diesen Ort im Herzen erreichst, findest du umfassenden und vollkommenen Frieden, vollkommene Ruhe in Gott. Die himmlische Flamme Gottes lodert in uns allen, und wir sollten uns bemühen, sie zu sehen."

Du mußt dich von Gottes Liebe und Mitgefühl gefangennehmen lassen. In der modernen Welt ist sehr viel für Effizienz getan worden, dafür, daß alle unmittelbar und sofort Ergebnisse sehen und schnell Gewinn machen. Oder, wie Baba manchmal sagte: „Alle Welt will Abkürzungen." In der modernen Welt ist so ungeheuer viel geleistet worden, um Menschen unabhängig und autark zu machen. Man hat Unglaubliches unternommen, um uns das Leben in jeder Hinsicht annehmlich zu machen. Wollte man ein Haus mit all den Geräten und zeitsparenden Erfindungen von heute vollstellen, bräuchte man einen riesigen Prachtbau mit zahllosen Stockwerken. Vielleicht würde er bis in den Himmel reichen. Aber wie hat sich all das auf die menschliche Psyche ausgewirkt?

Alles, was lebt, ist von Natur aus egoistisch. Auch jeder Mensch ist bis zu einem gewissen Grad egoistisch. Man kann vielleicht sogar sagen, daß der Egoismus zur zweiten Natur des Menschengeschlechts geworden ist. In der modernen Welt sind die Zeit und die Energie, die der Mensch zur Verfügung hat, von allen Zwängen befreit worden, von allem und jedem. Aber ist der Mensch dadurch nicht auch von seiner eigenen angeborenen Fähigkeit, Mitgefühl zu empfinden, abgeschnitten worden? Mitgefühl – eine Tugend, die so einfach ist und doch so weitreichende Auswirkungen hat.

Wenn du nicht weißt, wie Mitgefühl sich wirklich anfühlt, verstehst du vielleicht auch nicht, warum du danach streben sollst. Mitgefühl ist der göttliche Impuls, der sich in dir regt, wenn du den Schmerz eines anderen wahrnimmst. Und ich meine nicht nur jemanden, der physisch krank ist. Denke einmal an das Mitgefühl eines großen Meisters. Baba Muktanandas Mitgefühl war so unermeßlich und groß, daß du in seiner Gegenwart in dein eigenes Herz gelangtest.

Ein solches Mitgefühl ist so bewegend, daß man sagt, es würde sogar Steine dazu bringen, Tränen der Liebe zu vergießen. Es ist nicht nur ein Gefühl, das gelegentlich aufkommt und dann wieder vergeht. Wenn du das Ziel erreichst, wie es bei Baba der Fall war, wirst du zur Verkörperung von Mitgefühl. Wo du auch hingehst, alle werden wissen, daß ihnen geholfen wird. Wenn sie deine Gegenwart fühlen, verspüren sie auch Geborgenheit und große Sicherheit. Es ist nicht so, daß du mal eben ein, zwei Heldentaten vollbringst. Deine bloße Gegenwart ist ausreichend, weil die Zartheit des Herzens, deines liebenden Herzens immer bei dir ist. Dieses höchste Mitgefühl steckt in jedem. Daher sagen alle großen Meister: Gehe in das Reich deines Herzens. Bade im Licht deines eigenen Herzens. Trinke den Nektar des Mitgefühls aus dem Quell deines eigenen Herzens. Suche nirgendwo sonst nach Mitgefühl, suche es bei niemand anderem. Es ist in dir. Du besitzt diese große Tugend.

Übst du dich in Mitgefühl, kann schon eine winzig kleine Hilfeleistung deine Gedanken reinigen und deinen Egoismus zu Asche verbrennen. Bemühst du dich darum, dich von Mitgefühl leiten zu lassen, statt von deinem ichbezogenen Urteil über eine Situation oder einen Menschen, dann wirst du merken, wie du in der Wiege deines eigenen göttlichen Herzens geschaukelt wirst. Dein Herz wird nie wieder Mauern um sich haben. Mitgefühl ist solch eine große Tugend, daß es die Mauern wegschmelzen läßt, die das Herz umgeben.

Bist du jemals Menschen begegnet, die zunächst so wirken, als hätten sie viel Sinn für Humor? Alles, was sie sagen, ist so komisch, daß du gar nicht mehr aus dem Lachen herauskommst. Eigentlich jedoch steckt in diesem Lachen keine wahre Freude. Zuerst denkst du, es sei dein Fehler. Schließlich erkennst du jedoch, daß dieser Humor irgendwie nicht echt ist. Er hat mit der Wonne des Selbst nichts zu tun. Er ist bloß Sarkasmus – oder, noch schlimmer, man lacht nur auf Kosten anderer. Es ist ein nervöses Lachen, in dem ein bißchen Unbehagen steckt. Diese Art von Humor kennt kein Mitgefühl. Niemand fühlt sich gut dabei. Solche Leute, die sich systematisch über andere lustig machen, fühlen sich auch in ihrem eigenen Leben sehr unwohl und, um die Wahrheit zu sagen, mit ihrer eigenen Sichtweise der Realität. Sie fühlen sich nur wohl, wenn sie Witze über die Fehler von anderen machen. Einen anderen Weg kennen sie nicht. Sie haben kein Mitgefühl.

Mitgefühl ist eine sehr delikate Angelegenheit. Manche verspüren aufrichtiges Mitleid und sind verstört, wenn sie einen Bettler sehen oder einen räudigen Hund oder irgendeinen Unfall. Aber es besteht ein großer Unterschied zwischen Mitleid und Mitgefühl. Wenn du Mitleid hast, versetzt du dich in die Lage des anderen. Du denkst, wenn du einen Unfall hättest, wenn du krank wärest, hättest du auch gerne, daß jemand dir hilft. Mit diesen

Gedanken im Kopf hilfst du einem anderen Menschen. Das ist Mitleid. Oder vielleicht hilfst du mit der Einstellung, daß dieser Mensch dir eines Tages wiederum helfen wird oder weil es sich für dich auszahlt. Im Grunde konzentrierst du dich auf dich selbst, statt auf denjenigen, der Schmerzen hat.

In solchen Fällen wächst der Geist nicht über sich hinaus, um in ein höheres Bewußtsein einzugehen, er wird nicht rein, und er empfindet auch keine Freude. Bist du aber wahrhaft mitfühlend, werden deine Gedanken rein, und dein Herz spürt seine eigene Integrität, seine Würde und strotzende Kraft. Du fühlst dich wie neugeboren. Die Gaben und Segnungen, die das Mitgefühl gewährt, sind viel größer als die bläßlichen Imitationen von all dem, die das Mitleid hervorruft. Wenn man Mitgefühl verspürt, regt sich im Herzen buchstäblich Liebe, und wer das auslöst, empfängt Liebe und wird geheilt. Mitgefühl nimmt das Leid eines anderen Menschen ohne Hintergedanken auf sich und spendet demjenigen, der leidet, den perfekten Trost. Du betrachtest ihn mit Liebe in den Augen, du spürst sein Leid, und dem anderen geht es sofort wieder gut, wirklich gut.

Hast du jemals Mitgefühl empfunden, und wenn auch nur ein bißchen, ein Anflug von Mitgefühl? Nimm dir einen Augenblick Zeit und denke darüber nach. Hast du jemals Mitgefühl verspürt – und wenn ja, hast du jemals zugelassen, daß es wächst? Hast du jemals den Anflug von Mitgefühl zu einem Meer von Mitgefühl werden lassen? Hast du jemals um Gnade gebetet, damit dein Mitgefühl zunimmt?

Was empfindest du wirklich, wenn jemand anders unglücklich ist? Sagst du nur: „Ach, das tut mir ja so leid für dich. Ich wollte, das wäre dir nicht passiert." Oder stehst du jemandem zur Seite? Und wenn du versuchst zu helfen, was erhoffst du dir davon – sofern du dir etwas erhoffst?

Im Mittelalter, als es viele Könige gab und auf den Gipfeln vieler Berge Festungen thronten, brach einmal zwischen zwei Königen, deren Reiche aneinandergrenzten, ein Streit aus. Bald trugen ihre Armeen diesen Kampf auf den Feldern und in den Tälern zwischen den Schlössern aus. Eines Nachmittags, es war schon spät, wurde einer der Könige von der feindlichen Armee gefangengenommen. In der Nacht warf man diesen König in einen leeren Brunnenschacht, so daß er nicht entkommen konnte.

Die Sieger schlugen ein Lager auf und feierten triumphierend bis tief in die Nacht hinein. Im Laufe der Nacht kam zufällig ein Einheimischer vorbei, der sich für einen bedeutenden Gelehrten hielt. Er hörte eine Stimme, die „Hilfe! Helft mir!“ rief.

Er stieß auf den Brunnen und schaute vorsichtig hinein. „Wer seid Ihr?“ sagte er. „Und was macht Ihr da unten?“

„Ich bin der König“, flüsterte der Monarch. „Bitte rettet mich! Bitte, bitte holt mich hier heraus.“

Da er ja nun einmal fast ein Gelehrter war, brauchte der andere nicht lange, um zu begreifen, was los war. Er suchte sich ein Seil und half dem König aus dem Brunnen heraus. All das geschah ganz schnell und leise, und im Nu entfernten sie sich vom feindlichen Lager. Aber als der Monarch so ganz nah neben ihm ging, Schulter an Schulter, schien das für den anderen zu viel.

„Ich kann es nicht fassen“, sagte er. „Ich habe Euch gerettet. Ich habe den König gerettet. Ich! Ist das nicht großartig?“

Der König war genauso glücklich. „Oh ja,“ sagte er. „O mein lieber Freund, tausend Dank. Ich möchte Gott von ganzem Herzen danken, daß er Euch hierher geschickt hat. Ich danke Euch, ich danke Euch.“

Und dann gingen sie weiter. Aber nach ein paar Schritten hielt der Mann den König wieder auf und sagte: „Ihr müßt mich einmal kneifen. Ist das wirklich wahr? Kneift mich einmal!“ Und das tat der König. Darauf sagte der Mann: „Dies ist der größte Tag meines Lebens. O König! Versteht Ihr das? Ich habe Euch gerettet. Ich habe *Euch* gerettet. Wartet nur, bis meine Nachbarn das erfahren! Und Euer Hofstaat! Ich nehme an, Ihr werdet es allen am Hof erzählen. Ich meine, in ihren Augen bin ich doch ein Held!“

Und der König stimmte zu. Er versprach, allen davon zu erzählen und bot ihm als Belohnung schöne Geschenke an. Er sagte, das sei ihm ein Vergnügen, denn er sei sehr dankbar, und er würde nie vergessen, was passiert war. Aber jetzt – wenn der andere nichts dagegen hätte – täten sie besser daran, leise zu sein, denn sie seien noch immer in der Reichweite des Feindes. „Sie sind da drüben", sagte er, „sie feiern, daß sie mich gefangen haben. Wenn wir nicht aufpassen, können sie uns hören. Laßt uns also still sein und schnell zum Hof zurückgehen."

Der Mann war einverstanden. Zwei Sekunden später hatte er es wieder vergessen. „Ich bin so aufgeregt", sagte er. „Ihr werdet mich so vielen Leuten vorstellen und ihnen sagen, daß ich Euch gerettet habe. Es wird – es wird unglaublich sein!"

Der König blieb stehen. Er schaute den Einheimischen sehr streng an. Dann blickte er gen Himmel und stieß einen Schrei aus. „Der König entflieht!" rief er. „Fangt ihn! Fangt ihn!"

Die feindlichen Wachen kamen angelaufen, und natürlich fanden sie den König. Sie legten ihn sofort wieder in Ketten, zusammen mit dem Mann, der neben ihm stand und nur so schlotterte.

Als sie den König zum Brunnen zurückgeleiteten, sagte einer der Soldaten: „Eure Majestät, Ihr hättet ganz leicht entkommen können. Ihr wart schon auf halbem Wege. Weshalb habt Ihr Euch wieder fangen lassen?" Und der König erwiderte: „Ich bin lieber hier in Ketten, als daß ich den Rest meines Lebens im Gefängnis der guten Tat dieses Mannes verbringe."

Es ist nie leicht, Tugenden zu kultivieren. Du mußt einen schmerzhaften Prozeß durchmachen, das stimmt. Wenn es darum geht, anderen zu helfen, mußt du besonders aufpassen. Du mußt über deine Motive und Interessen nachdenken. Hilfst du, weil du etwas davon hast, oder weil dich dabei irgendeine Belohnung erwartet? Oder machst du es, weil du wirklich helfen möchtest? Du mußt sehr genau in dich gehen, um das sagen zu können, du mußt über jeden winzigen Gedanken nachdenken, der dir durch den Kopf geht. Wenn du Mitgefühl zur Schau stellst, kann der andere deine Motive oft viel besser herausspüren als du.

In der *Bhagavad Gītā* drängt Shri Krishna Arjuna dazu, diese verschiedenen Tugenden zu kultivieren, damit Arjuna in einem dharmischen Krieg kämpfen kann. Mitgefühl ist eine edle Tugend. Um mitfühlend sein zu können, mußt du lernen, gut über dich und andere zu denken. Deshalb ist ein blutendes Herz, das andere als hilflos ansieht, kein Zeichen von Mitgefühl.

Dem Buddhismus zufolge reißt Buddha Schmerz und Leiden mit der Wurzel aus. Empfindest du aufrichtig Mitgefühl für jemanden, dann wirst du erleben, daß das Licht des Dharma, der Gerechtigkeit, des rechten Handelns, in dir scheint. Diese Tugend wird *dayā* genannt, Mitgefühl. Sie ist voller Weisheit. Ein anderes Wort für Mitgefühl ist *karūna,* das Erbarmen Gottes. Jeden Tag singen wir nach der *Guru Gītā* die *Āratī Karūn.* In diesem Gebet bitten wir Gott inständig, mit uns Erbarmen zu haben und all unser Leiden und unseren Schmerz von uns zu nehmen.

Hast du dich jemals im Meer von Mitgefühl versenkt? Mitgefühl ist eine göttliche Eigenschaft. Aus Mitgefühl ist uns das Leben gegeben worden. Durch unseren Egoismus haben wir es verkümmern lassen. Wie kannst du zu einem Verständnis von Mitgefühl gelangen, wenn du immer noch dem Egoismus am Rockzipfel hängst? Ist Mitgefühl nicht der Schrei des Herzens, die Tränen der Seele?

Ein moderner Schriftsteller sagte einmal: „Nur wenige Menschen wollen Gerechtigkeit. Worum die ganze Menschheit betet, ist Erbarmen."

Aus Mitgefühl wächst der Baum. Aus Mitgefühl fließt der Fluß ins Meer. Aus Mitgefühl läßt der Tiger dich laufen. Aus Mitgefühl wird dein Geist still. Aus Mitgefühl klammerst du dich nicht länger krampfhaft an das, was dich bindet.

Wie läßt sich dieses höchste Mitgefühl je lehren? Es läßt sich allenfalls leben. Aus Mitgefühl zieht der Meister seinen Schüler oder seine Schülerin an sein Herz. Wie kann ein solches Mitgefühl je begrenzt sein, so wie Perlen auf ihrer Schnur, wenn seine eigentliche Natur *svātantrya* ist, absolute Freiheit? Wie willst du den Ozean in einem Fingerhut unterbringen? Deshalb muß dein Herz ganz weit werden, um den großen Ozean des höchsten Bewußtseins in sich aufnehmen zu können.

Im Kaschmir-Shaivismus heißt es: „Dieses Bewußtsein ist vibrierendes Licht. Es ist die absolute Wirklichkeit, jenseits von

Raum und Zeit. Dieses Bewußtsein, die Substanz des Kosmos, wird das Herz Gottes genannt."

Ist es nicht unser eigener Egoismus, der ein paar Tropfen Zitrone in die Milch schüttet und dann sagt: „Oh, die Milch hier ist sauer geworden!" Ist es nicht unser eigener Egoismus, der jemanden mit Schmutz bewirft und dann sagt: „ Der-und-der hat solch einen üblen Ruf!"

Ist es nicht Egoismus, der Gott schamlos für unsere eigenen Mängel verantwortlich macht?

Wie soll sich Getreide in einem Getreidespeicher halten, wenn täglich Tausende von Mäusen davon fressen? Wie sollen Pflanzen überleben, wenn Ungeziefer an ihnen nagt? Weißt du nicht, daß Egoismus das Gute in dir aushöhlt?

Ist es nicht an der Zeit, alles an dir vom Duft des Mitgefühls durchströmen zu lassen?

Beobachte deine Gedanken. Du hast dabei vollkommene Freiheit. Bisher haben die Wissenschaftler noch kein Gerät gefunden, das sie dir an den Kopf legen können, um dann herauszufinden, was du denkst. Die Kraft aller Worte und Bilder, die du in deinem Geist erschaffst, deine *mātrikā*-Shakti, gehört dir ganz alleine. Nur du hast den Schlüssel zu deinen Gedanken. Niemand kann sie dir stehlen. Nur du kannst sie herausströmen lassen, in Worten oder in Handlungen. Deine Gedanken gestalten dein Leben. Dein Glücklichlichsein und Unglücklichsein, dein Glück und dein Unglück, deine Geduld und deine Ungeduld, all das hängt von deinen eigenen Gedanken und Gefühlen ab. Du trägst die Verantwortung dafür. Du hast die Autorität, deine Gedanken zu beherrschen oder sie einfach laufen zu lassen. Du kannst dir einen negativen Gedanken anschauen und sehen, ob du sein Muster ändern kannst. Wenn du irgend jemandem gegenüber schlechte Gefühle hast und den Impuls verspürst, dem Ausdruck zu verleihen, hast du die Wahl. Du kannst innehalten und betrachten, ob du das wirklich tun willst. Du trägst die Verantwortung.

Weißt du, viele sagen, daß sie Probleme mit Autorität haben. Sie wollen sich ihr nie fügen, sie wollen sie nur in Frage stellen. Vielleicht haben wir hier also doch ein Problem – wo du ja schließlich die vollkommene Autorität über dich selber hast. Vielleicht hast du ein Problem mit dir selbst.

Die Menschen probieren viele verschiedene Wege aus, um sich von Leid und Elend zu befreien. Sie streben danach, das Selbst zu erkennen. Das wirklich Entscheidende dabei ist jedoch die Demut, und Demut kommt nur dann zum Vorschein, wenn der Egoismus beseitigt worden ist. Egoismus ist der Feind all der glorreichen Tugenden. Er macht dich blind für ihren Wert und wendet Tricks an, damit du dich mit weniger zufriedengibst.

Egoismus kommt zustande, wenn man glaubt, der Urheber der eigenen Handlungen zu sein. Man will, daß alles als die eigene Leistung anerkannt wird und hat Angst vor Erniedrigung. In der Geschäftswelt erlebt man das ständig. In Beziehungen kommt es sehr oft vor, daß der eine Partner ständig versucht, sich selbst mit allem Erdenklichen zu schmücken und zu verheimlichen, daß auch der andere dazu beigetragen hat. Doch dieser Egoismus, dieses Gefühl, der Urheber oder die Urheberin von allem zu sein, will nicht gerne aufgedeckt werden. Nur das große Selbst möchte, daß man es ausfindig macht. All dieses Kleinliche geht der Entdeckung gern aus dem Weg, denn es gedeiht im Dunkeln, wie die Pilze.

Egoismus ist eine Barriere, die verhindert, daß mehr Licht hereinströmt. Betest du mit vollkommener Demut zu deiner auserwählten Gottheit, dann löst du damit das Mitgefühl dieser Gottheit aus. Während deines Gebets scheint es vielleicht so, daß du bittest und flehst und deine Seele vollkommen bloßlegst. Es mag so aussehen, als würdest du kein gutes Haar an dir lassen, aber im Grunde enthüllst du nur, was du alles getan und nicht getan hast. Du akzeptierst ganz offen, daß du dich an deine verschiedenen Mängel klammerst, und gibst das vor dir selber zu, vor der Form Gottes, die du anbetest, vor dem Absoluten, der großen Autorität, dem höchsten Zeugen.

In seinem Gebet an die Göttin akzeptiert der große spirituelle Meister Shankaracharya alle seine Fehler und legt sie ihr zu Füßen. Zu der Zeit, als er diese Lobpreisung schrieb, hatte Shankaracharya bereits Kommentare zu vielen anderen Schriften verfaßt. Er hatte den Vedanta erläutert und in ganz Indien verbreitet; er hatte Orden gegründet und Klöster gebaut. Dennoch betete er mit äußerster Demut. Ganz gleich, welche Größe du erlangst, du bleibst immer ein Schüler, sagte Baba immer wieder. Das ist Babas Rezept für innere Größe, damit nie falscher Stolz dein Herz steif und spröde werden läßt. In der Hymne, die Shankaracharya komponierte, um die Göttliche Mutter um Vergebung zu bitten, betet er:

Ich kenne leider keine Hymne, kein Mantra,
Ich weiß nicht, wie man betet oder meditiert,
Und nicht einmal, wie ich Dich preisen soll.
Ich kenne nicht das vorgeschriebene Andachtsritual.
Ich weiß auch nicht, wie man die Hände faltet
  und dich anfleht.
Aber eines, Mutter, weiß ich doch:
Wer sich Dir zuwendet und Zuflucht bei Dir sucht,
dessen Leiden endet ein für allemal.

Verwirrt durch die Verhaltensregeln,
Durch die Gebote in den Schriften,
Gab ich die strahlenden Götter auf,
Einen nach dem anderen,
Und jetzt ist mein Leben mehr als zur Hälfte vorbei.
Mutter, wenn Du mir Dein Erbarmen vorenthältst,
Wo kann ich da Schutz suchen,
Schwach und hilflos, wie ich bin?

Mutter, ich habe Dich nicht mit den angemessenen
  Ritualen verehrt
Und auch nicht mit den vorgeschriebenen Opfergaben.
Zahlreich sind meine Sünden!
Tage und Nächte habe ich mit müßigem Geschwätz vertan
Und Dich dabei vergessen.
O göttliche Mutter, wenn du auch nur das geringste Erbarmen
Mit jemandem haben kannst, der so schwach ist,
Stünde das Deiner Majestät gut an.

O Durga, Göttin des Meeres von Mitgefühl,
Voller Kummer flehe ich Dich an.
Halte mich nicht für unaufrichtig.
Ein Kind, das von Hunger und Durst geplagt ist,
Denkt ständig an seine Mutter.

Nur wenn man Demut empfindet, kann man wirklich beten. Wenn du deine Gefühle, daß du unbedeutend und nichts wert seist, deiner auserwählten Gottheit, deinem Gott oder deinem Guru darbietest, wird all das von deinen Tränen weggewaschen. Schenkst du Gott dein Herz, ist unweigerlich Gnade, ist Licht da. Du erfährst nicht nur Gottes Mitgefühl und Gottes Licht, sondern du erkennst auch, daß du all das selber bist und von Anbeginn immer schon warst. Du bist von Natur aus Licht.

Mitgefühl geht über die stoffliche Ebene hinaus. Egoismus andererseits bleibt auf der physischen Ebene stecken. Wenn du jemanden frustriert ansiehst und sagst: „Du bist so egoistisch!" oder so etwas auch nur denkst, dann bedeutet das, daß du selber noch nicht über die Barriere der äußeren Erscheinungen hinausgelangt bist. Was weißt du über das Leben anderer? Woher willst du wissen, was sie durchgemacht haben? Egoismus macht an der physischen Ebene halt. Solange du diese Barriere nicht durchdringst, kannst du kein Mitgefühl empfinden und es schon gar nicht zum Ausdruck bringen.

Baba Muktananda ist oft über das Gelände des Ashrams in South Fallsburg geschritten. Er ist hier fast in jedem Winkel gewesen. Öffnet euch für die Erfahrung seiner subtilen Gegenwart. Sein Mitgefühl und sein Segen durchdringen die Atmosphäre. Er ist hier.

Vor kurzem erhielt ich einen Brief von einer Ashrambewohnerin hier. Sie wollte eigentlich nicht in South Fallsburg sein, sondern im Ashram in Ganeshpuri. Baba hatte so viele Jahre dort verbracht, daß sie dachte, dort würde sie seine Gegenwart spüren können. Weil ihr Mann jedoch eine Zeitlang hier in South Fallsburg bleiben wollte, fand sie sich dazu bereit, hierher zu kommen. Vor kurzem, so erzählte diese Frau, saßen sie und ihr Mann still in ihrem Zimmer, und ganz plötzlich atmeten sie einen Duft ein, den sie kannten. Es war eines der Duftöle, die Baba benutzte – *heena* oder *khus.* Er gab immer welches auf die Pfauenfedern, die er beim Darshan in der Hand hielt oder auch, wenn er Shaktipat gab. Beide nahmen diesen unglaublichen Duft gleichzeitig wahr, und sie schwiegen dabei. Später sagte dann einer von ihnen: „Ich habe Baba gespürt. Ich konnte seine Gegenwart und seinen Duft wahrnehmen." Und der andere sagte: „Ich auch." Und sie waren beide sehr glücklich, sehr froh. In ihrem Brief schrieb die Frau: „Ich weiß, daß Baba auch hier ist, und ich bin so glücklich, in South Fallsburg zu sein."

Du kannst dir gestatten, die große Shakti, die große Energie zu erfahren, die Siddhas in sich tragen, die große Kraft, die Baba Muktananda hat. Denke nur daran, daß Egoismus dich auf der physischen Ebene festhält und daß Mitgefühl dir erlaubt, diese Ebene der Wirklichkeit zu durchbrechen und das Licht des Selbst zu erfahren.

Baba Muktananda sagte: „Die eigentliche Natur des Selbst, des großen Selbst, ist Liebe, und weil sein Wesen Liebe ist, strömt Mitgefühl von ihm aus. Mitgefühl bedeutet nicht, sich in Positur zu setzen und Leuten etwas vorzumachen. Es bedeutet auch nicht, daß man sanfte Worte oder Gesten gebraucht, nur um anderen Sand in die Augen zu streuen. Mitgefühl ist die Quelle, aus der die Gnade fließt und Shaktipat gegeben wird."

Diese große Tugend ist in jedem vorhanden, wir haben jedoch den Kontakt zu ihr verloren. Wir müssen uns Zeit lassen, wir müssen uns eine Chance geben, sie zu erfahren. Diese Empfindung geht so tief. Bist du voller Mitgefühl, wirst du bemerken, daß jede Zelle in deinem Körper kribbelt, und du kannst überall das höchste Bewußtsein schimmern sehen.

Heute morgen hat ein Vater von einem Erlebnis seines Sohnes erzählt, der vor zwei Wochen hier war. Als der Teenager nach Hause kam, hatte er sich so vollkommen verändert, daß sein Vater es nicht fassen konnte. Der Junge sagte: „Vater, ich habe Gott in jedem Blatt im Ashram gesehen." Er war so bewegt. Ich weiß sogar noch, wie dieser junge Mann nach dem Teenager-Intensive zum Darshan kam und zu mir sagte: „Gurumayi, wirst du mir vergeben, daß ich all diese Jahre so gemein zu meinen Eltern war, daß ich ihre Liebe nicht verstanden habe? Ich möchte wirklich, daß du mir verzeihst. Ich möchte es wirklich."

Ich sagte zu ihm, er solle mit einer bestimmten Person sprechen. Der Betreffende riet ihm, sofort seine Eltern anzurufen und sie wissen zu lassen, was in ihm vorging. Genau das tat er auch. Er rief sie an und sagte: „Ich habe um Verzeihung gebeten. Ich bin zu Gurumayi gegangen." Und dann wiederholte er das Ganze noch einmal.

Seine Eltern waren zutiefst berührt. Als der Vater später im Sommer hierherkam, sprach er ständig über seinen Sohn, er konnte gar nicht mehr aufhören. Immer, wenn ich ihn sah, erzählte er mir die ganze Geschichte wieder von vorne. „Mein Sohn, mein Sohn, ich habe die Tränen der Verwandlung in seinen Augen gesehen. Ich habe gehört, wie sich seine Stimme verändert hat. Mein Sohn hat Gott in jedem Blatt gesehen."

Ich nickte immer wieder: „Ja, ja." Es war wirklich schön. Wenn du hörst, wie jemand seine Erfahrung von Verwandlung schildert, berührt dich das. Und immer, wenn du denkst, daß du es nun oft genug gehört hast, berührt es wieder einen anderen Teil deines Wesens. Du erkennst: „Oh, da ist ja noch etwas …" – in der Art, wie jemand es sagt, in der Art, wie es sich auf dich auswirkt. Mitgefühl. Wenn du Mitgefühl mit anderen teilst, kannst du Gott in ihnen sehen.

Mit großer Achtung und großer Liebe heiße ich euch alle von ganzem Herzen willkommen.

14. August 1993

KAPITEL ACHT

DEMUT

Prahva

MIT GROSSER ACHTUNG UND GROSSER LIEBE heiße ich euch alle von ganzem Herzen willkommen.

Es gibt eine großartige philosophische Schrift namens *Viveka Chūdāmani*, „Der Kronjuwel der Unterscheidung". Sie wurde von dem Weisen Shankaracharya im 8. Jahrhundert verfaßt und ist ein Beispiel für die Klarheit und Schönheit eines erleuchteten Geistes. In einem der Verse spricht Shankaracharya über Tugend, besonders über die Tugenden eines wahren Suchenden. Er sagt:

tam-ārādhya guruṃ bhaktyā prahva-praśhraya-sevanaiḥ /
prasannaṃ tam-anuprāpya pṛicchej-jñātavyam-ātmanaḥ //

> Ein Suchender sollte sich dem Meister mit ehrerbietiger Hingabe nähern. Hat er ihn dann durch seine Demut, seinen Respekt und seinen Dienst zufriedengestellt, mag er nach allem fragen, was es über den *ātman*, das höchste Selbst, zu wissen gibt. [34]

Demut ist eine sehr delikate Angelegenheit. Es heißt, sobald du denkst, daß du demütig seist, bist es nicht mehr. Wie kann man da Demut auch nur beschreiben? Du kannst dich an die Demut nicht heranschleichen. Sie ist das Produkt einer sehr hohen

Bewußtseinsstufe und wird dich immer kommen sehen. Vielleicht helfen aber ein paar Beispiele. Ein christlicher Heiliger sagte einmal: „Demut ist für die Tugenden, was die Schnur für den Rosenkranz ist. Ziehst du die Schnur heraus, rollen alle Perlen fort. Nimm die Demut weg, und alle anderen Tugenden verschwinden."

Habt ihr schon einmal von dem legendären Araberkönig Hatim Tai gehört? Sa'di, der große Sufi-Mystiker und Dichter, erzählt eine schöne Geschichte über ihn. Hatim war nämlich taub, müßt ihr wissen – jedenfalls dachten das die Leute viele Jahre lang. Aber eines Morgens, ganz früh, als die Ratsgemächer so gut wie verlassen waren, kam aus einem Winkel des Raumes ein leises Summen, fast wie ein Murmeln. Hatim Tai stand auf und ging hinüber.

Er sah, wie eine Fliege in einem Spinnennetz zappelte. Die Fäden des Netzes glitzerten in der Morgensonne wie die Fäden von Zuckerwatte. Hatte die Fliege sie irrtümlich für Zucker gehalten? Hatte sie gedacht, daß die Spinne, die bewegungslos weiter oben am Rande des Netzes lauerte, ein Stück dunkler Zucker sei?

Hatim sprach mit der Fliege. „O du, die du in den Ketten des Verlangens liegst, halte still. Jetzt weißt du, daß du nicht überall, wohin du schaust, Süßes finden wirst. In einigen Ecken warten Fallen und Fesseln auf dich!" Einen Augenblick später schoß die Spinne hervor, und das Summen hörte auf. Hatim Tai wandte sich mit einem traurigen Lächeln ab.

An diesem Morgen waren nur einige wenige Menschen im Raum. Einer von ihnen, ein einfacher Soldat, nahm kein Blatt vor den Mund. „Majestät", sagte er verwundert, „woher habt Ihr von der Fliege gewußt? Selbst bis hierher konnte ich sie kaum hören. O Mann auf Gottes Wegen, vergebt mir! Aber niemand sollte Euch taub nennen. Ihr hört besser als ich."

„Du bist ein kluger Bursche", sagte Hatim Tai. „Glaube mir, es ist weitaus besser, für taub gehalten zu werden, als sich leeres Lob anhören zu müssen. Soll ich dir sagen, wie meine Taubheit begann? Sie begann an dem Tag, als ich erkannte, daß ich von Menschen umgeben war, die alle meine Fehler mit Komplimenten zudeckten. Ich war in einem Netz aus Schmeicheleien und Lob gefangen, und um ehrlich zu sein: mein Charakter verarmte und mein Urteilsvermögen nahm ab. Ich beschloß also, daß die Leute denken sollten, ich könnte nicht mehr hören, und ganz allmählich hörten sie auf zu versuchen, mich so zu beeinflussen.

Wenn diejenigen, die mit mir in diesen Ratsgemächern sind, glauben, daß ich nicht hören kann, haben sie keine Angst zu sagen, wo es bei mir im argen liegt. Und wenn es mitunter nicht nur erfreulich ist, was sie sagen, dann versuche ich das Verhalten zu ändern, das die Ursache für ihre Worte war. Im ganzen gesehen war die Taubheit sehr hilfreich für mich. Sie hat mich all die Jahre vor den Lastern bewahrt, die mit Eitelkeit einhergehen. Vielleicht probierst du es eines Tages selbst aus, junger Mann. Laß dich nicht mit den Stricken des Lobs über den Rand eines bodenlos tiefen Brunnens ziehen. Sei taub wie Hatim und höre dir deine eigenen Fehler an."

Demut ist der Weg zu Gott. Alle anderen Tugenden scharen sich um sie herum. Sie können ihr nicht widerstehen. Baba Muktananda war ein großer Meister, so groß, daß die Tugenden sich auf die Suche nach ihm machten. Sie wollten in seiner Gesellschaft sein. Wenn du dein Herz sehr rein machst, so heißt es, dann kommen die Tugenden, um sich in dir niederzulassen. Baba sagte einmal, als er über Demut sprach: „In deinem weltlichen Leben sind die Leute vielleicht von deiner Familie oder irgendeinem anderen äußeren Faktor beeindruckt. Gott jedoch schenkt der Schönheit deines Körpers oder deiner Gesichtszüge absolut keine Aufmerksamkeit. Er achtet nicht auf deine Sinnesorgane. Er bewertet nur die Gefühle in deinem Herzen. Ein Seher aus den Upanischaden sagte einmal, daß jemand, der den Körper als sein Selbst betrachte, eine Sünde begehe, die dem Schlachten von einer Million Kühen gleichkäme.

Im göttlichen Reich, im Reich der Meditation, ist dein Familiensinn nutzlos, deine Gelübde sind nutzlos, die Macht, die du ausübst, ist nutzlos. Dort kommt es nur auf vollkommene Demut, vollkommene Ergebenheit und Hingabe an. Nur sie werden dich tiefer in die Meditation führen." Wenn du den Weg der Demut beschreitest, ist dein Ziel Gott. Baba sagte dann weiter: „Denke daran, daß das Körperbewußtsein, der Stolz auf den Körper, die Bindung an den Körper, ganz sicher früher oder später zu deinem Untergang führen werden.“

Wie nähert man sich einem spirituellen Meister? Einer Gottheit? Einem Kind? Der Natur? Mit Demut. Möchtest du ihre Liebe empfangen, ihre Gnade, ihren Segen, so heißt es in den Schriften, dann mußt du dich ihnen mit einem demütigen Herzen nähern.

Es stimmt, daß man nicht über Demut sprechen kann. Man kann Demut nicht zur Schau stellen und damit angeben. Sie ist etwas, das im Herzen geboren wird. Wenn das geschieht, wird das Herz verletzlich und sehr zart. Das bedeutet nur, daß du stärker geworden bist. Vielleicht sagte deshalb ein großer Schriftsteller einmal: „Ich möchte keine Philosophie hören, die nicht die Tränen des Herzens in sich trägt.“ Ein Herz, das durch Demut verletzlich geworden ist, gewinnt den Mut Gottes. Es wird fest. Es verliert seine launenhaften Gefühle und ruht fest in der Wahrheit, die die Liebe Gottes ist.

In jeder religösen Tradition wird mit Ehrerbietung über Demut gesprochen. Jeder mystische Weg scheint viele Geschichten darüber zu kennen. Das ist nicht nur deshalb so, weil Demut so schwierig zu definieren ist, sondern auch deshalb, weil diese Tugend dem Herzen des Mystikers so nahe ist. Sie ist unerläßlich und dennoch unsichtbar, unglaublich zart und dennoch in der Lage, jede Last auszuhalten. In der chassidischen Tradition des Judentums erzählt man sich eine wunderschöne Geschichte über die Demut. Sie geht folgendermaßen:

In einem kleinen Dorf in Osteuropa lebte einmal ein reicher Mann. Er gab den Armen nie Almosen und tat auch sonst nie etwas Gutes für sie. Die Bewohner dieses Gebietes nannten ihn nie bei seinem Namen. Sie kannten ihn alle als „der Geizhals“. Wenn überhaupt jemals ein Bettler an die Tür des reichen Mannes kam, fragte der Geizhals ihn immer, wo er herkam. „Du kannst nicht aus dieser Gegend hier stammen“, sagte er dann. „Alle im Dorf wissen schon, daß sie mich besser nicht um Geld bitten.“

Im gleichen Dorf wohnte auch ein armer Schuster. Er war ein äußerst großzügiger Mann. Er hatte noch nie einen Notleidenden von seiner Tür abgewiesen. Er gab jedem Bettler etwas, den er sah, und spendete für jeden guten Zweck. Immer wenn eine Familie vom Unglück heimgesucht worden war oder von einer Krankheit oder wenn sie einen Unfall gehabt hatte, war der Schuster bereit zu helfen. „Nur eine ganz kleine Unterstützung", sagte er dann, „damit ihr über die Runden kommt."

Eines Tages starb der Geizhals. Jeder stirbt früher oder später. Heute geht der eine. Morgen ist es jemand anders. Eines Tages bin ich an der Reihe, am nächsten Tag du. Wir alle müssen diese Welt verlassen, damit andere Seelen auf den Planeten geboren werden können.

Als der Geizhals starb, wurde er nicht betrauert. Niemand folgte seinem Sarg zu seiner letzten Ruhestätte. Niemand betete für ihn. Die Dorfältesten beschlossen sogar, ihn in der hintersten Ecke des Friedhofs zu beerdigen, nachdem er sich so wenig um andere Leute oder ihr Wohlbefinden gekümmert hatte.

Die Tage vergingen. Da bekam der Rabbi des Dorfes beunruhigende Nachrichten über den Schuster zu hören. „Er scheint nichts mehr für andere übrigzuhaben", hieß es, „er gibt niemandem mehr auch nur einen Pfennig. Er weigert sich durchweg, Gutes zu tun, und weist jeden Bettler zurück, der an seine Tür klopft, ganz gleich, welche innere Größe er hat oder wie hungrig er ist."

„Hat jemand deswegen mit dem Schuster geredet?" erkundigte sich der Rabbi. „Ja", erwiderte einer. „Er sagt, daß er all sein Geld für sich selber brauche."

Es war sehr seltsam. Der Rabbi beschloß, den Schuster zu sich zu rufen und ihn um eine Erklärung zu bitten. „Stimmt etwas nicht? Was ist passiert? Wieso dieser Sinneswandel?"

Der Schuster zögerte. Nach einer langen Pause fing er schließlich an zu sprechen. „Vor vielen Jahren ist der Mann, den ihr den Geizhals genannt habt, mit einer riesigen Geldsumme zu mir gekommen. Er hat mich gebeten, es für wohltätige Zwecke wegzugeben. Ich mußte ihm versprechen, nie seinen Namen zu erwähnen und nie unsere Vereinbarung zu verraten, solange er lebte. Und da er mir ein kleines Gehalt für diesen Dienst zahlte, war ich einverstanden. Einmal im Monat besuchte er mich spät nachts und überreichte mir das Geld, das ich weggeben sollte. Und wenn ich noch nicht jeden einzelnen Pfennig verteilt hatte, bis er wiederkam, war er sehr verärgert. Ich wurde als der große Wohltäter bekannt, obwohl ich nie einen Pfennig von meinem eigenen Geld ausgab. Offen gestanden bin ich überrascht, daß mich bisher nie jemand danach gefragt hat. Wie könnte ein Schuster denn überhaupt so viel Geld ausgeben, wie ich das all die Jahre getan habe?"

Der Rabbi rief alle Dorfbewohner zusammen und erzählte ihnen die Geschichte. „Der Geizhals hat im Sinne der Schriften gelebt. Er hat seine Spenden geheimgehalten", sagte der Rabbi. „Er wollte nichts dafür haben. Er wollte nichts für sich selber. Das ist das Zeichen eines demütigen Herzens." Alle Dorfbewohner gingen an diesem Tag zum Friedhof und beteten neben dem unfertigen, ungepflegten Grab. Nachdem die Gebete für den Toten rezitiert worden waren, sagte der Rabbi mit zitternder Stimme: „Wenn ich sterbe, bitte ich nur um eins: Bitte beerdigt mich hier, neben dem demütigen Menschen, der als ‚der Geizhals' bekannt war."

Zu den Zeichen von Demut gehört: für das, was du tust, weder Anerkennung zu suchen noch zu erwarten. Die meisten vollbringen ein Viertel einer guten Tat, und dann wollen sie, daß die ganze Welt davon weiß. Aber wem kommt es jemals in den Sinn, über die fundamentale Frage: „Woher komme ich?" nachzudenken. Nicht im philosophischen Sinne, wo die Antwort wäre: „Ich bin aus dem Brahman hervorgegangen, ich lebe im Brahman, und ich werde schließlich im Brahman, der absoluten Wirklichkeit, aufgehen." Es geht darum, eine viel einfachere Frage zu betrachten: „Was sind meine Beweggründe? In welchem Zustand befindet sich mein Herz?"

Alle ziehen es vor, sich statt dessen über andere Leute Gedanken zu machen. Man fragt lieber: „Wie behandeln *die* mich? Welchen Einfluß haben *sie* auf mein Leben und meinen Zustand? Warum sagen sie nicht Dinge, die mich glücklich machen? Warum tun sie das nicht, warum geben sie mir nicht, was ich will?" Es fällt uns sehr schwer, die Aufmerksamkeit von anderen abzuwenden, ehrlich zu sein, in das eigene Herz zu schauen und die gleichen entscheidenden Fragen zu stellen. „Was für ein Leben bereite ich anderen? Was für eine Art von *Welt* erschaffe ich?“

Demut. Folgendes ist ein weiteres Zeichen ihrer Gegenwart: Verantwortung für deine eigene Welt zu übernehmen, dich selbst zurückzustellen und gut über andere zu denken, über die eigenen Handlungen nachzudenken mit dem aufrichtigen Wunsch, dich zu bessern. Auf den ersten Blick scheint es, als ginge so etwas gegen unsere Natur. Gebraucht jemand etwa ein Schimpfwort, ist der spontane Impuls der, mit einem noch stärkeren Schimpfwort darauf zu reagieren. Aber hältst du jemals inne und überlegst: „Was habe ich zu diesem Wortgefecht beigetragen? Inwieweit bin ich dafür verantwortlich?“

Diese Fragen bringen dich sofort zur Besinnung. Sie zwingen dich zur Kontemplation.

Wie sollte man sich einem spirituellen Meister nähern? Einem Kind? Einem Baum? Einer Gottheit? Einem König? Einer edlen Seele? Du mußt dich ihnen mit Demut nähern, wenn du ihre Gnade empfangen möchtest. Es ist nicht genug, ein, zwei wunderbare Taten zu vollbringen und zu erwarten, daß der Rest deines Lebens mit Gold, Diamanten und Rubinen angefüllt sein wird, mit Ruhm und Ehre. Wenn du das tust, wirst du gründlich enttäuscht werden.

Daß jemand Demut erlangt, ist etwas Seltenes. Sich auch nur darum zu bemühen, ist ein Werk der Liebe. Manchmal hast du vielleicht das Gefühl, daß dir das Herz blutet. Dann wieder merkst du vielleicht, daß dein Herz ganz spröde geworden ist und daß du nichts empfindest. Zu einer anderen Zeit schwingt sich dein Herz nur so empor, du schwebst vor Seligkeit. Die Demut hat all diese verschiedenen Nuancen. Es kann sein, daß dein Herz viele verschiedene Stimmungen und Erfahrungen durchmacht, aber dabei läßt du es nicht bewenden. Du untersuchst deine Gedanken, deine Worte und deine Handlungen. Jedes Mal, wenn du etwas tust, was gut und wahrhaftig ist, hältst du inne und fragst dich: „In welcher Verfassung bin ich? Gehe ich mit guten Gefühlen an diese Arbeit heran oder sorge ich dafür, daß sie von meiner Wut erfüllt ist?“

Hast du die innere Stärke, dich auf diese Weise ganz ehrlich zu betrachten, ist die Demut nicht fern. Diese Tugend ist, wie alle großen Meister gesagt haben, ein Teil unserer eigenen Natur. Man kann sie nicht kaufen. Sie muß als Werk der Liebe freigelegt werden. Wenn du dich selber hinterfragst, erlangst du sie von innen heraus.

Der große Dichterheilige Jnaneshwar Maharaj hat das Wesen der Demut im 13. Kapitel seines Kommentars zur *Bhagavad Gītā* beschrieben.

> Solch ein Mensch strebt keinerlei weltlichen Erfolg an und empfindet jede Ehre als Bürde.
>
> Wenn jemand seine guten Eigenschaften preist, wenn man ihm Respekt zeigt oder seine innere Größe anerkennt, ist er beschämt wie ein vom Jäger gefangenes Reh oder wie ein Schwimmer in einem Strudel.
>
> Er möchte nicht, daß andere Menschen Zeichen seines Wertes sehen oder auch nur ein Wort von seinem Ruhm hören. Er hat es lieber, wenn sie ihn so in Erinnerung behalten, als hätte er keinerlei besondere Eigenschaften.
>
> Solch ein Mensch hat kein Verlangen nach Respekt oder Ehre. Er stirbt lieber, als sich ehrerbietig begrüßen zu lassen.
>
> Er verbirgt sein Wissen, gebraucht seinen hohen Zustand zu nichts und zieht es vor, als verrückt zu gelten.
>
> Er wird gerne ignoriert und möchte von seinen eigenen Verwandten nicht bemerkt werden. Solch eine Lebensweise gefällt ihm.
>
> Er verhält sich so, daß andere ihn geringschätzen.
> Demut ist wie ein Juwel für ihn.
>
> Er wünscht sich, daß niemand herausfindet, ob er selber geht oder ob der Wind ihn antreibt.
>
> Er hätte es gerne, daß seine Existenz verborgen bliebe und sein Name unbekannt, damit kein Geschöpf ihn fürchtet.
>
> Der Wind ist sein Geselle, und er ist zufrieden damit,
> er findet Vergnügen daran, mit dem Himmel zu sprechen,
> und liebt Bäume wie sein eigenes Leben.

Ein Mensch mit diesen Eigenschaften ist der enge Begleiter des Wissens.

Das ist die höchste Herrlichkeit der Demut. Man kann sie nicht im Bruchteil einer Sekunde erlangen. Sie ist ein Lebenswerk. Dennoch können wir schrittweise dorthin gelangen. Der erste Schritt ist, dieses Ziel nicht länger als unzugänglich oder unerreichbar anzusehen. Der zweite Schritt besteht darin, es auszuprobieren. Wenn du zum Beispiel im Speisesaal bist und allein an einem Tisch sitzt, dann solltest du das genießen können, statt zu denken: „Niemand mag mich" oder dich mit jemandem zu vergleichen, der im Gegensatz zu dir jede Menge Freunde hat. Anstatt dir über dein Schicksal den Kopf zu zerbrechen oder deinen Geist umherschweifen zu lassen, anstatt bei dir und anderen nach Fehlern zu suchen, kannst du deinen eigenen Atem beobachten. Du kannst dir eine Gelegenheit geben, herauszufinden, was in deinem Herzen vor sich geht.

Du bist der Tempel Gottes. Frage dich: Was versucht dein Herz dir zu sagen? Frage dich: Was ist das für ein Klang, der in der unermeßlichen Stille deines Seins widerhallt? Woher kommt er? Woraus besteht er? Achte auf die Tugenden, die in dir existieren. So kommt die Gnade zu dir, nicht indem du Wutanfälle bekommst oder den Schriften widersprichst oder mit dem Guru debattierst. Du kannst das ganze Wissen, die ganze Gnade, allein durch die Kraft der Demut auf dich lenken.

Die Lehren der Siddhas, der großen Meister, werden ständig durch die Worte der Menschen um dich herum und durch die Handlungen von Fremden wiedergegeben. Versuche, dieses Verständnis zu entwickeln – es birgt eine große Lektion in sich; Gott lehrt dich, demütig zu sein.

Worauf es am Ende wirklich ankommt, ist der Zustand deines Herzens. Je nachdem, für welche innerliche Verfassung du bei dir gesorgt hast – sie wird dich am Ende begleiten. Das ist die Frucht deines Lebens auf dieser Welt.

Ein großer Verehrer des Herrn brachte seine Demut einmal in folgendem Gebet zum Ausdruck:

O Herr, ich bin zu Deinen Füßen gekommen, um zu
versuchen, Dir zu gefallen und Dein Herz zu gewinnen.
Meine Worte sind ungehobelt, ohne die geringste Süße,
Und doch bin ich gekommen, damit Du mein Flehen erhörst.

O Herr, ich bin nicht würdig, den Nektar zu empfangen,
der zu Deinen Füßen strömt,
Noch habe ich etwas, ihn aufzufangen.
Dennoch sind die Kelche meiner Augen gekommen,
etwas von Dir zu erflehen.
Welche Gaben habe ich schon Deinen Füßen darzubringen?
Ich bin nur ein Bettler, während Du Der bist, Der gibt.
Also bin ich gekommen, Dir zu erzählen,
welcher Gestalt unsere Beziehung ist.

Ich weiß nicht recht, was Dienen bedeutet,
Doch sieh nur meinen Mut:
Heute bin ich weinend vor Dich hingetreten,
Um Dir die Girlande meiner Tränen darzubringen.

Kannst du Gott rückhaltlos dein Herz geben, so empfängst du alles. Trittst du vor den Herrn, so mußt du ohne Konzepte und Illusionen kommen. Du mußt voller Demut kommen. Dann erfährst du das Geschenk der Gnade. Ein von Demut erfülltes Herz wird zu einem See voller Nektar. Deine eigenen Tränen sind wie Nektar für dich, wie der Nektar der Liebe. Ein Herz, das so zart ist, hat dennoch die Kraft, im Raum des Bewußtseins zu schweben. Denke immer daran: es ist ein Zeichen von Demut, die Begrenzungen fallenzulassen, die dich davon abhalten, das natürliche Wunder deines eigenen Herzens zu erkennen.

Baba Muktananda hatte folgende Botschaft für die Welt:

Meditiere über dein eigenes Selbst,
Verehre dein eigenes Selbst,
Gott wohnt in dir als du.

Mit großer Achtung und großer Liebe heiße ich euch alle von ganzem Herzen willkommen.

26. Dezember 1993

KAPITEL NEUN

RESPEKT

Praśhraya

MIT GROSSER ACHTUNG UND GROSSER LIEBE heiße ich euch alle von ganzem Herzen willkommen.

Die Zeit ist so schnell vergangen. Und doch war dieses Jahr für manche schon sehr, sehr lang. Bei einigen war die Zeit voller Geburtstage, Feiern und wundervoller Dinge. Für andere war es eine Zeit der Tragödien und Sorgen. Werden sie den letzten Teil des Jahres auch so angehen? Auf ihrer Liste sind noch so viele Vorsätze – unerledigte, nicht in die Tat umgesetzte, die einfach im Raum stehen und eine Last sind, von denen die Notizbücher schwerer und schwerer werden. Einfach nur dadurch, daß sie verstreicht, läßt die Zeit diese Bürde wachsen.

Die Zeit kann jedoch auch sehr gütig sein. Behandelst du die Zeit mit Achtung, dann ist sie deine Freundin. Es gibt einen Spruch: „Die goldene Regel moralischen Verhaltens ist die, neben Gott die Zeit zu achten." Hast du die Zeit respektiert, ist es wirklich gleich, ob sie schnell vergeht oder sich ewig hinzieht. Hast du dich mit der Zeit angefreundet, ist es auch gleich, wie jung oder alt du aussiehst. Das Alter des Körpers ist dann nicht entscheidend. Hast du die Zeit gut behandelt, ist alles in Ordnung.

Die Leute sprechen immer von „guten Zeiten" und von „schlechten Zeiten". Ist euch das schon einmal aufgefallen? Sie reden von „herrlichen Zeiten" und „qualvollen Zeiten", von

„frohen Zeiten“ und „schmerzerfüllten Zeiten“. Ist die Zeit das Problem? Wirklich? Die Zeit, die Gott selber ist, die Zeit, die sich messen läßt und doch jenseits des Raums ist, die Zeit, die ohne Form ist? Wie kann Zeit gut oder schlecht sein? Sie ist eine Sekunde. Sie ist eine Stunde. Sie ist ein Tag. Sie ist die Nacht.

Wer gibt der Zeit all diese unterschiedlichen Färbungen? Wer bemalt diesen jetzigen Augenblick mit verschiedenen Bildern und Sichtweisen? Du vielleicht?

Sagst du zum Beispiel: „Ich habe mich so darüber gefreut, es hat mir so gefallen, wie der Swami das Abendprogramm geleitet hat“, was bedeutet das dann? Die Swamis sind im Grunde jeden Tag gleich. Daß du so viel Freude daran hattest, lag also nicht an diesem bestimmten Swami, sondern daran, daß du ihm mit einem frohen Herzen zugehört hast. Deshalb sind seine Worte in dein Herz eingedrungen, und du hast Freude dabei empfunden. Nehmen wir ein anderes Beispiel. Manchmal sagst du: „Dieser Junge! Dieser Michael! Er macht mir jeden Tag das Leben schwer.“ Aber liegt das wirklich an ihm, daß es so hart für dich ist? Es stimmt schon, daß es seine Art ist, schlimme Sachen zu sagen. Er wird immer etwas sagen, worüber du dich aufregst. Darauf kannst du dich verlassen. Michael ist ein Meister darin, andere auf die Palme zu bringen. Die Frage ist nur: Da du das doch weißt, warum setzt du ihm dann dein Herz so aus, daß er es schafft, dich mit negativen Gefühlen zu erfüllen? Wer ist wirklich dafür verantwortlich?

Solange wir dazu neigen, andere dafür verantwortlich zu machen, was wir mit unserer Zeit anfangen, werden unsere guten Zeiten immer von kurzer Dauer sein. Solange wir uns nicht mit der Zeit anfreunden, wird sie uns scheinbar immer übel mitspielen. Deshalb ist es sehr entscheidend, wie wir die Zeit behandeln. Bald wird eine Jahreszeit zu Ende gehen. Aber eine andere fängt an. Du hast also immer noch Zeit. Du kannst diese Zeit nehmen und sie dir zu eigen machen, sie in etwas Wertvolles, etwas Göttliches verwandeln und in Seligkeit leben.

In den letzten Monaten haben wir die wunderbaren Tugenden diskutiert, die Shri Krishna für seinen Schüler Arjuna in der

Bhagavad Gītā beschreibt. Gestern haben wir unsere Diskussion ausgeweitet und die drei Tugenden mit einbezogen, die von dem großen Weisen Shankaracharya in seiner Schrift *Viveka Chūdāmani*, „Der Kronjuwel der Unterscheidung", erwähnt werden. In diesem Vers sagt Shankaracharya:

> Ein Suchender sollte sich dem Meister mit ehrerbietiger Hingabe nähern. Hat er ihn dann durch seine Demut, seinen Respekt und seinen Dienst zufriedengestellt, mag er nach allem fragen, was es über den *ātman*, das höchste Selbst, zu wissen gibt.

Praśhraya, Respekt oder Ehrerbietung, ist unser Thema für den heutigen Abend. Einer der Wege, unseren Respekt vor dem Allmächtigen, dem höchsten Selbst, zu zeigen, ist eine Anrufung, bevor wir mit jeglicher Form von Andacht oder jeglicher Art von Arbeit beginnen. Das ist ein uralter Brauch. Eine Anrufung ist ein Gebet, das aus dem tiefsten Herzen kommt, und es hebt unsere Handlungen auf eine höhere Ebene, indem wir sie Gott zum Opfer bringen und Seine Gnade anrufen. Im *Rig Veda* singen also die Weisen:

nama idugraṃ nama ā vivāse namo dādhāra pṛithivīm
uta dyām /
namo devebhyo nama īśha eṣhāṃ kṛitaṃ chideno
namasā vivāse //

Geehrt sei der Allmächtige.
Ich mache die Ehrerbietung zu meiner Opfergabe.
Ehrerbietung hält Himmel und Erde an ihrem Platz.
Geehrt seien die Göttlichen.
Mögen meine Vergehen und meine Unaufmerksamkeit
geläutert werden
Durch die Kraft der Ehrerbietung für den Herrn. [6.51:8]

Baba Muktananda lebte in großer Ehrfurcht vor der gesamten Schöpfung Gottes. Respekt zu haben, war eine seiner wesentlichen Lehren, Respekt vor dem Selbst, das allem innewohnt, dem Beseelten und dem Unbeseelten. In einer der Fragestunden, die Baba früher im Ashram in Ganeshpuri abhielt, sagte er: „In meinen Vorträgen sage ich jeden Tag: ‚Respektiere jeden.' Um das zu tun, mußt du dich zunächst selbst respektieren. Erst dann kannst du auch andere respektieren. Du bist nicht das, was du rein äußerlich zu sein scheinst. Im Innern bist du etwas anderes. Finde heraus, was es ist. Im Menschen verbirgt sich die strahlende Herrlichkeit Gottes; jeder von euch sollte dieses Leuchten sehen. Zusammen mit diesem Licht Gottes existiert solche Freude. Der Sinn des menschlichen Lebens besteht darin, diese Freude zu erlangen."

Wann hast du begonnen, deine Eltern zu respektieren? Wann hast du aufgehört, deine Eltern zu respektieren? Wann hast du begonnen, deine Lehrer zu respektieren? Wann hast du damit aufgehört? Und deine Nachbarn? Wann hat dein Respekt vor deinen Nachbarn angefangen, und wann hat er aufgehört? Wann hast du zum ersten Mal Respekt vor der Natur empfunden? Und wann hast du aufgehört, die Natur mit Respekt zu betrachten?

Grund zur Kontemplation. Es ist sehr schwierig, den Augenblick auszumachen, in dem du zum ersten Mal Respekt für dich und andere empfunden hast. Kannst du jedoch herausfinden, wann das war, wirst du dieses Erleben für den Rest deines Lebens beibehalten können. Kannst du den Augenblick bestimmen, in dem du aufgehört hast, das Licht zu respektieren – das innere und das äußere, das in dir und in anderen ist, in der Natur sowie in allem Tun und Treiben dieser Welt – dann wirst du wissen, wie man diese Fähigkeit wieder von neuem entfacht.

Respekt hat eine sehr große Kraft. Verstehe mich bitte recht: wir sprechen hier nicht über Etikette. Viele Menschen sind außerordentlich höflich … äußerlich. Gutes Benehmen ist etwas Oberflächliches. In den meisten Familien ist es jedoch sehr wichtig. Aus Respekt vor deinen Eltern lernst du als Kind, höflich zu sein, wenn auch mit Widerständen. Du eignest dir gutes Benehmen an – teilweise, weil du dazu gezwungen wirst – und du hältst dich daran, weil du es anderen recht machen möchtest.

So viele bemühen sich ihr Leben lang, andere zufriedenzustellen. Sie wollen es allen recht machen. Wie soll man solche

Menschen nennen? „Schoßhündchen"? Als Menschen kann man sie nicht bezeichnen, denn Menschen haben *viveka,* Unterscheidungsvermögen. Sie können verstehen, sie haben die Fähigkeit zu denken, über eine Situation oder einen Impuls nachzusinnen und zu differenzieren. Aber solche Menschen wollen nur zufriedenstellen. Sie werden alles tun, um jemandem zu gefallen. Das meine ich nicht mit Respekt. Ich meine damit auch nicht gutes Benehmen. Ich spreche von dem Respekt, der aus den Tiefen deines Wesens kommt, weil du das Licht in deinem Herzen erblickt hast. Hast du es dir zu eigen gemacht, kannst du dasselbe Licht auch in anderen sehen. Mit diesen Gedanken, mit diesem Bewußtsein kannst du andere achten. Solch ein Respekt ist eine tiefe Form der Liebe.

Im Innern von jedem ist Licht. Baba Muktananda sagte das ständig. Immer wieder lenkte er die Aufmerksamkeit auf das Herz, damit jeder sein eigenes Licht erkennen würde. Dein eigenes Licht zu kennen bedeutet, Gott zu erkennen.

Einmal fragte ein Suchender Baba: „Wie tritt man einer Gesellschaft gegenüber, die spirituelle Motive nicht achtet?" Baba antwortete: „Die Einstellung unserer Gesellschaft sollte sich nicht auf unsere Lebensweise, unser Verhalten oder unsere spirituelle Sichtweise auswirken. Es kann nur zwei Gründe für einen Mangel an Spiritualität geben: Dummheit und Egoismus. Sind andere nicht gewillt, ihren Egoismus oder ihre Dummheit aufzugeben, weshalb solltest du dann deine spirituelle Suche aufgeben?"

Das sollte einem wirklich zu denken geben. Sind andere nicht gewillt, ihre Skepsis aufzugeben, weshalb solltest du dann deinen Glauben an Gott aufgeben? Man kann sich wirklich nur wundern. Weshalb sollte ein Skeptiker mehr Macht haben als ein Gläubiger? Wer von beiden hat kein Rückgrat? Im Kundalini Yoga, im Siddha Yoga, unterstreichen wir ja oft die Wichtigkeit der Wirbelsäule. Wir sagen: „Streckt eure Wirbelsäule, dehnt sie aus, setzt euch ganz aufrecht hin." Wenn du Shaktipat empfängst, erwacht die Kundalini-Energie, die an der Basis der Wirbelsäule schlummert, und beginnt, höher und höher emporzusteigen. Sie bewegt sich in der *sushumnā nādī,* dem zentralen Kanal, nach oben und erreicht den *sahasrāra* im Scheitelpunkt des Kopfes. Und dort verschmilzt diese Shakti, diese große Energie, mit der reinen Kraft des höchsten Bewußtseins, und du erlebst, wie Tausende von Sternen explodieren, wie Tausende von Sonnen leuchten. Du bist von diesem göttlichen Licht vollkommen überwältigt. Es hat so viel Kraft, so viel Energie. Es ist phantastisch! Und trotzdem sind es immer die Gläubigen, die sich schlecht fühlen, wenn sie von Leuten, die nicht an Gott glauben, etwas Negatives über Gott hören. Warum? Was macht euch so schwach?

Ich will euch einmal ein Beispiel geben. Zwei Freunde gingen die Straße hinunter und machten an einem Zeitungsstand halt, damit der eine von ihnen sich eine Zeitung kaufen konnte. Der Mann bedankte sich höflich bei dem Zeitungsverkäufer. Der Verkäufer starrte ihn eisig an, ohne ein Wort des Dankes. „Der hat aber schlechte Laune", sagte der andere Mann dazu.

„Och, er ist jeden Abend so", sagte sein Freund.

„Warum bist du dann so höflich zu ihm? Warum kommst du immer hierher, um deine Zeitung zu kaufen?"

Worauf der andere erwiderte: „Warum sollte ich ihn bestimmen lassen, wie ich mich verhalte?"

Wenn du zuläßt, daß ein anderer deine Handlungen bestimmt, dann zeigt das eindeutig einen Mangel an Respekt – nicht gegenüber deinen Talenten, denn du kannst immer noch singen, du kannst immer noch tanzen, du kannst immer noch deine Arbeit verrichten. Nein, es ist ein Zeichen dafür, daß du keinen Respekt vor dem Licht in deinem eigenen Herzen hast, daß du nicht an den Herrn glaubst, der in dir wohnt.

Wie kommt so etwas zustande? Wie kann ein Mensch den Respekt verlieren, den er vor sich selber hat, vor Gott, vor der Schöpfung, vor der Natur? In der Bibel steht: „Falsche Leute dürfen in meinem Hause nicht bleiben, die Lügner gedeihen nicht bei mir."

Vorhin habt ihr einen Vortrag über die Kraft spiritueller Übungen gehört. Euch wird immer wieder gesagt: „Diese Übungen lassen das Licht weiterbrennen." Wenn du hierbei aber dich selbst und andere betrügst, dann verlierst du deine Selbstachtung, und allmählich verblassen auch deine Erfahrungen. Warum? Weil du dir selbst nichts vormachen kannst. Ganz gleich, wie viele Rechtfertigungen dir einfallen, du weißt, was du tust. Dein Herz, das nach Shaktipat den Wunsch hat, sich auszudehnen, schrumpft zusammen und zerbröckelt. Das Doppelspiel, das du betreibst, besteht vielleicht nur aus ein paar Worten oder einer ganz kleinen Handlung. Dennoch wird dieser kleine Betrug auf längere Sicht deine Verdienste aufzehren, und die großen Tugenden verlassen nach und nach das Reich deines Herzens.

In Psalm 101 heißt es also: „Die Lügner gedeihen nicht bei mir.“ Oft kommt die Frage: „Stimmt es, daß Suchende die Gnade verlieren können? Stimmt es, daß Shaktipat sich in Nichts auflösen kann, wenn man erst einmal Shaktipat empfangen hat? Stimmt es, daß ein Mensch, selbst nachdem er viele Jahre dem spirituellen Weg gefolgt ist, ein Opfer der Verblendung werden kann? Kann so etwas wirklich passieren?“

Ja, kann es. Du verlierst die Gnade, wenn du die Prinzipien der Übungen und deine eigenen wichtigsten Grundsätze nicht einhalten kannst, wenn du nicht mehr mit dem Guten in deinem Herzen in Kontakt bist und unempfänglich für die Gegenwart Gottes wirst. Dann hast du in der Tat das Gefühl, fernab der Gnade zu sein. Du machst dir vielleicht selber nur etwas vor, um Schmerz zu vermeiden. Dennoch mußt du für dieses Vermeiden früher oder später einen Preis zahlen. Es ist ein Gefühl, als ob die Gnade dich verlassen hätte.

Du siehst also, es kommt wirklich nicht darauf an, wie schmerzhaft es ist, dir selbst und deinem Verhalten ganz ehrlich gegenüberzutreten. Jedes Leben ist von Schmerz und Leid erfüllt. Du kannst dich nicht damit herausreden, daß du sagst: „Na ja, es tut mir nun einmal sehr weh, deshalb bin ich ein so leicht aufbrausender Mensch, so unbeständig, so deprimiert“, und so weiter. Eines ist sicher: Solange du einen Körper hast, bist du Schmerzen ausgesetzt. Du kannst ausrutschen und hinfallen und dir die Knochen brechen. Oder du erwischst einen Bissen verdorbenes Essen, ohne es zu wissen, und leidest tagelang, bis die Giftstoffe deinen Körper verlassen. Oder vielleicht hast du dein ganzes

Leben lang Schmerzen gehabt. Du bist vielleicht mit Asthma geboren worden, so daß du kaum atmen kannst, dein Brustkorb ist ständig verengt und du könntest vor Schmerzen die Wände hochgehen. Oder du bist womöglich mit irgendeinem Hirnschaden geboren worden und hast ständig wahnsinnige Kopfschmerzen. Leiden ist ein unausweichlicher Bestandteil des menschlichen Daseins. Aber das ist wirklich keine Entschuldigung.

Andererseits stimmt es nicht, daß die Gnade dich jemals verläßt. Es stimmt nicht, daß die Kundalini jemals wieder einschlummert, nachdem du Shaktipat bekommen hast. Es ist nicht wahr, daß du Gottes Liebe verlieren kannst. Niemals. Auf keinen Fall. Wenn du jedoch aufhörst, die erweckte Energie zu achten – indem du zum Beispiel lügst – dann fehlt dir plötzlich die Gegenwart Gottes.

Nehmen wir ein ganz einfaches Beispiel: Viele von euch sind nur für eine kurze Zeit hier, und ihr möchtet so viel wie möglich von eurem Aufenthalt haben. Ihr habt gehört, wie sehr *seva*, das selbstlose Dienen, gerühmt wird. Zum einen habt ihr sicher gehört, daß man große Verdienste braucht, um *seva* machen zu können, und das stimmt. Zum anderen wißt ihr auch, daß eure Verdienste zunehmen, wenn ihr selbstlos dient. Also meldet ihr euch natürlich freiwillig für irgendeine Seva – in der Spülküche, im Garten oder in den verschiedenen Büros, wo auch immer. Vielleicht geht es auch nur darum, Leute zu begrüßen und ihnen guten Tag zu sagen.

Auf deinem Weg zur Seva bleibst du stehen, um mit jemandem zu plaudern, und du verlierst dich völlig in dieser Unterhaltung. Du denkst, sie wird nur ein paar Minuten dauern. Aber es ist ein so *angeregtes* Gespräch. Mmm! Du sagst: „Nur noch fünf Minuten“, und dabei vergeht eine Stunde. Du schaust auf deine Uhr und weißt, daß deine Schicht gerade beginnt. Alle warten auf dich. Alle zählen auf dich. Sie vertrauen dir, sie respektieren dich, und du möchtest ihre Erwartungen erfüllen. Aber dann sagst du: „Die Gelegenheit kommt nie wieder. Ich meine, wir sind so richtig in Fahrt! Ich bin nur für kurze Zeit hier. Wer weiß, wann wir uns wiedersehen. Nur noch fünf Minuten.“ Zwei Stunden vergehen.

Dann sagst du zu deinem Freund oder deiner Freundin: „Weißt du, ich habe eigentlich Seva. Meinst du, daß ich gehen sollte?"

Und deine Freundin oder dein Freund sagt: „Das mußt du wissen."

„Ohhh, natürlich, ja sicher, klar." Eine weitere Stunde vergeht. Auf diese Weise sind dann viele Stunden vergangen. Schließlich denkst du: „Was soll ich meinem Seva-Supervisor sagen? Ich weiß! Ich sage: ‚Meine Hände waren so … so *steif!*' Die Ärzte haben mir nämlich gesagt – das haben sie ja wirklich – daß ich meine Hände schonen soll! … Ich werde sagen: ‚Weißt du, schließlich bin ich im Urlaub. Ich sollte mich erholen. Ich bin zur *Einkehr* hierhergekommen. Um ganz still zu sein und mich völlig in Gott zu vertiefen. Du kannst dir ja gar nicht vorstellen, was für einem Druck ich zu Hause ausgesetzt bin!' Nein, das klingt egoistisch. Was kann ich denn nur sagen? Mal überlegen. Was habe ich gemacht, als ich zehn war … Wie war das denn noch, wenn ich zu spät in die Schule kam, was klang wirklich überzeugend? Nein, das fehlt ja wohl noch. Ich gehe nicht zurück in meine Kindheit. Dieser Seva-Supervisor lebt ganz im Augenblick … Oh, ich weiß! Ich sage, ich hätte gedacht, daß so *viele* Leute Seva machen wollten, warum sollte ich ihnen die Chance wegnehmen? Ahh, das klingt gut. Es sind so viele Menschen hier, *die* brauchen die Verdienste, weißt du?"

Das geht dann so weiter. Die Geschichte hört hier noch nicht auf. Sie wird nie aufhören. In der Bibel heißt es also: „Die Lügner gedeihen nicht bei mir." Das bedeutet nicht, daß Gott dich im Stich lassen wird. Gott wird niemals jemanden im Stich lassen. Die Liebe wird nie jemanden aufgeben. Aber wenn du ständig Betrügereien nachgibst, wenn du ständig Lügen erzählst, zerstörst du damit dein Vertrauen in dich selbst. Wenn du solche Dinge tust, verlierst du die Achtung, auf innerer und äußerer Ebene. Du läßt zu, daß dir diese wunderbare Tugend entgleitet.

In seinem Buch *Mukteshwarī* sagte Baba Muktananda: „Wer den Ashram-Dharma nicht befolgt, wird in einem Ashram nicht geachtet, selbst wenn man ihm vertrauen kann."

Um den Ashram-Dharma zu befolgen, mußt du dich auf den Willen des Gurus ausrichten, auf den Willen Gottes und auf den

Willen deines eigenen Herzens. Dazu mußt du deinen Geist beobachten. Begegnet dir im Ashram irgendetwas, was sagt dein Geist dann? Wenn du etwas siehst, hörst oder empfindest, was sagt dein Geist dazu? Kann dein Geist die schimmernde Shakti in sich aufnehmen? Ist dein Sein dazu in der Lage, sich die Liebe an einem heiligen Ort zu eigen zu machen? Oder kommt dein Geist dir in die Quere und stößt alle Augenblicke Protestschreie aus und läßt sich einen Zweifel nach dem anderen einfallen? Wie verhält sich dein Geist in einem Ashram? Wie reagiert er? In deinem Leben überhaupt? In welchem Zustand ist dein Herz?

Der amerikanische Autor Ralph Waldo Emerson sagte: „In dem Maße, in dem Menschen Achtung haben, werden sie geachtet.“ Ebenso sagte Konfuzius: „Wenn du andere achtest, werden andere dich achten.“ In seinem Buch *Ashram Dharma* sagt Baba Muktananda: „So viel Achtung wie du anderen entgegenbringst, wirst du selber erhalten. Wenn du andere ehrst, tust du nicht ihnen einen Gefallen, sondern dir selber.“

Wenn du lernst, andere mit Respekt zu behandeln, dann nimmt auch dein Vertrauen in dich selbst zu. Du verstehst, daß du letzten Endes doch ein guter Mensch bist. Dein Herz kann positive Schwingungen, positive Gedanken, hervorbringen. Dann kann dir das Gute in deinem Herzen Halt geben.

Wie solltest du dich einem spirituellen Meister nähern? Einem Kind? Einem König? Einem Heiligen? Einem Baum? Einem Felsen? Einem Meer? Der Natur? Wie solltest du dich allen Wesen, den Elementen, den Tieren nähern? Mit Achtung. Dann empfängst du alles. Das Bewußtsein, das Achtung hervorruft, macht dein Herz weit, und ein weites Herz nimmt alles in sich auf: Weisheit, Liebe, Wissen, unentwegt zunehmende Klarheit – alles, was du brauchst, um dein Leben führen zu können.

Baba Muktananda sagte einmal: „Es gibt an sich gar keine bösen Mächte. Aber wir können sie erschaffen. Und da wir sie erschaffen, können wir sie auch wieder auslöschen. Der Regen fällt vom Himmel, aber böse Mächte werden nicht auf diese Weise erschaffen. Gott erschafft sie nicht für uns; wir erschaffen sie uns selber. Daher sollten wir versuchen, das, was wir geschaffen haben, auszuradieren. Wenn jeder in seinem Herzen Respekt vor allen anderen bewahrt, werden alle bösen Mächte verschwinden."

Aus Babas Worten klingt eine solch große Überzeugung. Böse Mächte keimen auf, wenn kein Respekt vor den Menschen oder vor Gott da ist, kein Respekt vor der Natur, kein Respekt vor den Älteren oder vor den Heiligen. Diese Kräfte nähren sich aus diesem Vakuum. Ihre Stärke nimmt immer mehr zu. Wahrer Respekt vernichtet sie völlig. Böse Mächte schrecken vor der Kraft der Ehrfurcht zurück. Hast du ein großes Herz, kann dir niemand etwas anhaben.

Auch dein ganzer Körper verdient Ehrerbietung. Er birgt das Licht Gottes in sich. Du bist der Hüter, die Hüterin dieses mächtigen Lichts. Schütze es achtungsvoll. Achte deinen Körper, deinen Geist und dein Herz. Du mußt auch die Zeit achten. Du mußt deine Feinde sowie deine Freunde achten. Respektiere den Atem, der einströmt, und den Atem, der ausströmt. Das Ausmaß an Respekt, das du jedem Element des Lebens schenkst, kommt hundertfach zu dir zurück.

Vor allem aber bist du der Hüter oder die Hüterin dieses großen Herzens, das dir gegeben wurde, und du mußt es beschützen. Laß es von Respekt erfüllt sein. Respekt vor der Menschheit, Respekt vor der Natur, Respekt vor dem Meister und Respekt vor Gott.

Mit großer Achtung und großer Liebe heiße ich euch alle von ganzem Herzen willkommen.

27. Dezember 1993

KAPITEL ZEHN

Selbstloses Dienen

Sevā

MIT GROSSER ACHTUNG UND GROSSER LIEBE heiße ich euch alle von ganzem Herzen willkommen.

Heute abend ist Vollmond. Da es bewölkt ist, haben wir geglaubt, daß wir ihn nicht sehen könnten. Als ich jedoch auf dem Weg zur Halle war, zum Abendprogramm, schaute ich zufällig aus dem Fenster, und da sah ich den Vollmond in seinem ganzem Glanz. Es war ein sehr schöner Anblick. Wenn der Mond dir sein Gesicht zuwendet, verstehst du, daß er die Gottheit des Geistes ist. Der Nektar des Mondes bringt den Geist zur Ruhe. Als sich der Mond heute in seiner Vollendung zeigte, habt ihr alle gerade die *dhāranā* praktiziert, die Technik, durch die man sich sammelt und so Zugang zum Selbst findet. Die beiden Vorgänge waren vollkommen im Einklang miteinander. Der Mond erreichte die größte Vollendung seiner Natur gerade zu der Zeit, als ihr erleben konntet, eurem inneren Selbst, dem größten Vollmond, den es gibt, immer näher zu kommen. Die Natur außen und die Natur innen haben also zusammengearbeitet. Wenn diese beiden sich zusammenfinden, ist es irgendwie leicht, die Gegenwart Gottes zu erfahren.

An den letzten Abenden haben wir unsere Besprechung der wunderbaren Tugenden auch auf die Eigenschaften ausgedehnt, die es Suchenden erlauben, sich einem spirituellen Meister, einem Kind, einem König, einem Heiligen, einem Baum, einem Berg, dem Meer, Gottes Welt zu nähern. Wir haben einen Vers aus dem *Viveka Chūdāmani* zu Hilfe genommen, dem „Kronjuwel der Unterscheidung". In diesem Text gibt der große Siddha-Guru Shankaracharya Suchenden Aufschluß darüber, wie man den Meister zufriedenstellen kann. Nähere dich ihm mit Ehrerbietung und Hingabe, sagt er. In dem Augenblick, in dem ein Meister sieht, daß im Suchenden die Tugenden Demut, Respekt und selbstloses Dienen herangereift sind, werden alle seine Fragen beantwortet, und ihm wird Wissen gegeben werden. Das ist das Geschenk des Meisters – das Wissen vom *ātman*, der absoluten Wirklichkeit, seinem eigenen, ihm innewohnenden Selbst.

Demut, Respekt und Seva, die Tugenden eines wahren Suchenden. Seva, selbstloses Dienen, ist ein sehr tiefgründiges und subtiles Thema. „Der Dharma der Seva", heißt es im *Pañchatantra*, „ist geheimnisvoll und sehr schwer zu verstehen. Selbst den Yogis fällt es schwer, ihn vollkommen zu begreifen." Seva-Dharma, die hohen und rechtschaffenen Gesetze des selbstlosen Dienens, bringen, wenn sie sorgsam befolgt werden, einen Nutzen, der oft unerwartet ist und sich kaum in Worte fassen läßt. Baba Muktananda hat Seva als ein kostbares Geschenk für Suchende betrachtet. Er bemerkte einmal: „Wie lieb mir ein Schüler auch sein mag, ich bestehe darauf, daß er arbeitet. Und je lieber er mir ist, desto mehr Arbeit gebe ich ihm."

Darin liegt der Segen. Die meisten Handlungen, die Menschen auf dieser Welt vollziehen, sind bis zu einem gewissen Grad von Egoismus, Haß, Feindseligkeit und Stolz gefärbt. Es kommt sehr selten vor, daß jemand frei ist von diesen Dingen.

Du erwartest immer etwas von deinen Handlungen, oder du möchtest durch deine Handlungen Einfluß auf das Leben eines anderen Menschen nehmen. Du verbringst deine Zeit damit, den Unterschied zwischen deiner Intention, deiner Mühe und deinem Lohn zu ermessen. Du hast immer persönliche Pläne, irgendwelche Hintergedanken, bei dem, was du tust, und nur selten dämmert es dir flüchtig, wie es ist, von dieser Bürde befreit zu sein. Deshalb heißt es, daß du ohne große Verdienste nicht im entferntesten soweit kommst, deine Dienste anzubieten, und daß du ohne Segen nicht den Zustand des Herzens erlangen kannst, der es dir erlaubt, in deinem Wirken selbstlos zu sein.

Lediglich deine Arbeit anzubieten, ist nicht genug. Entscheidend ist, wie du deine Arbeit tust. In der *Bhagavad Gītā* trifft Shri Krishna drei Unterscheidungen in bezug auf Handlungen und ihren Wert. Er sagt:

anubandhaṃ kṣhayaṃ hiṃsām-anapekṣhya cha pauruṣham /
mohād-ārabhyate karma yat-tat-tāmasam-uchyate //

Jene Handlung, die auf Verblendung basiert,
die ihre Folgen ignoriert, sich nicht sorgt um den Verlust oder
Schaden, der andere treffen könnte,
und nicht nach den eigenen Möglichkeiten fragt,
wird tamasisch genannt, von Dunkelheit erfüllt. [18:25]

Jnaneshwar Maharaj sagt in einem Kommentar dazu:

Von *tamas* getöntes Handeln ist wie das dunkle Haus
der Verdammnis und die Geburtsstätte alles Verbotenen.
Eine Motte, die von einer Flamme geblendet wird,
verbrennt nicht nur ihren Körper, sondern hindert auch
andere daran, das Licht zu sehen.
Ähnlich schadet solch eine Handlung anderen,
sie ist nutzlos und fügt dem Körper Schmerz zu.
Ein von *tamas* geprägter Mensch fragt sich nicht:
„Welche Fertigkeiten habe ich? Wie kann ich sie einsetzen?
Welchen Vorteil hat es, wenn ich das tue?"

Von den drei *gunas,* den drei grundlegenden Eigenschaften, die unser Leben färben, ist *tamas* die dunkelste. *Rajas* ist die gemischte Eigenschaft, sie kann gleichzeitig hell und dunkel sein, rein und unrein, während *sattva* die höchste ist, die Eigenschaft des Guten, der Reinheit und des Lichtes. In allen Handlungen der Menschen lösen diese Eigenschaften einander ab, und es gibt nur ganz selten jemanden, der nicht alle drei zu dem einen oder anderen Zeitpunkt erfahren hat. Bei einigen sind die Handlungen vollkommen von *tamoguna* durchtränkt, der dunkelsten Eigenschaft. Bei anderen steht *rajoguna* im Vordergrund. Rajasische Menschen haben ein unstillbares Verlangen danach, ständig zu arbeiten. Sie stellen sogar die Arbeit selbst in den Schatten, ganz zu schweigen davon, was sie ihren Mitarbeitern antun. Und dann gibt es diejenigen, bei denen alle Handlungen rein sind, deren Motive ausnahmslos uneigennützig sind. Bei ihnen ist *sattva guna* die vorherrschende Eigenschaft.

In diesem Vers spricht Shri Krishna von Handlungen, die von *tamas* gefärbt sind und aus Verblendung heraus sowie ohne Rücksicht auf die Folgen ausgeführt werden. Ein Mensch, der von *tamoguna* erfüllt ist, denkt immer an sich. Er hat dafür gesorgt, daß sein Wesen einem Kerker gleicht. Nichts dringt jemals zu ihm vor, und er kommt nie heraus. Ganz gleich, was er tut oder nicht tut, seine Aufmerksamkeit ist auf seine eigenen Interessen, Impulse und Bedürfnisse beschränkt.

Zur Veranschaulichung möchte ich euch eine Anekdote erzählen, die sich vor kurzem ereignet hat. Eine der Frauen, die draußen vor der Halle Seva macht, indem sie dabei hilft, daß alle reibungslos in die Halle hinein und wieder herauskönnen, unterhielt sich im Ashram mit jemand anderem.

Sie erzählte: „Da kam so ein Typ, der seit Jahren Yoga praktiziert, und wollte gerade durch die falsche Tür hineingehen. Ich sagte: ‚Bitte nimm die andere Tür.' Da schaute er mich mit Leidensmiene an und verdrehte die Augen. Um es ihm leichter zu machen, sagte ich: ‚Dharma. Seva-Dharma.'

Und er meinte: ‚Komm, hör auf. Vorschriftenkram.' "

Was soll man davon halten? Immer wenn Leute so etwas sagen oder tun, frage ich mich: „Was essen sie bloß? Was für ein Essen kommt nur in ihren Magen?" Denn es heißt in den Upanischaden, daß das Essen eines Menschen, der meditiert, sehr rein sein muß. Dadurch hast du reine Gedanken und Gefühle. Kannst du aber dein Essen nicht verdauen, bekommst du Magenschmerzen. Die unausgewogene Produktion von Verdauungssäften, zusammen mit Resten ungesunden Essens, läßt giftige Gase entstehen. Und irgendwann steigen sie dir dann in den Kopf. Das passierte nicht nur zur Zeit der Upanischaden. Wandern Bakterien, die eigentlich von den Eingeweiden verarbeitet werden sollten, durch den Körper, statt daß sie aus dem Organismus ausgeschieden werden, irritieren sie die Gehirnzellen. Als Folge davon bekommt die betreffende Person einen sehr verzerrten Eindruck von der Welt.

Die Schriften erklären, daß diese Welt ein Spiel des höchsten Bewußtseins ist. Wenn jemand das nicht erfahren und sich auch nicht einmal daran erinnern kann, nachdem er jahrelang spirituelle Übungen gemacht hat, nachdem soviel Karma von der Gnade des Gurus weggewaschen worden und im Feuer der Selbstdisziplin verbrannt ist, dann kann man zu keinem anderen Schluß kommen. Der Sog von *tamoguna* ist sehr stark. *Tamoguna* ist sehr dunkel.

Die zweite Art von Handlungen, über die Shri Krishna spricht, sind diejenigen, die von *rajoguna* gefärbt sind, der Eigenschaft der Leidenschaft und der gemischten Motive. Im 18. Kapitel der *Bhagavad Gītā* sagt Krishna:

yat-tu kāmepsunā karma sāhaṃkāreṇa vā punaḥ /
kriyate bahulāyāsaṃ tad-rājasam-udāhṛitam //

Jene Handlung jedoch, die aus Sehnsucht danach erfolgt,
ein Verlangen zu erfüllen oder etwas zu bekommen,
die auf Egoismus beruht oder auf allzu großer Anstrengung,
ist von *rajoguna* getönt. [18:24]

Jnaneshwar Maharaj schrieb einen sehr schönen Kommentar zu diesem Vers. Er sagt:

Derjenige führt all jene vorgeschriebenen Rituale, die Angenehmes herbeiführen, in der richtigen Weise durch.

Er prahlt öffentlich damit, daß er diese Zeremonien durchgeführt hat, und macht sie wertlos, weil er ständig von ihnen spricht.

> Ein Mensch, der etwas ehrerbietig tut, doch mit Egoismus und Verlangen nach den Früchten seiner Handlungen,
> Gleicht einer Ratte, die sich durch einen ganzen Berg gräbt, um ein einziges Korn zu finden, oder einem Frosch, der für ein bißchen Moos das ganze Meer aufwühlt.

Hast du dich noch nie so gefühlt? Du möchtest selbstlos dienen, irgend etwas tun, das Gutes bewirkt, und du denkst: „Ich muß es tun! Ich muß es tun! Ich tue es! Ich tue es!“ Immer wenn das passiert, solltest du wissen, daß *rajoguna* in dir sehr aktiv ist und daß du dich und die Welt durch seine Brille siehst. Ein Mensch, der in *rajoguna* verwurzelt ist, tut alles nur, um Angenehmes zu erreichen. Selbst die sogenannten „selbstlosen“ Handlungen fallen darunter. Das sind die Menschen, die sagen: „Ich möchte, daß die Arbeit Spaß und Spiel ist, dann gehe ich wirklich darin auf.“ *Rajoguna.*

Frage dich einmal: Wer genießt dieses Vergnügen eigentlich? Das Ego. Wird das Ego genährt, gerät es in eine Art Hochstimmung. Es gibt Menschen, die ohne diesen Zustand nicht arbeiten können. Wenn die Befriedigung, die sie empfinden, abflacht, haben sie Schwierigkeiten, überhaupt etwas zu tun. Sie haben dann das Gefühl: „Kein guter Tag heute. Ich bin nicht in Stimmung. Keine Inspiration da.“ Stellt euch vor, was geschehen würde, wenn alle Planeten im Universum so denken würden. „Ich habe keine Lust zu leuchten. Sonne, bleib mir weg mit deinem Licht. Heute ist kein guter Tag …“ Wenn du nicht möchtest, daß die Planeten sich so verhalten, dann solltest du lernen, ein Auge auf dich zu haben. Immer, wenn du sehr darauf bedacht bist, daß deine Arbeit dir Vergnügen bereitet, paß auf.

Die alte Vedanta-Philosophie vergleicht diese Art der Suche nach Genuß mit einem Juckreiz: die Weisen sagen, daß er dir ziemliche Schwierigkeiten machen kann, wenn du ständig nachgibst und dich kratzt.

Erinnert ihr euch noch an diese Geschichte? Es war einmal ein Blinder, der in einer Gefängniszelle festsaß. Er war viele Tage, viele Wochen dort. Schließlich hörte er ein Geräusch, ein Quietschen, und dann ein lautes Klicken. Das Türschloß drehte sich. Es war *offen!* In diesem Augenblick ließ *tamoguna* von ihm ab, und *rajoguna* übernahm das Kommando. Nun wollte er aus der Zelle herauskommen. Aber wie sollte er das anstellen? Er konnte nicht sehen, wo die Tür war. Der Blinde tastete sich also an der Wand entlang. Er folgte dieser bis zum Ende, fand die Ecke und tastete sich an der nächsten Wand weiter. Aber dann passierte etwas Seltsames. Als er kurz vor der Tür war, juckte es ihn – und er kratzte sich.

Natürlich ging er weiter, während er sich kratzte. Als er schließlich mit seiner Hand wieder die Wand berührte, war er gerade an der Tür vorbeigegangen.

Er hatte sie verpaßt. Das wußte er natürlich nicht. Er tastete sich einfach weiter an den Wänden entlang. Als er wieder bei der Tür ankam … es war schon merkwürdig … da juckte es ihn wieder ein bißchen. Er nahm seine Hand von der Wand und kratzte sich. Und dabei verpaßte er wiederum die Tür …

Im Vedanta heißt es, daß die individuelle Seele sich ganz genauso immer im Kreis dreht, eine Runde nach der anderen, immer und immer wieder. Jedes Mal, wenn sich eine Gelegenheit ergibt, von der Gefangenschaft der eigenen Begrenzungen frei zu werden, sagt sie sich: „Nur noch ein kleines Schlückchen … nur noch ein einziges Mal … “

Die Welt ist so verlockend. Daher wendet sich der Mensch immer wieder von der Freiheit ab und gibt sich blindlings den Sinnesfreuden hin. Die Gelegenheit ist da. Die Tür steht offen. Der Gefangene kann aus dem Kerker heraus, in einen Zustand unvorstellbarer Freiheit hinein. Aber nein. Er sagt: „Oh, meine Liebste … ich will ihr nur eben noch einen Kuß geben, und dann bin ich soweit … nur noch ein weiteres Spiel … nur noch eine weitere Gewinnchance … nur noch einmal was-auch-immer.“ Aber die Zeit verstreicht. Der Gefangene geht weiter. Und da war die Tür.

Wenn du einem egoistischen Vergnügen nachgibst, gerätst du also in Schwierigkeiten. *Rajoguna* – der Wunsch, daß deine Handlungen angenehme Konsequenzen haben, eine kleine Sache zu tun und dann zu sagen: „Wird mich das glücklich machen?

Werde ich mich gut dabei fühlen?" – hat alle erdenklichen Folgen. Hast du das noch nicht bemerkt? Nehmen wir ein ganz einfaches Beispiel. Du sagst zu deinem Mann oder deiner Frau: „Oh, ich liebe dich so sehr." Dein Partner oder deine Partnerin ist glücklich, daß du das gesagt hast. Er oder sie freut sich über diesen Ausdruck deiner Liebe und Dankbarkeit. Aber dann stehst du abwartend da. „Hast *du* mir nichts zu sagen, Liebling?" *Rajoguna.* Immer auf das Lob aus sein, immer wollen, daß eine Handlung Angenehmes nach sich zieht.

Jnaneshwar Maharaj sagt, der Mensch, dessen Seva vőn *rajoguna* bestimmt sei, dessen gute Taten mit den Eigenschaften gemischter Motive getönt seien, dem Streben nach Genuß und Leidenschaft, der werde in der Öffentlichkeit immer prahlen mit dem, was er tut. Er möchte, daß die ganze Welt weiß, was für ein guter, spirituell hochentwickelter Mensch er ist. Das Glück, das durch *rajoguna* zustandekommt, ist jedoch ausnahmslos nicht von Dauer.

Ein großer deutscher Schriftsteller sagte über die Auswirkung unserer Einstellung auf unser Verhalten sinngemäß: „Nicht das zu tun, was wir mögen, macht ein gesegnetes Leben aus, sondern das zu mögen, was wir tun müssen."

Arbeit ist vorhanden. Selbstlose Werke lassen sich immer verrichten. Wie sehr du dich dem widmest, wieviel du von dir selbst gibst, bleibt dir überlassen. Gehst du mit dem Gedanken durch den Ashram: „So viel Shakti, so viel Liebe. Ich gehe jetzt einmal in die Küche und schaue nach, ob ich das Glück habe, dort gebraucht zu werden. Ich gehe jetzt einmal ins Seva-Center und erkundige mich, ob sie alle Leute gefunden haben, die sie brauchen, damit sich alle hier wohlfühlen können und es ihnen gutgeht." Oder läufst du herum und sagst: „Vorschriftenkram. Alle sagen mir ständig, was ich tun soll?"

Wie wirst du reagieren? In welcher Verfassung ist dein Geist?

Baba Muktananda sagte sehr genau, was für eine Einstellung du brauchst, um Seva richtig tun zu können. Deine Handlungen sollten Respekt verdienen. Du solltest achtbare und noble Dinge tun, damit andere etwas von dir lernen können. Baba sagte: „Biete deinen Dienst um des Dienens willen an; habe dabei nichts anderes im Sinn."

In der *Bhagavad Gītā* beschreibt Shri Krishna die dritte Art von Handlungen als von sattvischen oder reinen Eigenschaften bestimmt. Er sagt:

niyataṃ sañga-rahitam-arāga-dveśhataḥ kṛitam /
aphala-prepsunā karma yat-tat-sāttvikam uchyate //

Jene Handlung, die von den Schriften vorgeschrieben ist,
die frei ist von aller Bindung,
ohne Leidenschaft und ohne Haß ausgeführt
von einem Menschen, der keinen Wunsch nach irgendeinem
Lohn hat,
die wird rein genannt, von *sattva guna* bestimmt. [18:23]

In seinem Kommentar sagt Jnaneshwar Maharaj:

Diese tägliche Pflicht, unterstützt von regelmäßigen
Ritualen, ist gut und gleicht einem Duft, dem man
Gold hinzugefügt hat.
So wie eine Mutter all ihre körperliche Kraft und ihre
Lebensenergie der Fürsorge für ihr Kind widmet, ohne an ihre
eigene Müdigkeit zu denken,
So wird ein guter Mensch seine Pflicht von ganzem Herzen
erfüllen, ohne an das Ergebnis zu denken, und er wird sie
Gott widmen.

Sattvisches Handeln. Gestern abend habe ich zu einer der „Sevites" bemerkt, daß sie sich neuerdings mit ihrer Seva viel leichter zu tun scheine, ja daß sogar alle Leute, mit denen sie zusammenarbeitet, mittlerweile ein sehr gutes Team bildeten. „Du hast keine Ängste mehr bei deiner Seva", sagte ich zu ihr.

Sie lächelte und sagte: „Ja, wir treffen uns, bevor unsere Seva anfängt. Wir praktizieren ein paar Atemtechniken, wir wiederholen das Mantra und machen eine *dhāranā*. Wir konzentrieren uns auf das Bewußtsein, daß wir mit der Seva, die wir abends machen, Gott und den Menschen dienen, die in den Ashram kommen. Irgendwie können wir dadurch dann unsere Liebe, und nicht unsere Nervosität, in unsere Seva einbringen."

Das ist eine sattvische Herangehensweise an Seva. Du gibst die Reinheit deines ganzen Herzens in die Seva. Du verbindest keine Wünsche mit ihr. Du hast keine Erwartungen. Du machst diesen Dienst, weil du es möchtest. Du weihst deine Bemühungen Gott, und dadurch wird dein Herz gereinigt, dein Geist wird gereinigt, und du kannst die Früchte deines Ashramaufenthalts erfahren.

Jeder muß auf dem spirituellen Weg in seinem eigenen Tempo vorangehen. Wahres Verständnis läßt sich nicht erzwingen oder verschenken; es muß organisch wachsen, in der Zeit, die es dafür braucht. Dharma, Sadhana, selbstloses Dienen, Befreiung – die Schriften sagen, daß das der höchste Sinn des menschlichen Daseins sei, und viele brauchen Zeit, um richtig zu verarbeiten, was sie bedeuten. Andererseits läßt sich ihre Essenz, ganz wie die Gegenwart Gottes, in einem einzigen Augenblick erfassen.

Ein junger Mann verliebte sich einmal unsterblich in ein Mädchen, das seine Zuneigung nicht erwiderte. Er war in einem solch verzweifelten Zustand, daß er an nichts anderes mehr denken konnte. Nichts machte ihm mehr Freude. Er war ganz aufgelöst. Schließlich erzählte ihm ein Freund von einem Zauberer, der draußen vor der Stadt lebte. Der junge Mann ging sofort zu ihm und bat ihn um Hilfe.

Der Zauberer hatte dunkle Augen. In ihnen glühte ein übernatürliches Licht. Er sagte: „Wenn du wirklich willst, daß ich dir helfe, dann mußt du meine Anweisungen haargenau befolgen."
„Mache ich!" rief der junge Mann. „Ich werde alles tun! Ich will nur dieses schreckliche Gefühl loswerden."

Der Zauberer erwiderte: „Dann darfst du vierzig Tage lang kein einziges Gebet sprechen, nicht einmal in der Not. Du solltest Gott auch überhaupt nicht gehorchen. Tue für niemanden auf der Erde etwas Gutes. Vor allem aber darfst du Gottes Namen nicht erwähnen oder irgendeine gute Absicht zum Ausdruck bringen. Wenn du diese Anweisungen gewissenhaft befolgst, wird mir schon ein Zauber einfallen, damit du dein Ziel erreichst."

Der junge Mann wollte wirklich über diese krankhafte Verliebtheit und unerwiderte Liebe hinwegkommen. Er machte also alles, was der Zauberer ihm gesagt hatte. Vierzig Tage später kehrte er zu der dunklen, geheimnisvollen Hütte zurück, wo der Zauberer lebte, und gab ihm viel Geld – alles, was er hatte – für einen Talisman. Aber der Talisman fuktionierte nicht.

„Du hast meine Anweisungen nicht befolgt", sagte der Zauberer säuerlich. „Irgend etwas Gutes ist in den letzten vierzig Tagen doch durch dich entstanden."

„Ich habe nichts getan", protestierte der junge Mann. „Ich schwöre es! Ich habe die ganzen vierzig Tage lang nicht an Gott gedacht. Ich habe niemandem einen Dienst erwiesen. Ich habe kein einziges freundliches Wort gesagt. Ich habe es unterlassen, irgendeine heilige Handlung durchzuführen. Ich bin vor allem weggerannt, was auch nur im entfernesten nach etwas Gutem aussah. Mein Ehrenwort."

„Denke nach, mein Sohn, denke nach. Du mußt etwas getan haben, eine winzige Kleinigkeit. Sonst würde der Talisman nämlich bei dir wirken."

Der junge Mann schüttelte den Kopf. Er ging in Gedanken noch einmal die letzten vierzig Tage durch, doch ihm fiel nichts, aber auch gar nichts ein, womit er den Zauber gebrochen haben konnte, … es sei denn … Plötzlich sagte er: „Könnte es das wohl sein? Eines Tages, als ich auf dem Weg zur Arbeit die Straße hinunterging, stolperte ich über einen Stein. Und da dachte ich: ‚Den lege ich besser an die Seite, damit niemand sonst darüber stolpert und hinfällt.' "

„Ha! Das ist eine gute Tat!" sagte der Zauberer, und seine Stimme wurde sehr streng. „Mache den Gott nicht lächerlich, dessen Gebote, jedes einzelne von ihnen, du vierzig Tage lang mißachtet hast, und der dennoch in Seiner Großzügigkeit diese eine kleine Tat nicht vergebens sein ließ."

Diese Worte entfachten ein Feuer im Herzen des jungen Mannes. Es loderte so hoch auf, daß seine frühere Verliebtheit mit einem Schlag verzehrt wurde, und eine neue Liebe für Gott begann hell in ihm zu brennen. Er ging nach Hause und übte weiter sein Handwerk als Schmied aus. Das Wunder, das sein Leben verändert hatte, hielt er verborgen. Jeden Tag verdiente er einen Dinar. Jeden Abend gab er seine Einnahmen den Armen. Aber sein Herz war voll und sein Glück vollkommen.

Weil dieser Zustand von jedem erreicht werden kann, gibt Baba Muktananda Suchenden in seinem wunderschönen Buch *Reflections of the Self* folgenden unschätzbaren Rat:

> Arbeite so selbstlos wie die Wolken,
> die es regnen lassen,
>
> Mache deine tägliche Arbeit
> mit Konzentration,
> Zufriedenheit und Disziplin,
> mit großer Freude und Leichtigkeit.
> Bringe deinen Geist zur Ruhe, habe keine Angst.
> Biete der Wut keinen Raum.
> Verrichte die dir zugewiesene Arbeit,
> um den Herrn zufriedenzustellen.
>
> Dienst du deinem eigenen Selbst mit großer Freude,
> dann dienst du der ganzen Welt.

Wenn du den göttlichen Willen akzeptieren kannst, dann bist du auch in der Lage, dich jeder winzigen Handlung in deinem Leben voll und ganz hinzugeben. Jede wird zur duftenden Blüte, sie ist deiner Achtung würdig, und Gott betet dich an.

Am Ende der *Bhagavad Gītā* spricht der große Krieger Arjuna also zu Krishna, dem Herrn. Arjuna sagt: „O Herr, als ich dir immer und immer wieder lauschte, sind alle meine Zweifel verschwunden. Mein Herz ist vollkommen rein geworden. Und jetzt ist alles, was ich tue, dazu da, dir zu dienen. Alles, was ich denke, ist dazu da, dir zu dienen."

Das Gefühl, der Urheber von Handlungen zu sein, war Arjuna genommen worden. Das ist der Schlüssel zu selbstlosem Dienen. Solange du denkst: „Ich tue das, ich bin der Urheber oder die Urheberin meiner Handlungen", verlieren deine Handlungen ihre gesamte Kraft. Wenn das Ego geläutert ist und das Gefühl, der Urheber zu sein, nicht mehr existiert, dann hat alles, was du tust, Kraft.

Der größte Diener des Herrn im *Rāmāyana* und einer der berühmtesten „Sevites" aller Zeiten war Hanuman, der Affengott, der Sohn des Windes. Jede Geste, jeder Atemzug von ihm, war ein Ausdruck seiner Hingabe. Der Herr sagte also zu ihm:

> O Hanuman, bereits für einen der großen Dienste,
> die du Mir erwiesen hast, muß ich dir Mein Leben geben.
> Für die zahlreichen anderen Werke, die du in Meinem Namen
> verrichtet hast, werde ich für immer in deiner Schuld stehen.

Wie sollte man sich dem Meister, einem Kind, einem Heiligen, einem Baum, einem Berg, dem Meer, Gottes Schöpfung nähern? Mit Demut, Achtung und der Haltung des Dienens. Du mußt den Gedanken verbannen: „Gib mir! Gib mir, was ich will!" Nähere dich statt dessen mit der Einstellung: „Was kann ich geben? Was kann ich für dich tun?" Dann öffnet sich dein Herz. Bei dem Gedanken: „Gib mir" zieht sich dein Herz zusammen, und in diesem Zustand kannst du nichts aufnehmen. Sogar wenn man dir ein riesiges Gefäß voller Nektar in den Mund gießen würde, könntest du ihn nicht aufnehmen. Dein Herz könnte ihn nicht fassen. Genau das passiert mit vielen Leuten. Warum also nicht eine andere Sichtweise annehmen und nach Gelegenheiten suchen zu dienen?

Der große indische Dichter Rabindranath Tagore sagte:

> Ich schlief und träumte, das Leben sei Freude,
> Ich erwachte und sah, das Leben ist Dienen,
> Ich handelte, und siehe, das Dienen war Freude.

Im selbstlosen Dienen liegt große Seligkeit. Wenn du aus irgendeinem Grund bei der Seva keine Freude verspürst, dann liegt das in der Regel an einem der beiden folgenden Gründe. Erstens: Dein Karma wird weggewaschen. Du bist dabei, Sadhana zu machen, und obwohl du noch keine Freude bei deiner Seva empfindest, geschieht etwas Gutes. Die Freude wird sich einstellen. Die zweite Möglichkeit ist: Du gibst dich deinem Dienst nicht voll und ganz hin. Vielleicht hast du eine Menge Erwartungen, und diese stehen dir im Weg. Gewöhnlich ist einer dieser beiden Faktoren im Spiel und hält die Freude fern.

Die meisten von euch können nur für ein paar Wochen oder ein paar Monate in den Ashram kommen. Ihr strengt euch sehr an, hierherzukommen; ihr spart, plant und legt große Entfernungen zurück. Nutzt eure Zeit jetzt, wo ihr hier seid, so gut wie möglich. Behandelt den Ashram als einen Ort, an dem ihr kontempliert, euch mit dem Selbst befaßt, singt, meditiert, Seva macht, Gottes Gnade empfangt. Erneuert euer Herz, erneuert die Energie in eurem Geist. Behandelt dies hier als einen heiligen Ort. Dann werdet ihr feststellen, daß ihr hier viel Freude erlebt. Ihr werdet in einer Hosteß das Gesicht Gottes sehen können – und keinen Vorschriftenkram.

Wie euch an den letzten Abenden klargeworden sein dürfte, helfen die Tugenden, die im *Viveka Chūdāmani* erwähnt werden, dabei, sich dem Meister zu nähern, da sie die Erfahrung deines eigenen Selbst verändern. Wenn du Demut empfindest, wird dein Geist beweglich, und dein Herz wird ganz weit vor lauter Liebe. Wenn du Achtung empfindest, wird dein Herz noch weiter. Begrenzungen fallen weg. Wenn du für einen anderen Menschen etwas Gutes tust, mit der Einstellung, ihm selbstlos dienen zu wollen, dann erfüllt das dein ganzes Wesen mit einer überirdischen Freude. Hast du dir diese Tugenden völlig zu eigen gemacht, dann wirst du, wie Shankaracharya sagt, alles wissen, was es über den *ātman,* das große Selbst, das höchste Wesen, das in deinem Innern wohnt, zu wissen gibt.

Mit großer Achtung und Liebe heiße ich euch alle von ganzem Herzen willkommen.

28. Dezember 1993

KAPITEL ELF

Das reine Herz

Mit grosser Achtung und Liebe heiße ich euch alle von ganzem Herzen willkommen.

Mein Guru, mein Meister, Baba Muktananda, hat die moderne Welt wieder mit Siddha Yoga bekanntgemacht. In *Secret of the Siddhas,* dem Buch, in dem er die Philosophie des Kaschmir-Shaivismus darstellt, sagt er: „Siddha Yoga ist die Lehre der großen Heiligen, die die Wahrheit vollkommen erlangt haben und die eins geworden sind mit Paramashiva, dem alldurchdringenden Bewußtsein und höchsten Guru. Dieses Wissensgebiet ist mit menschlichem Ehrgeiz, durch den Geist und das Vorstellungsvermögen nicht erreichbar. Es ist ein ehrwürdiger Weg zur Verwirklichung der höchsten Wahrheit. Wir folgen ihm, da wir die höchste Liebe unseres eigenen inneren Bewußtseins suchen."

Wie kommen wir dem Ziel unserer Suche näher? Eine Zeile aus einem Gedicht eines Heiligen gibt uns eine Antwort darauf: „Gott liebt ein reines Herz." Dieser Satz, dieses Lied der Seele, ist eine Botschaft für alle Menschen. Er ist eine Einladung für alle, die gerade erst mit dem spirituellen Weg beginnen, und ein inspirierender Ratschlag für jeden, der bereits auf dem Weg zu Gott ist.

Diese Worte stammen von Kabir, einem erleuchteten Meister, der im 15. Jahrhundert in Benares lebte, einer der heiligsten Städte Indiens. Über Kabirs Leben ist nur sehr wenig bekannt.

Sein Geburtsdatum ist nicht amtlich festgehalten worden, und um sein ganzes Dasein ranken sich viele Legenden. Das meiste, was wir wissen, stammt aus seinen Gedichten, und diese beschreiben nur selten seine Lebensumstände. Kabirs Lieder handeln von den inneren Welten. Er bemühte sich auch unermüdlich darum, daß Hindus und Moslems einträchtig zusammenlebten. Bis zum heutigen Tag glauben die Hindus, daß Kabir ein Hindu war, und die Moslems betrachten ihn als Moslem. Die Wahrheit ist jedoch, daß niemand wirklich weiß, welche Religion Kabir bevorzugte. Er hatte den Herrn in sein Herz geschlossen und schenkte allen mit absoluter Reinheit seine Liebe.

All das ist in dem Gedicht enthalten, dem wir auch unseren Buchtitel verdanken. Kabir sagt:

Rama, der Herr, hat von mir Besitz ergriffen.
Hari, der geliebte Herr, hat mich verzaubert.
Alle meine Zweifel sind davongeflogen
Wie Vögel, die im Winter gen Süden ziehen.
Als ich vor lauter Stolz ganz von Sinnen war,
Sprach der Geliebte nicht mit mir.
Aber als ich so demütig wurde wie Asche,
Öffnete der Meister mein inneres Auge
Und färbte jede Pore meiner selbst mit der Farbe der Liebe,
Ich schlief in seinem Haus in göttlicher Ekstase.
Der Verehrer begegnet dem Herrn so,
wie Gold mit seinem Glanz verschmilzt.
Gott liebt ein reines Herz.

Dieses Universum ist großartig. Es ist auch ein endloser Kreislauf. Ohne die Klarheit eines reinen Geistes und eines reinen Herzens ist es schwer zu sagen, wo gute Tage anfangen und schlechte Tage aufhören – oder umgekehrt. Die Welt dreht sich unaufhörlich im Kreis, ebenso wie die meisten Menschen. Fast jeder führt sein Leben vor dem Hintergrund von Verwirrung und dem Ringen um einen Sinn. Was ist dieses Leben? Was ist der Wert eines Menschen? Warum leben? Warum muß man sterben?

Es gibt viele andere Fragen. Zum Beispiel: Warum Besitz ansammeln? Und wie verliert man ihn? Warum hat man Verwandte? Und dann – warum verliebt man sich? Warum wird man zurückgewiesen? Warum verschwindet die Verliebtheit wieder? So viele Fragen nach dem Wie und dem Warum – ein endloser Kreislauf.

Turbulent war auch das Jahrhundert, in dem Kabir lebte. Menschen verschiedener Religionszugehörigkeit betrogen einander und brachten sich gegenseitig um, alles im Namen Gottes. Es war also äußerst bedeutsam, daß jemand wie Kabir sich von diesen unaufhörlichen Konflikten löste und den wahren Sinn des Lebens erfuhr.

In den ersten Zeilen seines Gedichts sagt Kabir: „Rama, der Herr, hat von mir Besitz ergriffen. Hari, der geliebte Herr, hat mich verzaubert." Das war kein bloßer Zufall. Kabir gab sich der höchsten Autorität, der höchsten Kraft, hin. Er ließ zu, daß er vom Herrn verzaubert wurde.

Damals erforderte es sehr viel Mut, dem überlieferten Rasse- und Kastendenken den Rücken zu kehren. Es war viel einfacher, viel weniger gefährlich, den alten Argumenten zuzustimmen und Partei zu ergreifen. Aber das war nicht Gottes Wille, und Kabir wollte Gott. Wenn er also sagt: „Gott liebt ein reines Herz", dann spricht Kabir aus Erfahrung. Er kämpfte und er rang mit sich. Kabir macht es ganz deutlich: möchte man Ekstase, Gottes Schönheit und Gottes Liebe kennen, muß das Herz makellos und sehr stark sein. Die Liebe selbst ist so rein, daß nur ein reines Herz diese Erfahrung ertragen kann.

Mein Guru, Baba Muktananda, war eine lebendige Verkörperung des Dharma, und wenn es um dieses Thema ging, war er unerbittlich. In *Reflections of the Self* schrieb Baba:

Setze nie deine Reinheit aufs Spiel;
mache sie innen und außen vollkommen.
Sei so strahlend wie die Sonne,
laß deine Liebe so frisch sein wie der Mond,
sei so klar wie makelloser Kristall.

Ein verzagter Mensch versucht immer, mit dem Leben zu verhandeln. Er schwimmt in einer Strömung von Argumenten und Klagen und versucht ständig, bessere Bedingungen für sich auszuhandeln. Bist du auch so jemand? Hast du jemals gesagt: „Jetzt habe ich mir schon zweimal die Zeit genommen, zu einem heiligen Ort zu gehen. Warum ist mein Leben nicht besser?" Oder bist du jemand, der sagt: „Ich bin doch gar nicht so ein schlechter Mensch. Warum behandelt man mich so unfreundlich?" Oder: „Ich habe so oft das Mantra wiederholt, warum habe ich immer noch diese Unruhe in mir?"

Neulich sagte jemand: „Ich habe gedacht, daß Siddha Yoga mir alles im Leben bedeutet. Und jetzt, wo ich eine Krise durchmache, möchte ich wissen, warum die Lehren mich nicht über Wasser halten? Warum geht es mir trotzdem schlecht?" So setzen verzagte Menschen das Gute an ihren Übungen aufs Spiel. Wenn eine einzige Sache schiefgeht, sabotieren sie ihre ganze Sadhana. Sie vergeuden die Verdienste, die sie erworben haben. Baba Muktananda sagte ganz klar: „Setze nie deine Reinheit aufs Spiel." Was bedeutet das? Ein Aspekt ist, daß du nicht lediglich wegen vorübergehender Schwierigkeiten all deine Erfahrungen leugnen solltest.

Baba bestand auf ständiger Reinheit, innerlich und äußerlich, auf unbeirrbarer Reinheit. Er sagte auch, daß sich diese Tugend bei jedem, der sich danach sehnt, schnell einstellen könne. „Ein Mensch kann in einem einzigen Augenblick von der Reinheit abfallen, und ebenso kann ein unreiner Mensch im Handumdrehen rein werden: nämlich durch Reue", sagte Baba. „Gott fällt kein Urteil darüber, ob du rein oder unrein bist. Er achtet nur auf die Qualität deines Herzens, auf die Hingabe, die du empfindest. Auch schenkt der Herr niemandem Seine Gnade. Wer Ihm ergeben ist, zieht durch seine Anstrengung und seine Hingabe Gottes Gnade eigenständig an."

Das ist eine sehr wichtige Aussage. „Wer Ihm ergeben ist, zieht durch seine Anstrengung und seine Hingabe Gottes Gnade eigenständig an." In der *Bhagavad Gītā* sagt Shri Krishna dann weiter:

samo'haṃ sarva bhūteṣhu na me dveṣhyo 'sti na priyaḥ /
ye bhajanti tu māṃ bhaktyā mayi te teṣhu chāpy aham //

Ich bin in allen Wesen gleich,
niemand ist mir verhaßt, niemand steht mir nahe.
Aber die, die Mich mit Hingabe verehren, sind in Mir,
und Ich bin auch in ihnen. [9:29]

Immer, wenn du dich also dabei ertappst, daß du sagst oder denkst: „Warum schenkt Gott mir seine Liebe nicht?“, versuche dich daran zu erinnern, nicht außerhalb von dir nach der Antwort zu suchen. Du mußt in dein eigenes Herz schauen. Ähnlich ist es, wenn du dich sagen hörst: „Warum schenkt mein eigenes Kind mir keine Liebe?“ Wende dich dann nach innen und sieh dir an, wieviel Liebe du gibst. Was empfindest du? Was denkst du? In was für einem Zustand ist dein Herz?

„Herz“ ist ein so weitgefaßter Ausdruck; für jeden hat er eine etwas andere Bedeutung. Jeder weiß jedoch, daß das Herz kostbar ist und daß etwas, wenn es von Herzen kommt, ehrlich und sehr echt ist. Bis zu einem gewissen Grad erkennen also alle, daß das Herz ein heiliger Ort ist und daß man mit ihm nicht spielen sollte. Man muß das Herz lieben und ehren. Das Herz verdient Gerechtigkeit. Ein spanischer Schriftsteller hat einmal gesagt: „Vertraue deinem Herzen. Es ist das Orakel, das dir das vorhersagt, was am allerwichtigsten ist. Vertraue deinem Herzen.“

Es gibt Intellektuelle, die gerne verkünden, daß sie nur von Verstand und Logik zu beeinflussen seien. Sie stellen sich über die Domäne des Herzens, die ihrer Meinung nach nur etwas für sentimentale, dümmliche Leute ist, die keinen Verstand haben. Und dennoch schmerzt es sie, wenn sie nicht bekommen, was sie wollen, und es gibt ihrem Herzen einen Stich, wenn sie ignoriert werden. Was diese Leute auch sagen mögen: sie sind trotzdem dem Schmerz im Herzen ausgesetzt, und sie sind auch berechtigt, die Ekstase der Liebe kennenzulernen.

Wenn das Herz sich öffnet, bittet es den Geist nicht um Erlaubnis. Das Herz ist vielleicht nicht logisch. Aber es besitzt eine Kraft, die den Geist vor Seligkeit taumeln läßt.

Alle religiösen Texte und philosophischen Werke messen dem Herzen große Bedeutung bei. Hört das Herz im grobstofflichen Körper auf zu schlagen, ist das Leben beendet. Erwacht das Herz im spirituellen Körper, ist das der Beginn eines bedeutungsvolleren Lebens. Sowohl vom weltlichen als auch vom spirituellen Standpunkt aus gesehen spielt das Herz also eine unermeßlich große Rolle, und die Kraft des Herzens wird als ein großes Mysterium betrachtet. Manchmal kommen Wissenschaftler in den Ashram und versuchen, alles nach den Maßstäben der westlichen Wissenschaft zu analysieren. Viele von ihnen fragen, ob man die Kundalini-Shakti mit Hilfe von Geräten aufzeichnen könne. Ich frage dann: „Bist du verheiratet?"

„Ja, bin ich", sagen sie. Oder: „Ich habe eine Freundin (oder einen Freund)." Sie sagen unweigerlich das eine oder das andere, und dann frage ich: „Hat dein Gerät deine Liebe zu ihm (oder zu ihr) messen können?"

„Oh", erwidern sie darauf, „interessanter Gesichtspunkt."

Dann sage ich zu ihnen: „Wenn es dir gelingt, deine Liebe für den Menschen, den du liebst, von einem Gerät überwachen zu lassen, dann kannst du zu mir zurückkommen und mich fragen, wie man die Kundalini-Shakti mißt."

Erfreuen wir uns jetzt für ein paar Minuten an dem, was die Weisen in den Upanischaden über das Herz gesagt haben. Aus den Weisen spricht die Stimme des inneren Selbst. Die Wahrheiten, die ihnen in der Meditation offenbart wurden, nahmen die Form der Schriften an, der mündlichen Überlieferung, die vom Meister auf den Schüler übertragen wurde. Das Wort Upanischaden bedeutet sogar „mit eifriger Hingabe in der Nähe der Lehren sitzen". Aus diesem Grund haben diese Verse auch die Kraft von *dhāranās,* den Zentrierungstechniken des Yoga. Wenn du deinen Geist auf diese Worte richtest und auch, indem du sie in vollen Zügen genießt, rufst du die Erfahrung wach, die sie eingab.

In der *Katha Upanishad* heißt es:

aṅguṣhṭha-mātraḥ puruṣho jyotirivādhūmakah /
īśhāno bhūta-bhavyasya sa evādya sa u śhvaḥ etad vai tat //

> Ein daumengroßes Wesen wohnt in der Mitte des Körpers wie eine Flamme ohne Rauch. Dieses Wesen ist der Herr über Vergangenheit und Zukunft. Er ist heute der gleiche wie auch morgen. Dieses Wesen ist wahrhaftig DAS. [2.1:13]

In der *Katha Upanishad* heißt es auch:

taṃ durdarśhaṃ gūḍham-anupraviṣhṭaṃ guhāhitaṃ
gahvareṣhṭhaṃ purāṇam /
adhyātma-yogādhigamena devam matvā dhīro
harṣha-śhokau jahāti //

> Wenn ein weiser Mensch durch Meditation den uranfänglichen Gott erkennt, den man nur schwer sehen kann, der zutiefst verborgen ist, eingebettet in die Höhle des Herzens, der in der Tiefe weilt, läßt er sowohl Freude als auch Schmerz hinter sich. [1.2:12]

In der *Kaivalya Upanishad* heißt es:

pareṇa nākāṃ nihitaṃ guhāyām
vibhrājad etad yatayo viśhanti

> Das Göttliche ist höher als der Himmel,
> doch strahlt es in der Höhle des Herzens.
> Die danach streben, betreten sie. [3]

Ob es sich um etwas Einfaches handelt oder um etwas Erhabenes: das Entscheidende in jeglicher Hinsicht ist die Qualität deines Herzens. Du mußt ein gutes Herz haben, wenn du ein anständiges Leben führen willst. Wenn du Gott erkennen willst, mußt du ein Herz haben, das sowohl rein als auch unerschütterlich ist, ein Herz, das die Gnade in sich bewahren kann und nie von seinem Ziel abweicht. Selbst wenn der physische Körper zerfällt, lebt das Herz weiter. Wirklich. Was du nie vergißt in bezug auf einen Verstorbenen oder eine Verstorbene, ist deine Liebe zu dieser Person und ihre Liebe zu dir.

Alle Tugenden eines Menschen kommen durch ein reines Herz zustande, und in gewisser Hinsicht weiß das jeder. Sobald du etwas tust, was andere weiterbringt, etwas Großzügiges oder

Uneigennütziges, spricht alle Welt von deinem Herzen. „Was für eine warmherzige, gütige Frau das doch ist“, heißt es. „Sie hat ein so freigebiges Herz!“ „Sie hat ein goldenes Herz.“ „Sie hat das Herz auf dem rechten Fleck.“ Menschen, mit denen es Spaß macht, zusammenzusein, ist leicht ums Herz. Helden haben das Herz eines Löwen – hast du diesen Ausdruck noch nie gehört? – und einige Menschen sind im Herzen jung geblieben, obwohl sie den Jahren nach alt sind. „Das Herz eines Heiligen“, sagt Tukaram Maharaj, „ist so weich wie Butter.“

Es ist interessant, daß die guten Eigenschaften gewöhnlich mit dem Herzen in Verbindung gebracht werden und die negativen mit dem Geist. Das Herz zum Beispiel plant keine Intrigen und schmiedet auch kein Komplott, um seinen Willen durchzusetzen. Das Herz ist nie auf seinen eigenen Vorteil bedacht und erfreut sich auch nicht am Schmerz eines anderen Menschen. Das Herz schmilzt dahin. Es fließt über. Es ist von Natur aus rein und neigt von sich aus zu Freundlichkeit, Liebe, Großzügigkeit, Tapferkeit, Erbarmen, Vergebung, Unschuld, Rechtschaffenheit und Ehrlichkeit – um nur ein paar Eigenschaften zu nennen. Das Herz ist frei von Illusionen. Illusionen sind eine Epidemie des Geistes.

Der heilige Augustinus sagte sinngemäß: „Für meinen Gott, ein Herz aus Flammen. Für meine Mitmenschen, ein Herz aus Liebe. Mir selbst gegenüber, ein Herz aus Stahl.“ Laß diese Erkenntnis der Unermeßlichkeit des Herzens eine Fackel für dich sein, die dir den Weg des Siddha Yoga zeigt. „Gott liebt ein reines Herz.“

Baba Muktananda hatte die inneren Geheimnisse des Herzens in der Meditation erforscht, und daher konnte er sagen: „In diesem Herzen wohnt Gott, es ist der eigentliche Schrein des Herrn. Das Licht Gottes schimmert im Herzen, es schillert und vibriert unentwegt. Mit Hilfe der Meditation kannst du dieses Licht sehen, und wenn die innere Shakti sich entfaltet hat, gehst du darin auf. Es liegt an dir, es zu finden. Es gehört dir.“

An dem Tag, an dem ich Shaktipat empfing, nahm mein Schicksal eine Wende. Mein Leben wurde zum Abenteuer, und mein Glück blühte auf. Kurz danach meditierte ich im „Cave“ des Ashrams in Ganeshpuri. Für den Fall, daß ihr noch nicht im

Gurudev Siddha Peeth in Ganeshpuri, Indien, gewesen seid: es gibt dort einen großen, kühlen, dunklen Raum, der nur für die Meditation bestimmt ist; wir nennen diesen Raum „Cave", Höhle. Nun ist ja in jedem Staubkorn in diesem Ashram die Liebe Gottes lebendig. Dennoch ist der Meditationsraum etwas Besonderes. Sehr viele spirituelle Pilger haben dort meditiert. In dem Augenblick, in dem du diese samtene Dunkelheit betrittst, fühlst du die Kraft ihres Strebens. Du spürst, wie sie sich in die Ekstase Gottes vertieft haben. Noch entscheidender ist, daß sich der Raum direkt unter Babas Haus befindet. Die Meditationsenergie dort löst eine Art Rausch aus und zieht dich nach innen, sobald du dich hinsetzt.

An dem besagten Tag setzte ich mich direkt vor den Altar. Ich verbeugte mich vor Bhagawan Nityanandas Bild und schloß dann die Augen. In der Meditation sah ich ein Licht in meinem Herzen. Es erschien ganz plötzlich. Es war eine weiße Flamme, nicht größer als eine Fingerspitze, aber so hell, daß sie alles, absolut alles, beleuchtete. In der *Guru Gītā* ist vom *aṅgushṭha-mātra-purusham* die Rede, einem daumengroßen Wesen in der Herzgegend, einem Wesen, das aus Licht besteht.

Als ich so dasaß und es beobachtete, geriet ich zunächst immer mehr in Ekstase. Dann allerdings war es so, als ob sich mein Geist mit einem Zweifel einschaltete. Ich dachte: „Ist das wirklich wahr? Oder bilde ich mir das nur ein? Wünsche ich mir nur, daß das geschieht?"

Das Licht wurde sofort schwächer und kleiner. Das machte mir wirklich Angst, ich dachte, ich hätte es zerstört, und so wandte ich mich natürlich an Baba. „O Baba, vielleicht war es doch keine Halluzination, vielleicht war das Licht ja echt." Mitten in diesem unglaublichen Erlebnis hielt ich Zwiesprache mit meinem Geist. Manchmal ist es so erstaunlich, wie sehr dein Geist sich mit seinen unsinnigen Kommentaren bemerkbar machen kann – und trotzdem hört das Erlebnis nicht auf. Das Licht in meinem Herzen wurde immer kleiner. Mir war klar, daß ich einfach in diese Dunkelheit hineinfallen und dann für immer darin verlorengehen könnte. Ich begann also zu beten: „Baba, o Baba, laß die Flamme bitte nicht ausgehen. Bitte laß sie weiterbrennen."

Sobald dieses Gebet in mir laut wurde, erschien Babas Gestalt, obwohl ich noch immer meditierte. Er bewegte sich auf den Altar im „Cave“ zu und hob etwas auf, das sich unter Bhagawan Nityanandas Bild befand. Ich konnte nicht genau sehen, was es war – irgendein Gefäß oder ein Behälter. Er kam zu mir herüber und begann etwas in mein Herz zu gießen, das so klar wie Öl war. Es fühlte sich ganz, ganz kühl an. Als diese Substanz in mich hineingegossen wurde, loderte die Flamme wieder auf. Bis heute kann ich ihre Wärme in meinem Herzen spüren.

Die Flamme im Herzen schützt dich. Baba sprach sehr ausführlich über diese Flamme. Manchmal nannte er sie die Flamme der Liebe. Sie ist Realität. In dir, im Geist, im Verstand, in den Worten, die du liest und in den Menschen, die du siehst, brennt eine strahlend weiße Flamme. Wenn du sie wahrnimmst, wenn du sie freilegst, werden die erhabenen Aussagen der Schriften – „Ich bin die Wahrheit“; „Gott wohnt in mir“ – für dich Wirklichkeit. Ohne die Erfahrung der höchsten Wahrheit in der Höhle des Herzens sind das nur Phrasen, nichts als leere Worte. Du mußt derartiges selbst gesehen haben.

Alle großen Meister haben ihr ganzes Leben damit verbracht, sich in die Betrachtung dieses inneren Lichts zu versenken. Es ist wie die ruhige Flamme einer Lampe an einem windstillen Ort. Ihr Strahlen ist unermeßlich. Sie schimmert, gleichzeitig jedoch ist sie vollkommen reglos, herrlich anzuschauen. Das ist die Flamme deines inneren Selbst, leidenschaftslos und rein. Nichts bewirkt, daß sie brennt. Nichts kann sie auslöschen. Patanjali sagt in den *Yoga Sūtras,* daß diese Flamme jenseits von allem Schmerz ist. Sie ist das Ziel allen Strebens, die Quelle allen Glücks auf dieser Welt. So wunderbar ist das menschliche Herz.

Was meint Kabir bloß, wenn er sagt, daß Gott ein *reines* Herz liebt? Das Herz ist doch an sich schon makellos, frei von Einschränkung und schmerzlichen Erinnerungen. Wie kann man also beim Herzen von Unreinheit sprechen?

Vielleicht können wir unser Nachdenken hierüber mit ein paar Fragen beginnen. Warum zum Beispiel tut es dir ab und zu in der Herzgegend weh? Das Herz ist etwas Subtiles und Erhabenes.

Es birgt die Flamme Gottes in sich. Es ist Sein Königreich. Warum hast du dann manchmal das Gefühl, als ob dein Herz zusammengedrückt oder ausgewrungen würde, bis es vollkommen trocken ist? Warum hast du manchmal das Gefühl, daß du allen Mut verlierst? Oder daß dir etwas das Herz bricht? Wo ist da die Unreinheit?

Stell dir das Herz vor, wie es von einem harten, dicken Panzer aus Unreinheiten umgeben ist. Sieh es als ein Lebewesen an, das im Innern eines Felsblocks gefangen ist. Verstehst du jetzt? Manchmal ist eine Wahrheit in viele Theorien eingepackt, so daß man sie nur sehr schwer erkennen kann. Ebenso ist das Herz von Unreinheiten umschlossen, von den Eindrücken vergangener Handlungen und dem verheerenden Wüten der sechs Feinde – Wut, Lust, Stolz, Eifersucht, Verblendung und Gier.

Auch der Schutt aller Vergnügungen dieser Welt sammelt sich im Bereich des Herzens an. Das gleiche gilt für alle unklaren, ungelösten Ereignisse in unserem Leben, für Zukunftsängste und Mangel an Lebensinhalten.

Die Vorstellung der Unreinheit bezieht sich also nicht auf das eigentliche Herz, sondern auf die Schichten, die das Herz umgeben. Man könnte diese Schichten als Vorhof des Herzens bezeichnen. Der große deutsche Mystiker Meister Eckhart beschreibt das in etwa so: „Der Mensch hat viele Häute in sich, und diese bedecken die Tiefe seines Herzens. Dreißig oder vierzig solcher Häute, dick und fest wie das Fell eines Ochsen oder eines Bären, verbergen also die Seele."

Wie werden wir diesen Panzer wieder los? Wie kommen wir über diesen Vorhof, um das Herz selber zu betreten?

Das kann nur mit Hilfe von spirituellen Übungen geschehen. Mit spirituellen Übungen begibt man sich gewissermaßen an die Quelle des strömenden höchsten Bewußtseins. Dort ist das Wasser kristallklar, erfrischend und lebensspendend. Wenn du diese reine, leuchtende Energie trinkst, belebt das deine geistigen Kräfte. Du fühlst dich wie neugeboren, und das gehört zum Lebendigsein. Du mußt immer wieder die Neuheit deines Wesens erfahren. Ist die Frische im Leben zerstört, verlierst du das Interesse daran. Fühlst du dich aber jung und wie neugeboren, dann ist das

Leben spannend. Dann willst du leben, du willst verstehen, du willst etwas für die Menschheit tun.

Die Lehren der Siddhas rufen diese innere Kraft wach. Mit Hilfe ihrer reinen Gedanken entdeckst du nach und nach das Gute, das dir innewohnt. Darum geht es bei den spirituellen Übungen: das Gute in *sich* zu erkennen, die eigene Herrlichkeit zu verstehen. In der Meditation findest du den Weg, wie du die Wahrheit in deinem eigenen Herzen erfassen und erfahren kannst.

Wenn du eine Blume in Gold eintauchst, bleibt sie für alle Zeiten erhalten. Wenn du den Geist in der Kontemplation über das Göttliche badest, erlangt er immerwährende Reinheit.

„Gott liebt ein reines Herz." Bei der Durchsicht der Schriften und Texte aus vielen verschiedenen Traditionen ist es immer wieder erstaunlich zu sehen, wie sehr in allen Religionen und Kulturen ein reines Herz und ein reiner Geist betont werden. Da Gott im Herzen wohnt, ist der Geist das Tor, das man durchschreiten muß, um Ihn zu erkennen. Wenn du dir bewußt wirst, wie dein Geist denkt, wie dein Verstand Urteile fällt, wie dein Ego sich aufspielt; wenn du dir bewußt wirst, wie dein Unterbewußtes alle Eindrücke deiner Gedanken und Handlungen speichert, dann wird dir die Notwendigkeit spiritueller Übungen klar. Die Anstrengung, die du aufbringen mußt, um dein psychisches Instrumentarium zu reinigen, wird dir sehr kostbar.

Die *Philokalia* ist eine Sammlung von Schriften der Väter der griechisch-orthodoxen Kirche. Dort heißt es: „Das höchste Ziel unseres Berufs, unseres Suchens, unseres Glaubens ist das Königreich Gottes. Sein unmittelbarer Zweck ist jedoch der, die Reinheit des Herzens zu erreichen, denn ohne sie können wir nicht zu unserem Ziel gelangen. Wir sollten daher immer diesen Sinn im Auge behalten. Sollte es jemals geschehen, daß unser Herz sich für kurze Zeit vom direkten Weg abwendet, müssen wir es sofort wieder dorthin zurückbringen. Wir müssen unser Leben immer mit Ausrichtung auf unseren höchsten Daseinszweck führen, als handele es sich um Regeln des Tischlerhandwerks."

Der Geist hat die natürliche Tendenz, unstet zu sein. Suchende sollten das jedoch beizeiten spüren und Geist und Herz immer wieder auf den rechten Weg zurückbringen. Spirituelle Übungen sind eine ständige Ermahnung und auch eine Quelle der Stärke. Ermahnung wozu? An deine eigene Größe zu denken. Du bist etwas Großartiges. Das ist die Wahrheit, ganz gleich, ob du sie kennst oder nicht. Es liegt nur an dir, sie zu erkennen, den Wert des Einen zu verstehen, der in deinem Herzen wohnt.

Ist es nicht erstaunlich, wie blind du für das unermeßlich Gute sein kannst, das in dir ist? Wenn du nur wüßtest … Ist es nicht an der Zeit, das herauszufinden? Das Großartige in dir ist viel stärker als deine schlechten Angewohnheiten. Nur wenn du es zuläßt, in den Bann schlechter Angewohnheiten zu geraten, fühlst du dich hilflos. Kannst du das nicht verstehen? Du bist der Herrscher über deine Sinne. Du bist der Besitzer des Feldes, das dir in Gestalt deines Körpers gegeben wurde. Siehst du das nicht? Du betreust dieses Haus und du bewohnst es. Ist dir das nicht klar? Du hast die Dinge in der Hand. Du bist so großartig, daß alles, was du dir jemals gewünscht hast, zum Greifen nahe ist.

Ist es nicht an der Zeit, daß du dein Königreich wieder in Besitz nimmst?

Mit großer Achtung, mit großer Liebe heiße ich euch alle von ganzem Herzen willkommen.

27. November 1993

AM ENDE: LIEBE

MIT GROSSER ACHTUNG UND GROSSER LIEBE heiße ich euch alle von ganzem Herzen willkommen.

Sehr bald wird wieder eine Jahreszeit zu Ende gehen. In diesem Sommer in South Fallsburg ging es, wie die meisten von euch wissen, um das Thema, wie wir die glorreichen Tugenden kultivieren können. Wir konnten viele der Tugenden besprechen, die Shri Krishna in der *Bhagavad Gītā* benennt, und es ist uns auch gelungen, über etliche von ihnen zu kontemplieren. Ihr könnt selbst damit weitermachen, die *Bhagavad Gītā* zu studieren und die *Jñaneshwari,* den brillianten Kommentar von Jnaneshwar Maharaj. Einige haben mir gesagt, daß sie das 16. Kapitel seit Anfang des Sommers viele, viele Male gelesen hätten. Es ist sehr erfreulich und wohltuend zu wissen, daß ihr tatsächlich versucht, dem zu folgen, was in den Programmen gesagt wird. Manchmal fragt man sich nämlich, ob die Lehren nicht zum einen Ohr hinein- und zum anderen wieder herausgehen. Wenn man jedoch so etwas erzählt bekommt, dann weiß man: nein, die Lehren gelangen direkt ins Herz, und dort bleiben sie.

Am Anfang: Liebe. Am Ende: Liebe. In der Zwischenzeit müssen wir Tugenden kultivieren. Ein Verehrer Gottes brachte seine Liebe in einem sehr schönen Gedicht zum Ausdruck. Er sagte:

Möge dieses Band der Liebe, das mich mit Dir verbindet,
nie reißen, o Herr.
Seit dem Tag, an dem ich Dir mein Herz geschenkt habe,
bin ich vor Ekstase ganz außer mir.
Wie einer, der vor Liebe wie von Sinnen ist,
ziehe ich tanzend umher.

Dein Lied hat meine Liebe erweckt,
und diese Liebe hat einen sonderbaren Schmerz
in meinem Herzen ausgelöst.
Meine Augen sind erfüllt von Deinem Anblick.
Nie geht mir Deine unbeschreibliche Schönheit
aus dem Sinn.

Nachdem ich weltliche Beziehungen hinter mich
gebracht habe, bin ich an Deine Tür gekommen.
O Herr, bitte weise mich nicht zurück,
denn Du bist meine Zuflucht.
Du bist der einzige, der mein Herz verzaubert.
Nur Du kannst meinem Schmerz ein Ende bereiten.

Wir müssen lernen, die Liebe in unserem Leben zunehmen zu lassen. Bald werdet ihr zu euren verschiedenen Rollen und Aufgaben in der Welt zurückkehren. Das Retreat in South Fallsburg hat euch eine kurze Verschnaufpause von all dem gegeben, aber jetzt müßt ihr zurück und euren Dharma erfüllen. Jedes Jahr, wenn diese Zeit kommt und alle sich darauf vorbereiten, ihr weltliches Leben wieder aufzunehmen, kommen sie zu mir und fragen: „Gurumayi, hast du eine letzte Botschaft für mich? Etwas für mich persönlich, nur ein paar Worte, an denen ich mich in den nächsten Monaten orientieren kann?“

Im *Mahābhārata*, dem großen indischen Epos, gibt es einen einfachen Satz, der die Essenz all seiner Lehren über den Dharma enthält. Ich möchte, daß ihr diesen Vers behaltet, wenn ihr geht. Dieser Vers ist die letzte Botschaft … bis auf weiteres. Er ist für alle gedacht.

Das *Mahābhārata* führt aus:

dharmo jayati nādharmaḥ satyaṃ jayati nānṛitam /
kṣhamā jayati na krodhaḥ kṣhamāvān brahmaṇo bhavet //

Der Dharma, die Rechtschaffenheit, gewinnt immer,
niemals das Unrecht.
Die Wahrheit siegt immer, die Unwahrheit
scheitert am Ende stets.
Geduld und Nachsicht setzen sich immer durch, nicht die Wut.
Wer geduldig ist, wird schließlich eins mit dem Absoluten,
mit Brahman.

Im Sanskrit ist das Wort für „Geduld" *kshamā.* Das ist sehr interessant, denn das gleiche Wort bedeutet auch „Vergeben". Wer geduldig ist, wird eins mit dem Absoluten. Du mußt Geduld haben, um vergeben zu können. Wenn du vergeben kannst, bedeutet das, daß du sehr geduldig bist. *Kshamā* ist, genau wie Dharma, ein sehr schönes Wort.

Es scheint, daß wir dieses Jahr sehr viel darüber gesprochen haben, die Zeit, in der wir „wie Heilige" leben, auszudehnen – die Zeit, die wir dem Dharma widmen. Das ist eine der Fragen, die allen am meisten Kopfzerbrechen bereitet. Sie wollen immer wissen: „Was ist mein Dharma?" Die Antwort ist ganz klar: Der wahre Dharma eines jeden Menschen ist, sein eigenes Selbst zu erkennen. Du mußt deine Prioritäten klären. Wenn du dieses Ziel im Auge behältst, dann wird alles andere damit im Einklang sein. Eines folgt so natürlich auf das andere wie die Jahreszeiten, ohne daß du dir darüber Gedanken machen mußt.

Den ganzen Sommer lang haben wir uns auf die Tugenden konzentriert, von denen die Weisen sagten, daß sie unser göttlicher Reichtum seien, und dabei ist etwas ganz Außergewöhnliches passiert. Leute, die nicht nach South Fallsburg kommen konnten, haben die Lehren befolgt, wo sie gerade waren. Wir haben sehr viele Briefe von Menschen bekommen, die in Australien, Indien, Südamerika, Europa und Japan die wundervollen Tugenden in ihr Handeln miteinbezogen haben. Ihre Erfahrungen waren wunderschön. Manchmal schien es sogar so zu sein, daß die Leute an all diesen Orten genausoviel, oder noch mehr, von diesem Retreat lernten wie diejenigen hier im Ashram.

Jetzt wirst du auch bald erkennen, wieviel du verinnerlicht hast. Während du hier warst, vollkommen in ein Meer aus eigener Anstrengung und Gnade eingetaucht, hast du vielleicht nicht bemerken können, wie sehr du dich verändert und wie viele Tugenden du dir angeeignet hast. Aber wenn du wieder nach Hause gehst, wirst du es schon merken. Du sitzt vielleicht still in deinem Zimmer oder fährst ins Büro, und dann fällt es dir plötzlich wie Schuppen von den Augen. „Was ist eigentlich mit den zwei Steinen passiert, die ich nie aus meinem Herzen räumen konnte? Sie sind nicht mehr da. Und wo sind die Dornen geblieben?" Jedesmal, wenn etwas dein Herz berührte, spürtest du spitze Dornen, und jetzt merkst du ganz plötzlich, daß sie nicht mehr da sind. Du siehst jemanden zu Hause oder bei der Arbeit, und du fragst dich: „Warum hasse ich ihn nicht? Warum bin ich nicht wütend? Was ist passiert? Wer hat sich verändert?"

So wirst du dir selber viele Überraschungen bereiten. Du wirst bemerken, daß eine große Verwandlung stattgefunden hat. Du empfindest köstliche Liebe. Du hast liebevolle Gedanken. Zum ersten Mal in deinem Leben hast du das Gefühl, daß du eine glückliche Hand bei Pflanzen hast. Was du auch anfaßt, wächst und gedeiht. Aus allem, was du unternimmst, entwickelt sich etwas Positives. Du hast das Gefühl, goldene Füße zu haben. Wo du auch hingehst, hellt sich die Atmosphäre auf, und Licht verbreitet sich.

So bemerkst du also vielleicht keine große Veränderung, während du für ein oder zwei Monate, für ein oder zwei Wochen, oder auch nur für ein, zwei Tage hier im Ashram bist. Aber zu Hause wirst du ganz sicher einen Unterschied feststellen. Das gleiche gilt für diejenigen, die länger im Ashram bleiben. Wenn ihre Freunde und die, mit denen sie ihre Seva geteilt haben, gegangen sind, werden auch sie bemerken, wie viele Veränderungen in ihnen und in ihrer Lebensweise stattgefunden haben. Du brauchst etwas Zeit für dich, um diese Veränderungen wahrzunehmen.

Habe also Vertrauen.

Das *Tao-te Ching* übermittelt die Weisheit der chinesischen Meister im Hinblick auf das Selbst. In einem der Verse sagt Laotse:

Der weise Schüler hört vom Tao und praktiziert es
  gewissenhaft.
Der mittelmäßige Schüler hört vom Tao und denkt ab und zu
  darüber nach.
Der törichte Schüler hört vom Tao und lacht laut.
Ohne Gelächter wäre das Tao nicht, was es ist.

Daher heißt es:
Der helle Pfad scheint düster;
Nach vorne zu gehen, scheint Rückzug zu bedeuten;
Der einfache Weg scheint schwierig;
Die höchste Tugend scheint leer;
Große Reinheit scheint besudelt;
Ein Reichtum an Tugenden scheint unzureichend;
Die Stärke der Tugend erscheint zerbrechlich;
Wirkliche Tugend ist scheinbar unwirklich;
Das vollkommene Quadrat hat keine Ecken;
Große Talente reifen spät;
Die höchsten Töne sind schwer zu hören;
Die erhabenste Form hat keine Gestalt;
Das Tao ist verborgen und namenlos.
Das Tao allein nährt und bringt alles zur Vollendung.

Es *besteht* also durchaus Grund zur Hoffnung. Wenn du denkst, daß du noch nicht alle Tugenden kultivieren konntest, von denen du gehört hast, dann denke daran, daß sie eines Tages hell in dir erstrahlen werden. Baba sagte: „Diese wundervollen Eigenschaften sind alle in dir. Es ist nur eine Frage der Zeit, bis sie sich offenbaren. Wenn sie es tun, wirst du sofort erkennen, daß sie deine eigenen sind. Und wenn sie dann immer größer und stärker werden, erfährst du Zufriedenheit."

Alles ist von höchstem Frieden und Wohlbefinden erfüllt, und das wirst du auf längere Sicht gesehen auch erfahren. Übe dich weiterhin darin, diese Tugenden heranzubilden und sie in die Tat umzusetzen. Es wird so viel geschehen. So vieles wird sich einstellen – Dinge, die du immer tun wolltest, aber nie fertiggebracht hast.

Diese glorreichen Tugenden werden dir viel Vertrauen in dich selbst geben.

Denke immer daran: am Anfang: Liebe; in der Zeit dazwischen: Tugenden; und am Ende: wieder Liebe. Was auch passiert, verliere die Liebe nicht aus den Augen. Sie ist das höchste Ziel. Ganz gleich, ob du kämpfst oder Schwierigkeiten hast, ob es dir schlecht geht, ob du finanziell schwere Zeiten durchmachst, eine Beziehung beendest, berufliche Probleme hast – so hart es auch kommen mag, verliere die Liebe nicht aus den Augen. Am Anfang Liebe und am Ende Liebe. Laß deine Liebe zu Gott in allem, was du siehst, in allem, was du berührst, durchschimmern. Verliere nie die Liebe aus dem Blick. Selbst wenn du nicht rund um dein Herz, in deinem ganzen Kopf, in jeder Faser deines Seins Liebe verspürst – laß einen winzigen Fleck, nur einen winzigen Fleck in dir sein, an dem die Liebe pulsiert. Laß ihn nie verschwinden. Decke ihn nie zu, unterdrücke ihn nie. Bleibe immer damit in Verbindung. Laß ihn deine Augen erfüllen.

Das sollte dein höchster Dharma sein. Nachdem wir so viel gehört haben, gesagt haben, getan haben, bleibt nur noch eines übrig, und das ist die Liebe. Laß diese Liebe überall in dir erstrahlen. Nur ein winziger Fleck. Das wird mehr als genug sein. Er wird dich ans andere Ufer bringen.

Mit großer Achtung, mit großer Liebe heiße ich euch alle von ganzem Herzen willkommen.

Sadgurunath Maharaj ki Jay!

30. August 1993

QUELLENNACHWEIS

Zahlreiche Zitate aus den Schriften erscheinen hier in neuer Übersetzung, wobei zusätzlich zu den Originaltexten in Sanskrit auf die nachfolgenden englischen Quellen zurückgegriffen wurde:

Kripananda, Swami. *Jñaneshwar's Gītā.* Albany: State University of New York Press, 1989

Radhakrishnan, S. *The Principal Upanishads.* Atlantic Highlands, NJ: Humanities Press, 1992

Singh, Jaideva. *The Yoga of Vibration and Divine Pulsation.* Albany: State University of New York Press, 1992

Sivananda, Swami. *Bhagavad Gītā.* Durban, South Africa: The Divine Life Society of South Africa, 1983.

Die Übertragung der Strophen aus dem *Shrī Avadhūta Stotram* und dem *Devy-Aparādha-Kṣhamāpana-Stotram* ins Deutsche entstammt dem Buch *Der Nektar des Singens,* © Copyright der deutschen Ausgabe 1975, 1988, 1991 SYDA Foundation.

Folgende Zitate werden mit freundlicher Genehmigung der jeweiligen Verlage wiedergegeben:

Die deutsche Übersetzung von Vers 10 und Vers 67 aus dem *Tao-te Ching* erfolgte unter Verwendung der in der Originalausgabe zitierten Übersetzung von Stephen Mitchell. © Copyright Stephen Mitchell 1988. Dortiger Nachdruck mit Erlaubnis von HarperCollins Publishers, Inc. Die Übersetzung von Vers 41 ins Deutsche erfolgte nach dem im Original zitierten englischen Übersetzung von Gia-fu Feng und Jane English. Dortiger Nachdruck mit freundlicher Genehmigung von Alfred A. Knopf Inc.

Die deutsche Übersetzung von Vers 34 erfolgte nach dem *Viveka Chudāmani* aus *Shankara's Crest-Jewel of Discrimination,* englische Übersetzung von Swami Prabhavananda und Christopher Isherwood. © Copyright 1947, 1975, Vedanta Society of Southern California, Nachdruck in der amerikanischen Originalausgabe des vorliegenden Buches mit freundlicher Genehmigung von Vedanta Press.

QUELLENNACHWEIS

Sämtliche Zitate aus Jnaneshwars Kommentar zur *Bhagavad Gītā* sind genehmigte Übersetzungen nach *Jñaneshwar's Gītā* in der Übersetzung von Swami Kripananda, © Copyright 1989 State University of New York. Nachdruck mit Erlaubnis von SUNY Press (entsprechend der amerikanischen Originalausgabe des vorliegenden Bandes bestehen einige vom Verlag genehmigte geringfügige Abweichungen in der englischen Übersetzung).

Hinweise zur Aussprache des Sanskrit

Vokale

Im Sanskrit gibt es lange und kurze Vokale. In der deutschen Umschrift werden die langen Vokale durch einen Querstrich über dem Buchstaben gekennzeichnet und doppelt so lang gesprochen wie ein kurzer Vokal. Die Vokale „e“ und „o“ werden ebenfalls wie lange Vokale ausgesprochen.

Kurz:
a wie in W*a*ld, k*a*lt
i wie in Sch*i*ff, R*i*ß
u wie in Fl*u*ß, M*u*nd
e wie in *E*bene
ṛi, ein Halbvokal, ausgesprochen wie ein mit der Zunge gerolltes *r* mit nachklingendem kurzen *i*

Lang:
ā wie in M*a*ß, G*a*be
ī wie in L*ie*be, D*ie*ner
ū wie in W*u*t, R*u*der
o wie in L*o*b, S*o*hn
ai wie in M*ai*s, L*ai*b
au wie in H*au*s, M*au*s

Konsonanten

Die Aussprache der Konsonanten unterscheidet sich vom Deutschen zum Teil erheblich. (Zum Beispiel wird *ph* nicht wie in *Ph*oto ausgesprochen.) Folgende Hinweise sollen als Richtschnur dienen:

kh wie in Gu*ck h*er
gh wie in Bur*gh*of
jh wie in D*sch*ungel, mit nachfolgendem Hauchlaut
ṭh wie in selbs*th*errlich
dh wie in San*dh*aufen
ḍh wie in A*dh*ärent
ph wie in Schla*pph*ut
bh wie in a*bh*or

ṅ wie in si*ng*en
ñ wie in Ca*ñ*on
ṇ ist ein Nasal
ṇ wie in *n*ein
śh wie in *Sch*iff
ṣh wie in *Sch*uh
kṣh wie in La*cksch*uh
ṃ ist ein Nasal
ḥ ist ein Hauchlaut

Ausführliche Ausspracheanleitung siehe *Der Nektar des Singens,* veröffentlicht von der SYDA Foundation.

Glossar

Abhayam *[abhayam]*
Die göttliche Tugend der Furchtlosigkeit, ein unerschütterlicher Zustand von Tugendhaftigkeit, in dem man nicht von den inneren Feinden – Verblendung, Verlangen, Wut, Lust, Gier, Stolz und Neid – ins Wanken gebracht wird.

Akrodha *[akrodha]*
Abwesenheit von Wut, Freisein von Wut; die tugendhafte Disziplin des Abstandnehmens von Wut.

Arati *[āratī]*
Rituelle Andacht, bei der eine Flamme, Symbol der individuellen Seele, vor der Gestalt einer Gottheit, einem oder einer Heiligen oder einem Bildnis geschwenkt wird, die das göttliche Licht des höchsten Bewußtseins repräsentiert. Vor der Arati läßt man Glocken, Muschelhörner und Trommeln ertönen, und das Lichterschwenken wird von einem gesungenen Gebet begleitet.

Arati Karun *[āratī karūṅ]*
Name eines Gebets, das von einem hingebungsvollen Verehrer Swami Muktanandas stammt und in Siddha-Yoga-Ashrams immer nach der *Guru Gītā* gesungen wird.

Arjuna *[arjuna]*
Dritter der fünf Pandava-Brüder und einer der Helden des *Mahābhārata;* gilt als der herausragendste Krieger von ihnen allen. Arjuna war der Freund und andächtige Verehrer von Krishna, auch „der Erhabene" genannt. Krishna offenbarte Arjuna das Wissen der *Bhagavad Gītā.*

Ashram *[āśhrama]*
(*wörtl.* ein Ort, der die Ermattung vom Weltlichen beseitigt). Der Wohnsitz eines Gurus oder Heiligen; ein klösterlicher Ort der Einkehr, wo Suchende sich mit spirituellen Übungen befassen und die Yogalehren studieren.

Ashram-Dharma
[āśhrama dharma]
Rechtes Handeln in bezug auf das Ashramleben; die innere Haltung und das Verhalten, das es jemandem ermöglicht, sich der hohen Einstellung und den Übungen des Ashramlebens zu widmen. *Siehe auch* Dharma.

Ashvatthama *[aśhvatthāmā]*
Der hitzige Sohn Dronas; Verwandter der Kauravas im *Mahābhārata.*

Atharva Veda *[atharva veda]*
Eine der vier Hauptschriften des alten Indien (die von göttlich inspirierten Rishis, Sehern, shruti, „gehört" wurden). Im *Atharva Veda* dominieren schützende und heilende Sprüche und Gebete. *Siehe auch Rig Veda*; *Sāma Veda*; *Yajur Veda*; Veden.

Askese
Siehe Tapasya.

Atman *[ātman]*
Göttliches Bewußtsein, das dem Individuum innewohnt; das höchste Selbst; die Seele.

Atma-jnana *[ātma-jñāna]*
Wissen um das höchste Selbst.

Atma sakshatkara *[ātma sākśhatkāra]*
(*wörtl.* das Selbst sehen) Die unmittelbare Erfahrung des höchsten Selbst; Verwirklichung des Selbst.

Atma vichara *[ātma vichāra]*
Die Übung, durch Fragen die Natur des Selbst zu ergründen.

Avadhuta *[avadhūta]*
Ein(e) Erleuchtete(r), der/die in einem Zustand jenseits des Körperbewußtseins lebt und dessen/deren Verhalten nicht an gewöhnliche soziale Konventionen gebunden ist.

Avadhuta Stotram *[avadhūta stotraṃ]*
Eine Hymne, die in Siddha-Yoga-Ashrams zu Ehren von Bhagawan Nityananda gesungen wird, dem großen Siddha und Avadhuta, der Baba Muktanandas Guru war.

Baba, babaji *[bābā]*
(*wörtl.* Vater) Ein respektvoller Kosename für einen Heiligen, einen frommen Mann oder Vater. *Siehe auch* Muktananda, Swami

Baba Muktananda
Siehe Muktananda, Swami

Bewußtsein, höchstes
Die intelligente, höchst unabhängige göttliche Energie, die das ganze Universum erschafft, durchdringt und aufrechterhält.

Bhagavad Gita *[bhagavad gītā]*
(*wörtl.* Gesang des Erhabenen) Einer der großen spirituellen Schätze der Welt; eine grundlegende Schrift des Hinduismus; ein Abschnitt aus dem *Mahābhārata,* in dem Krishna seinem Schüler Arjuna Unterweisung in die Natur Gottes, das Universum und das höchste Selbst erteilt, über die unterschiedlichen Formen von Yoga, das Wesen des Dharma und den Weg zur Erlangung der Befreiung.

Bhagawan *[bhagawān]*
(*wörtl.* der Herr) Das, was glorreich, göttlich, ehrwürdig und heilig ist; eine Anrede für Götter oder Heilige; ein Ausdruck großer Ehre. Baba Muktanandas Guru ist unter dem Namen „Bhagawan Nityananda" bekannt. *Siehe auch* Nityananda, Bhagawan.

Bhajan *[bhajan]*
Indisches religiöses Lied zum Ruhm Gottes.

Bhartihari *[bhartṛihari]*
Legendärer Asket, Dichter und Weiser; ein König, der auf seinen Thron verzichtete, um ein Yogi zu werden; seine Werke sind unter dem Namen *Shatakatrāyam* bekannt.

Bhisma *[bhīṣhma]*
Der Patriarch sowohl der Kauravas als auch der Pandavas, der Familien, deren Geschichte im *Mahābhārata* erzählt wird. Er ist eines der großen Musterbeispiele an Frömmigkeit, Rechtschaffenheit, königlichem Gebaren und innerer Stärke in diesem Epos.

Blaue Perle *[nīla bindu]*
Ein strahlendes blaues Licht von der Größe eines winzigen Samenkorns, das der feinstoffliche Sitz des Selbst ist; es erscheint Meditierenden, deren Energie durch die Gnade des Gurus erweckt worden ist.

Brahman *[brahman]*
(*wörtl.* Expansion; Anschwellen des Geistes) Vedantische Bezeichnung für die absolute Wirklichkeit.

Brahmane
Traditionell ein Angehöriger der Priester- und Gelehrtenkaste.

Chidvilasananda, Swami *[Chidvilāsānanda]*
(*wörtl.* die Glückseligkeit des Spiels des Bewußtseins) Name, der Gurumayi von Swami Muktananda gegeben wurde, als sie das Mönchsgelübde ablegte.

Daivi sampatti *[daivī sampatti]*
(*wörtl.* göttlicher Reichtum) Die wesenhaften Tugenden oder Stärken des Herzens, die, sofern sie geehrt und hochgehalten werden, bei der Suche die Gnade Gottes offenbaren.

Darshan *[darśhan]*
(*wörtl.* Sehen) In der Gegenwart eines/einer großen Heiligen sein; Gott oder ein Bildnis Gottes erblicken.

Daya *[dayā]*
(*wörtl.* Mitgefühl) Eine der herrlichen Tugenden; das spirituelle Gewahrsein des Schmerzes, den eine andere Person erleidet, und ein auf sie gerichtetes Gefühl uneigennütziger Zärtlichkeit ohne Urteil oder Mitleid. *Siehe auch* karuna.

Dharana *[dhāraṇā]*
(*wörtl.* Halten; Tragen, Im-Gedächtnis-Bewahren) Eine Technik, um den Geist zu sammeln und auf die Meditation vorzubereiten. In Patanjalis *Yoga Sutras* das sechste der acht Glieder des Yoga.

Dharma *[dharma]*
Grundlegende Pflicht; das Gesetz der Rechtschaffenheit; in Einklang mit dem göttlichen Willen leben. Der höchste Dharma ist der, die Wahrheit in seinem eigenen Herzen zu erkennen.

Dharmavyadha *[dharmavyādha]*
Ein großer Weiser aus Mithila, der sich seinen Lebensunterhalt als einfacher Metzger verdiente. Seine Geschichte taucht im *Mahābhārata* auf.

Drona *[droṇa]*
Im *Mahābhārata* der große Meister im Bogenschießen, der sowohl die Pandava- als auch die Kaurava-Brüder in ihrer Jugend Kampfsportarten lehrte.

Ego
Im Yoga das begrenzte Gefühl eines „Ichs", das sich mit Körper, Geist und Sinnen identifiziert; mitunter als „der Schleier des Leidens" beschrieben.

Erweckung
Siehe Shaktipat

Ganeshpuri *[gaṇeśhpurī]*
Dorf am Fuße des Berges Mandagni in Maharashtra, Indien. Bhagawan Nityananda ließ sich in dieser Region nieder, in der Yogis über Tausende von Jahren spirituellen Übungen nachgegangen sind. Der Gurudev Siddha Peeth, der Ashram, den Baba Muktananda auf Geheiß seines Gurus errichtete, steht auf diesem heiligen Boden. Gurumayi hat viele Jahre ihrer Sadhana dort verbracht. Der Samadhi-Schrein von Bhagawan Nityananda in Ganeshpuri und der von

Swami Muktananda im Gurudev Siddha Peeth ziehen viele Tausende von Pilgern an.

Ganges

Heiligster Fluß Indiens, von dem es heißt, er entspringe im Himmel. Auf der Erde strömt er vom Himalaya-Gebirge durch ganz Nordindien bis zur Bucht von Bengalen. Man glaubt, wer im Ganges badet, würde von allen Sünden gereinigt.

Gunas *[guṇas]*

Die drei grundlegenden Eigenschaften der Natur, welche die Merkmale bestimmen, die der gesamten Schöpfung innewohnen. Diese sind: Sattva (Reinheit, Licht, Harmonie und Intelligenz), Rajas (Aktivität und Leidenschaft) und Tamas (Dumpfheit, Trägheit und Unwissenheit).

Guru *[guru]*

(*wörtl.* gu, Dunkelheit; ru, Licht) Spirituelle(r) Lehrer(in) oder Meister(in), der/die Einheit mit Gott erlangt hat und insofern in der Lage ist, Suchende zu initiieren und auf dem spirituellen Weg zur Befreiung zu leiten. Von einem Guru wird ferner gefordert, bewandert in den Schriften zu sein und einer Tradition von Meistern anzugehören. *Siehe auch* Shaktipat; Siddha.

Guru – Füße, Sandalen des

Die Füße des Gurus kommen in den meisten indischen Schriften vor. Diesen zufolge verkörpern sie Shiva und Shakti, Wissen und Handeln, das Hervorbringen und Wiederzurücknehmen der Schöpfung. Schwingungen der inneren Shakti strömen von den Füßen des Gurus aus. Sie sind eine mystische Quelle der Gnade und Erleuchtung und ein Bild für die Lehren des Gurus. Aus diesem Grund richten sich viele alte Hymnen an sie und an die Sandalen des Gurus, die der Überlieferung nach ebenfalls diese göttliche Energie der Erlösung und Erleuchtung in sich bergen.

Gurumayi *[Gurumāyī]*

(*wörtl.* die im Guru aufgeht) Im Marathi, der Sprache Maharashtras, ein respektvoller Kosename, der oft als Anrede für Swami Chidvilasananda gebraucht wird.

Gurudev Siddha Peeth *[pīṭha]*

(Siddha peeth, wörtl. Wohnsitz von Vervollkommneten) Der Hauptashram von Swami Chidvilasananda und von Siddha Yoga in Ganeshpuri, Indien. Dort befindet sich der Samadhi-Schrein von Baba Muktananda. Dieser hochgradig mit der Kraft des göttlichen Bewußtseins geladene Ashram ist ein weltbekanntes Zentrum spiritueller Übungen und Studien.

Guru Gita *[guru gītā]*

(*wörtl.* Lied vom Guru) Ein uralter heiliger Text; ein Reigen von Mantras, in denen das Wesen des Gurus, die Guru-Schüler-Beziehung und die Meditation auf den Guru beschrieben werden. In den Siddha-Yoga-Ashrams wird die *Guru Gītā* jeden Morgen gesungen.

Guruseva

Siehe Seva.

Handeln, Yoga im

Die yogische Übung, alle körperlichen, verbalen und geistigen Handlungen als Andacht darzubringen; die Übung, Ergebung und das Gefühl, selbst nicht die handelnde Person zu sein, zu praktizieren. *Siehe auch* Yoga, Seva.

Hanuman *[hanumān]*

(*wörtl.* mit schwerem Kinn) Halbgott in Gestalt eines riesigen weißen Affen, der einer der Helden des *Rāmāyana* ist. Hanumans unvergleichliche Kraft wurde nur noch von seiner vollendeten Hingabe gegenüber Gott Rama übertroffen, für den er zahlreiche tapfere und gewagte Taten vollbrachte.

Hatha-Yoga

Yogische Übungen körperlicher wie auch geistiger Art, die zum Zweck der Reinigung und Stärkung des grobstofflichen wie auch des feinstofflichen Körpers durchgeführt werden.

Indra *[indra]*

In den Veden der Gott des Donners und des Blitzes. Später in den Puranas der Herr des Himmels.

Intensive

Programm, das von Baba Muktananda entworfen wurde, um durch Erweckung der Kundalini-Energie unmittelbar in die Erfahrung von Meditation zu initiieren. *Siehe auch* Shaktipat.

Japa *[japa]*

(*wörtl.* leise gesprochenes Gebet) Stumme oder laute Wiederholung des Mantras.

Jnana *[jñāna]*

(*wörtl.* Wissen) Spirituelle Weisheit.

Jnana-vyavasthiti *[jñāna-vyavasthiti]*

(*wörtl.* Standhaftigkeit im Wissen) Die göttliche Eigenschaft, sich uneingeschränkt dem Wissen zu weihen, ein Zustand der Tugend, in dem man fest auf die Wahrheit des Selbst ausgerichtet und durch nichts abzulenken ist.

Jnaneshwari *[jñāneśhwarī]*

Ein majestätischer, in Versform verfaßter Kommentar zur *Bhagavad Gītā,* den Jnaneshwar als Sechszehnjähriger verfaßte, auch unter dem Namen *Bhavarthadīpika,* „Die Lampe der einfachen Erklärung" bekannt. Dies war die erste Schrift, die in Marathi geschrieben wurde, der Sprache des Volkes von Maharashtra. Dieses Werk, zusammengestellt „mit der völligen Freiheit göttlicher Inspiration", wie Baba Muktananda einmal sagte, ist gleichzeitig überaus poetisch und voller spiritueller Erkenntnis. *Siehe auch* Jnaneshwar Maharaj.

Jnaneshwar Maharaj *[jñāneśhwar mahārāj]*

(ca. 1275–1296) Herausragendster der Dichterheiligen aus Maharashtra, Indien. Er wurde in eine Familie von Heiligen hineingeboren. Sein älterer Bruder Nivrittinath war sein Guru; sein jüngerer Bruder Sopan und seine Schwester Muktabai erlangten ebenfalls schon im Kindesalter Erleuchtung. Mit 21 Jahren begab sich Jnaneshwar in Alandi lebendig in Samadhi (auf diese Weise können Yogis willentlich aus ihrem Körper austreten). Sein dortiger Samadhi-Schrein zieht noch heute Jahr für Jahr Tausende von spirituellen Pilgern an.

Kabir *[kabīr]*

(1440–1518) Großer Dichterheiliger und Mystiker, der sein Leben als einfacher Weber in Benares verbrachte. Zu seinen Gefolgsleuten gehörten Hindus und Moslems gleichermaßen, und sein Einfluß hatte große Macht bei der Überwindung des heftigen Haders zwischen einzelnen religiösen Gruppierungen, der seine Zeit prägte. Aufbauend und eindringlich, ekstatisch und gleichzeitig ernüchternd sind seine Gedichte, in denen die Erfahrung des Selbst, die Erhabenheit des Gurus und die Natur wahrer Spiritualität beschrieben werden. Noch immer werden sie in aller Welt mit Interesse studiert und gesungen.

Karma *[karma]*

(*wörtl.* Handlung) Die Konsequenzen unserer verbalen, mentalen oder physischen Handlungen, aus denen sich unser Schicksal zusammensetzt. Es gibt drei Kategorien von Karma: jenes, dem es bestimmt ist, noch in diesem Leben ausgelebt zu werden; jenes, das für künftige Leben zurückgehalten wird und derzeit in Saatform eingelagert ist; und das Karma, das im derzeitigen Leben geschaffen wird. *Siehe auch* Samskaras.

Karmashaya *[karmāśhaya]*

(*wörtl.* Karma-Lagerstatt) Angesammelte Eindrücke; die Konsequenzen von Handlungen, die man in sich trägt und deren Ausdruck als Schicksal unmittelbar oder künftig bevorsteht.

Karuna *[karuṇa]*

(*wörtl.* Mitgefühl; die Barmherzigkeit Gottes) Eine göttliche Eigenschaft oder ein tugendhafter Zustand der Bereitschaft, zu vergeben, des Einfühlungsvermögens und des Mitgefühls, ohne jegliche Bindung oder Hintergedanken.

Kaschmir-Shaivismus

Erhabene Philosophie der Nicht-Zweiheit, die im gesamten Universum die Manifestation der einen göttlich-bewußten Energie sieht; ein Zweig der philosophischen Schule des Shivaismus, der erklärt, wie das gestaltlose höchste Prinzip, Shiva, als das Universum Gestalt annimmt. Zusammen mit dem Vedanta liefert der Kaschmir-Shivaismus die heiligen Schriften, auf denen Siddha Yoga basiert.

Kauravas *[kauravas]*

Abkömmlinge des Königs Kuru, die unter Führerschaft des übel gesonnenen Duryodhana bei der Schlacht von Kurukshetra im *Mahābhārata* gegen die rechtschaffenen Pandavas kämpfen.

Krishna *[kṛiṣhṇa]*

(*wörtl.* der Dunkle; der, der unwiderstehlich anzieht) Achte Inkarnation Vishnus, dessen Lebensgeschichte im *Shrīmad Bhāgavatam* und dem *Mahābhārata* erzählt wird. Seine spirituellen Lehren, die Arjuna auf dem Schlachtfeld offenbart werden, sind unter dem Namen *Bhagavad Gītā* bekannt geworden.

Krishnasuta *[kṛiṣhṇasutā]*

(spätes 19. bis frühes 20. Jh.) Ursprünglicher Name Khado Krishna Garde. Der Schulinspektor im indischen Bundesstaat Karnataka war ein Anhänger von Siddharudha Swami, in dessen Ashram Swami Muktananda das Mönchsgelübde ablegte. Von Krishnasuta stammt die *Gītāmrita Shatapadi*, eine Sammlung von 100 Liedern, in denen auf Marathi die *Bhagavad Gītā* zusammengefaßt wird.

Kundalini *[kuṇḍalinī]*

(*wörtl.* die Zusammengerollte) Die höchste Kraft oder uranfängliche Energie, die zusammengerollt in schlummerndem Zustand am unteren Ende der Wirbelsäule eines jeden Menschen ruht. Wenn sie erweckt wird, wandert diese außerordentlich subtile Kraft durch die zahlreichen Kanäle des feinstofflichen Körpers aufwärts, wobei sie unterschiedliche yogische Übungen in Gang setzt und den gesamten Organismus reinigt. Ist die Reinigung abgeschlossen, läßt sich die Kundalini dauerhaft im Sahasrara nieder, dem spirituellen Zentrum am Scheitelpunkt des Kopfes. Dort geht das individuelle Selbst in das höchste Selbst ein, und der Kreislauf von Geburt und Tod findet ein Ende. *Siehe auch* Shaktipat.

Kuntibhoja *[kuntibhoja]*
Im *Mahābhārata* der Vater von Kunti, der Mutter der Pandavas.

Mahabharata *[mahābhārata]*
Bedeutendes, von dem Weisen Vyasa verfaßtes Sanskritepos, in dem der Kampf zwischen den Karuava- und Pandava-Brüdern um ein strittiges Königreich erzählt wird. Diese umfangreiche Erzählung enthält reiche Schätze säkulärer und religiöser indischer Überlieferungen. Die *Bhagavad Gītā* erscheint im hinteren Teil des *Mahābhārata.*

Maharashtra *[mahārāśhtra]*
(*wörtl.* das große Reich) Bundesstaat an der Westküste Zentralindiens. Viele der großen Dichterheiligen lebten in Maharashtra, und dort befindet sich auch der Samadhi-Schrein von Bhagawan Nityananda und der von Swami Muktananda. *Siehe auch* Ganeshpuri.

Mahavakya *[mahāvākya]*
(*wörtl.* große Aussage) Vier Aussagen, in denen die Weisheit der Upanischaden enthalten ist und in denen die Einheit zwischen dem individuellen Selbst und Gott behauptet wird: *aham brahmāsmi (Yajur Veda); ayam ātmā brahma (Atharva Veda); prajñānaṃ brahma (Rig Veda); tat tvam asi (Sāma Veda).*

Mala *[mala]*
(*wörtl.* Unreinheit) Ein Begriff, der im Kaschmir-Shaivismus als Bezeichnung für Unreinheit, Makel, Schlacke verwendet wird; das falsche Verständnis unserer Natur, das die reine Kraft des göttlichen Bewußtseins in uns verschleiert und begrenzt; die drei begrenzenden Umstände, die den freien Ausdruck des göttlichen Geistes im Menschen behindern.

Mantra *[mantra]*
(*wörtl.* heilige Anrufung; das, was schützt) Mantras sind Namen Gottes; göttliche Klänge, die das Vermögen besitzen, denjenigen, der sie wiederholt, zu schützen, zu reinigen und zu verwandeln.

Matrika Shakti *[mātṛikā]*
(*wörtl.* die Macht der Mutter) Die Muttergöttin oder Shakti in Form von Klang, als Schöpfungskraft des Universums; die Macht von Buchstaben und Worten. *Siehe auch* Shakti.

Muktananda Paramahamsa, *[Muktānanda paramahaṃsa]* Swami
(1908–1982) Gurumayis Guru, oft Baba genannt. Dieser große Siddha brachte die machtvolle und seltene Initiation, die als Shaktipat bezeichnet wird, auf Geheiß seines eigenen Gurus, Bhagawan Nityananda, in den Westen. Als Erbe einer bedeutenden Dynastie spiritueller Meister stellte er Siddha Yoga als spirituellen Weg auf der ganzen Welt vor und schuf so das, was er als eine „Meditationsrevolution" bezeichnete. Baba erweckte die Schriften zum Leben, und er lehrte mit Wort und Tat, durch sein Beispiel und durch unmittelbare Erfahrung. Seine Botschaft an alle Menschen lautete: „Ehre dein Selbst, verehre dein Selbst, meditiere auf dein Selbst. Dein Gott lebt in dir als du."

Nadis *[nāḍīs]*
Die 720 Millionen Kanäle im feinstofflichen Körper des Menschen, durch die die Lebenskraft zirkuliert. Die Naben oder Kreuzungspunkte dieser Nadis werden „Chakras" genannt.

Nityananda, Bhagawan *[Nityānanda]*
(?–1961) Swami Muktanandas Guru, auch Bade Baba genannt. Er war von Geburt an ein Siddha und verbrachte sein gesamtes Leben im höchsten Bewußtseinszustand. Von seinen frühen Tagen weiß man nur wenig. Er kam aus Südindien und lebte später in Maharashtra, wo um ihn herum das Dorf Ganeshpuri entstand. Er sprach sehr wenig, und dennoch erfuhren Tausende von Menschen seine Gnade. Sein Samadhi-Schrein befindet sich in dem Dorf Ganeshpuri, gut anderthalb Kilometer vom Gurudev Siddha Peeth, dem Stammsitz von Siddha Yoga, entfernt.

Om shantih shantih shantih *[śhāntiḥ]*
(Shanti: wörtl. Frieden) Ein Gebet um Frieden und Schutz, dem der Urklang Om vorangestellt ist und das am Ende vedischer Gebete und Lobpreisungen gesprochen wird.

Paduka Arati *[pādukā āratī]*
Der Gesang, der die Morgen- und Abendandacht im Schrein des großen Siddhas Sai Baba von Shirdi begleitet.

Panchatantra *[pañchatantra]*
Uralte Lehrgeschichten des Gelehrten Vishnu Sharma. Tiere und Alltagsgestalten und deren Tun und Treiben werden hier zum Sprachrohr für Unterweisungen über Philosophie, Moral und Regierungsgeschäfte.

Pandavas *[pāṇḍavas]*
Söhne des Pandu; die fünf tugendhaften Helden des *Mahābhārata*, des großen indischen Epos, die im Kampf für die Rechtschaffenheit gegen die Kauravas antraten. Diese fünf Brüder heißen: Yudhishthira, Bhima, Arjuna, Sahadev und Nakula.

Parashiva *[paraśhiva]*
(*wörtl.* höchster Shiva) Der uranfängliche Gott; der höchste Guru.

Prahva *[prahva]*
(*wörtl.* sich verneigend vor; demütig) Demut, die zarte Tugend, durch welche die Gnade aufgenommen wird und durch die alle anderen Tugenden genährt werden und zur Reife gelangen.

Prana *[prāṇa]*
Die unabdingbare, das Leben aufrechterhaltende Kraft sowohl des einzelnen Körpers als auch des gesamten Universums.

Prashraya *[praśhraya]*
(*wörtl.* ehrerbietiger Respekt) Die Ehrerbietung, mit der man dem höchsten Selbst seine Achtung erweist und sich an die Gnade wendet, oft in Form von Anrufung und Gebet. Ferner auch die Achtung vor dem Selbst, das allem Geschaffenen innewohnt, dem Beseelten und Unbeseelten; eine Form von Achtung, die die Grundlage der Liebe ist.

Purandardas *[purandardās]*
[1484–1564] Ein Wanderasket und Siddha, der als Vater der karnatischen Musik gilt; er brachte seine Verehrung für Vitthal, eine Form Vishnus, in allen erdenklichen musikalischen Kompositionen zum Ausdruck, vom klassischen Raga bis zum Wiegenlied. Diese Lie-

der in der Sprache Kannada, als die *Purandaropanishad* gefeiert, werden noch heute gesungen.

Rajas, rajoguna

Siehe Gunas.

Ramanaya *[rāmāyaṇa]*

Dem Weisen Valmiki zugeschrieben, eines der großen epischen Gedichte Indiens. Das *Rāmāyana* erzählt vom Leben und den Heldentaten Ramas, der siebten Inkarnation Vishnus. Diese so reich mit spiritueller Bedeutung ausgestattete Erzählung ist quer durch alle Zeitalter immer wieder aufs neue von Heiligen, Dichtern, Gelehrten und dem einfachen Volk wiedergegeben worden.

Rasa *[rasa]*

Nektar, Aroma; eine subtile Energie der Fülle, der Süße und des freudigen Vergnügens.

Rig Veda *[ṛig veda]*

Der *Rig Veda,* einer der vier Veden, besteht aus mehr als eintausend Hymnen voller Weisheit, von denen einige zur größten Dichtung der Weltliteratur gehören. Dieser Veda ist für den Priester gedacht, dessen Aufgabe das Rezitieren der Hymnen ist, mit denen die Götter zu den Feuerritualen eingeladen werden. *Siehe auch* Veden.

Rumi, Jalaluddin

(1207–1273) Herausragendster Sufi-Heiliger und -Dichter Persiens und der Türkei und einer der bedeutendsten spirituellen Dichter aller Zeiten. Nach seiner Begegnung mit Shams-i-Tabriz, einem ekstatischen umherwandernden Heiligen, verwandelte er sich von einem nüchternen jungen Gelehrten in einen, der berauscht die göttliche Liebe besang.

Sadgurunath Maharaj ki Jay! *[sadgurunāth mahārāj ki jaya!]*

(*wörtl.* Gelobt sei der Meister, der mir die höchste Wahrheit offenbart hat) Ein überschwenglicher, freudiger Ausdruck des Dankes gegenüber dem Guru für alles von ihm Empfangene.

Sadhana *[sādhana]*

Übungen auf dem spirituellen Weg, sowohl körperlicher als auch geistiger Art; spirituelle Disziplin.

Sadhu *[sādhu]*

Ein Heiliger, Mönch oder Asket.

Sahaja Samadhi *[sahaja samādhi]*

Der natürliche Zustand des meditativen Vereintseins mit dem Absoluten, das während des Wach-, des Traum- und des Tiefschlafzustands bewußt bleibt.

Sahasrara *[sahasrāra]*

Das tausendblättrige spirituelle Zentrum am Scheitelpunkt des Kopfes. Dort erlebt man die höchsten Bewußtseinszustände. *Siehe auch* Nadis.

Samadhi-Schrein *[samādhi]*

Letzte Ruhestätte für den Körper eines großen Yogis. Schreine dieser Art sind Stätten der Andacht, an denen die spirituelle Kraft und der Segen des/der dort Bestatteten lebendig ist.

Sama Veda *[sāma veda]*

Der zu insgesamt vier Veden gehörige *Sāma Veda* ist eine liturgische Sammlung von Hymnen, die nach Melodien gesungen werden, welche eine große Schönheit auszeichnet. *Siehe auch* Veden.

Samskaras *[saṃskāras]*

Eindrücke vorangegangener Handlungen und Gedanken, die im feinstofflichen Körper zurückbleiben. Durch das eigene Gewahrsein werden sie an die Oberfläche gebracht und dann durch das Wirken der erweckten Kundalini eliminiert. *Siehe auch* Karma.

Sannyasa *[sannyāsa]*

Mönchstum; die Zeremonie und Gelübde, durch die jemand den Pflichten und Privilegien des weltlichen Lebens entsagt, um sich ausschließlich dem Ziel der Verwirklichung des Selbst und dem Dienst für Gott zu widmen; in Indien traditionell der letzte Lebensabschnitt, der nach Erfüllung aller weltlichen Pflichten kommt.

Sanskrit *[saṇskṛit]*

(*wörtl.* vollendet) Die Sprache altindischer Texte.

Saptah *[saptah]*

(*wörtl.* sieben Tage, ursprünglich bezogen auf die alte Tradition siebentägiger Gesänge) Unentwegter Gesang von Gottes Namen, gegebenenfalls begleitet von einem Tanz im Kreis nach einer festen Schrittfolge, der Ausdruck liebender Verehrung Gottes und eine kinetische Form von Meditation ist.

Satsang *[satsaṅga]*

(*wörtl.* in der Gesellschaft der höchsten Wahrheit) Das Zusammensein mit Heiligen und Verehrern Gottes; eine Zusammenkunft zum Singen und Meditieren sowie zum Hören spiritueller Lehren oder Lesungen.

Sattva guna

Siehe Gunas.

Sattva-samshuddhi *[sattva-saṃśhuddhi]*

(*wörtl.* Wesensreinheit) Eine der glorreichen Tugenden. Sattva-samhuddhi bedeutet mehr als lediglich den Geist zu läutern, den Verstand zu stärken, den Körper zu reinigen: es heißt, vollkommen gefestigt in der absoluten Reinheit der Essenz des eigenen Wesens zu ruhen; ein Zustand, der sich aus reinen Handlungen entwickelt.

Scheich Nasruddin

Legendäre, auf die türkische Folklore des Mittelalters zurückgehende Gestalt, die von Lehrmeistern in vielen Teilen der Welt dazu benutzt wird, die Possen des menschlichen Geistes zu verdeutlichen.

Sechs Feinde

Die innerlichen Feinde, von denen im Vedanta die Rede ist: Begierde, Wut, Verblendung, Stolz, Gier und Neid.

Selbst

Der Atman, das göttliche Bewußtsein, das dem Individuum innewohnt; beschrieben als der Zeuge des Geistes oder das reine Ich-Bewußtsein.

Selbsterforschung

Der Vorgang der Kontemplation über die Fragen „Wer bin ich? Was bin ich? Woher bin ich gekommen?" und „Was ist der Sinn meines Lebens?" Selbsterforschung zu betreiben bewirkt ein Ablegen von Illusionen und bringt den Menschen der Erfahrung des Selbst im Innern näher und näher.

Seva *[sevā]*

(*wörtl.* Dienst) Selbstloser Dienst; Arbeit, die Gott ohne Bindung an dieses Tun dargebracht wird und mit der Haltung durchgeführt wird, nicht der Urheber oder die Urheberin des eigenen Tuns zu sein.

Shakti *[śhakti]*

Spirituelle Kraft; Gnade. Die göttliche kosmische Kraft, die das Universum erschafft und erhält. Der dynamische Aspekt des höchsten Bewußtseins. *Siehe auch* Kundalini.

Shaktipat *[śhaktipāta]*

(*wörtl.* die Herabkunft der Gnade) Die Übertragung der spirituellen Kraft (Shakti) vom Guru auf den Schüler oder die Schülerin; die spirituelle Erweckung. *Siehe auch* Kundalini.

Shankaracharya *[śhaṅkarāchārya]*

(780–820) Einer der bedeutendsten Philosophen und Weisen aller Zeiten. Sh. verbreitete die Philosophie eines absoluten Nondualismus (Advaita Vedanta) in ganz Indien. Zusätzlich zu seinen Lehren und Schriften wirkte er, indem er in allen vier Himmelsrichtungen des Landes Ashrams errichtete. Der Mönchsorden, dem Swami Chidvilasananda und Swami Muktananda angehören, wurde von Shankaracharya ins Leben gerufen. Eines seiner berühmten Werke ist *Viveka Chūḍāmaṇi*, „Der Kronjuwel der Unterscheidung".

Shirdi Sai Baba *[śhirḍī sāī bābā]*

(1838–1918) Einer der großen Siddhas neuerer Zeit. Obwohl er sein gesamtes Leben in einer ländlichen Kleinstadt verbrachte, wurde er in ganz Indien berühmt. Unmittelbar bevor er seinen Körper verließ, sagte er: „Nun werden die Steine dieses Samadhi eure Gebete erhören." Sein mit großer Kraft aufgeladener Samadhi-Schrein in Shirdi, Zentralmaharashtra, ist eine populäre Pilgerstätte.

Shiva *[śhiva]*

Im Kashmir-Shaivismus das Selbst aller; das alldurchdringende, unveränderliche, transzendente höchste Bewußtsein; der hinduistischen Göttertrinität zufolge steht Shiva als dritter Aspekt Gottes, der Zerstörer der Unwissenheit, neben Brahma, dem Schöpfer, und Vishnu, dem Erhalter.

Shivaismus

Siehe Kashmirischer Shivaismus, Kashmir-Shaivismus

Shivo'ham *[śhivo'ham]*

(*wörtl.* Ich bin Shiva) Ein uraltes Mantra, das verkündet, daß das eigene innere Selbst die höchste Wirklichkeit darstellt.

Shloka *[śhloka]*

Ein in Sanskrit nach einem bestimmten Versmaß verfaßter Abschnitt aus einem spirituellen Text oder einer spirituellen Schrift.

Siddha *[siddha]*

Ein vervollkommneter Yogi; einer, der im Bewußtsein der Einheit lebt und die Sinne und ihre Objekte gemeistert hat; einer, dessen Erfahrung des höchsten Selbst ununterbrochen fortbesteht und dessen Identifikation mit dem Ego durchbrochen ist.

Siddha Yoga

Der spirituelle Weg zur Vereinigung des Individuums und des Göttlichen, der mit Shaktipat, der durch die Segenskraft eines Siddha-Gurus gespendeten Initiation, beginnt. Siddha Yoga ist auch unter dem Namen Maha Yoga, „großer Yoga", bekannt, da er alle sonstigen Yoga-Wege mit umfaßt. Swami Chidvilasananda, Swami Muktanandas Nachfolgerin, ist die lebende Meisterin dieses uralten Weges.

Skanda Purana *[skanda purāṇa]*

Eines der achtzehn zentralen heiligen Bücher mit hinduistischen Legenden über die Götter und Weisen, zusammengetragen von dem Weisen Vyasa.

So'ham *[so'ham]*
(*wörtl.* DAS bin ich) Die natürliche Schwingung des Selbst, die spontan bei jedem Ein- und Ausströmen des Atems auftritt. Indem Suchende sich dieses Mantras voll und ganz bewußt werden, das sich ständig in uns wiederholt, werden sie in die Lage versetzt, Einheit mit dem höchsten Selbst zu erfahren.

South Fallsburg, New York
Standort des Siddha-Yoga-Meditationsashrams, den Baba Muktananda 1979 als internationalen Stammsitz der SYDA Foundation gründete.

Spanda Karikas *[spanda kārikās]*
Eine der grundlegenden Schriften des Kaschmir-Shaivismus. Diese im 9. Jh. von Vasuguptacharya verfaßte Sammlung von 53 Versen schildert, wie der Yogi, der wachsam bleibt, die göttliche Schwingung, den Spanda, in allem Leben findet.

Sushumna *[suṣhumnā]*
Der mittlere und wichtigste Kanal (Nadi) des feinstofflichen Körpers, der sich vom unteren Ende der Wirbelsäule bis zum Scheitel erstreckt; die reinigende Kundalini-Energie (Shakti) steigt in seinem Innern auf, um die sieben spirituellen Zentren zu durchstoßen, die Chakras genannt werden. *Siehe auch* Kundalini; Nadis.

Svatantrya *[svātantrya]*
Die absolute, von Anbeginn vorhandene Freiheit und grenzenlose Spontaneität Gottes.

Swami oder Swamiji *[swāmi]*
Respektvolle Anrede für einen Sannyasin oder Mönch.

Tadasana *[tāḍāsana]*
Hatha-Yoga-Stellung, bei der man so stark und hoch erhoben dasteht wie ein Berg.

Tagore, Rabindranath
(1861–1941) Mit dem Nobelpreis ausgezeichneter bengalischer Dichter, Lehrer und Visionär, dessen Werk zur Einführung der indischen Kultur in den Westen beigetragen hat.

Tamas, tamoguna
Siehe Gunas.

Tao-te Ching
(*wörtl.* Das Buch vom Weg und seiner Kraft) Klassische Schrift des Taoismus aus der Feder von Laotse, die darlegt, daß es ein grundlegendes harmonisches Prinzip im Universum gibt, das Tao genannt wird.

Tapasya *[tapasya]*
(*wörtl.* Hitze) Selbstauferlegte Härte; das Hitzegefühl, das im Laufe des Praktizierens von Yoga auftritt. Diese Hitze wird von der Reibung zwischen dem Geist und dem Herzen erzeugt, zwischen den Forderungen der Sinne und dem Impuls zu entsagen. Es heißt, diese Hitze, „das Feuer des Yoga", verbrenne alle Verunreinigungen, die zwischen dem Suchenden und der Erfahrung der höchsten Wahrheit anzutreffen sind.

Tulsidas *[tulsīdāsa]*
(1532–1623) Der Dichterheilige aus Nordindien, der auf Hindi das *Rāma Charitamānasa*, die Lebensgeschichte Ramas schrieb, noch heute in Indien eine der populärsten Schriften.

Upadesha *[upadeśha]*
(*wörtl.* in der Nähe der höchsten Wahrheit sitzen) Spirituelle Unterweisung, Lehren, die die Kraft in sich tragen, Initiation zu bewirken.

Upanischaden *[upaniṣhads]*
(*wörtl.* in der Nähe sitzen; Geheimlehren) Die auf göttliche Eingebung zurückgehenden Lehren, Visionen und mystischen Erfahrungen der alten Weisen, der Rishis, Indiens. Diese Schriften, die mehr als 100 Texte umfassen, stellen das „Ende" oder „letzte Verständnis" (anta) der Veden dar; daher der Begriff Vedanta. All diese Texte übermitteln in einer enormen formalen und stilistischen Vielfalt die gleiche grundlegende Lehre: daß die individuelle Seele und Gott eins sind.

Vasishtha *[vāsiṣhṭha]*
Der legendäre Weise und Guru Ramas. Vasishtha verkörperte die Kraft spirituellen Wissens. Er ist die zentrale Gestalt des *Yoga Vāsishtha,* einer der rigorosesten Schriften zur Natur des Geistes und dem Weg zur Befreiung des Geistes von Illusion.

Vedanta *[vedānta]*
(*wörtl.* Ende der Veden) Eine der sechs orthodoxen Schulen indischer Philosophie, veranschaulicht durch die Upanischaden und andere Texte, in denen es um die Natur des Selbst geht.

Veden, auch: Vedas *[vedas]*
(*wörtl.* Wissen) Die vier Veden, die zu den ältesten, angesehensten und heiligsten Schriften der Welt gehören, gelten als von göttlicher Seite offenbarte, ewige Weisheit. Sie heißen *Rig Veda, Atharva Veda, Sāma Veda* und *Yajur Veda.*

Vedische Feuerzeremonie
„Yajna" genannt. Ein heiliges Feuerritual, das mehrere Tage dauert. Beim Rezitieren vedischer Mantras werden Artikel wie wohlriechende Hölzer, Getreide und Butterschmalz als Opfergaben an Gott und als Ausdruck der Dankbarkeit für alles Empfangene ins Feuer gegossen.

Viveka *[viveka]*
(*wörtl.* Unterscheidungsvermögen; Unterscheidung) Die Fähigkeit, persönlich abzuwägen, die es dem Menschen gestattet, zwischen wahr und falsch, Wirklichkeit und Illusion zu unterscheiden.

Viveka Chudamani
[viveka chūḍāmaṇi]
(*wörtl.* Der Kronjuwel der Unterscheidung) Im 8. Jh. entstandener philosophischer, in Sanskrit verfaßter Kommentar zum Advaita Vedanta von Shankaracharya. Hier wird die Lehre dargelegt, daß Brahman allein, das Absolute, wirklich ist. Diese Schrift gilt als bestes Beispiel für das philosophische Genie dieses großen Siddha-Meisters sowie des von ihm spirituell Erlangten.

Yajur Veda *[yajur veda]*
Eine ewig gültige Schrift, in deren Hymnen Opferungsvorschriften und -riten sowie die Regeln für deren korrekte Durchführung spezifiziert werden. Es heißt, daß diese Opferrituale das harmonische Funktionieren des Universums steuern.

Yoga *[yoga]*
(*wörtl.* Einheit) Die spirituellen Übungen und Disziplinen, durch die Gottsuchende geistigen Gleichmut erlangen sowie die Bande durchtrennen, die sie an den Schmerz binden, und Geschick im Handeln entwickeln, da sie nicht länger

das Gefühl haben, selbst Urheber ihrer Handlungen zu sein. Am Ende führt der Weg des Yoga zur Erfahrung des Selbst.

Yoga Sutras von Patanjali *[Patañjali Yoga Sūtras]*

Eine Sammlung von Aphorismen, die im 4. Jh. von dem Weisen Patanjali auf Sanskrit verfaßt wurden. Diese bilden die zentrale Schrift für die acht Glieder des Yoga. Hier werden die unterschiedlichen Methoden zur Erlangung von Samadhi dargelegt.

Yoga Vasishtha *[yoga vāsiṣhṭha]*

Auch unter dem Namen *Vāsishtha Rāmāyana* bekannt. Sehr populärer Sanskrittext über den Advaita Vedanta, entstanden vermutlich im 12. Jh. und dem Weisen Valmiki zugeschrieben. Hierin antwortet Vasishtha auf Ramas philosophische Fragen über das Leben, den Tod und das menschliche Leiden, indem er lehrt, daß die Welt so sei, wie wir sie sehen, und daß die Illusion erlischt, wenn der Geist zur Ruhe kommt.

Yoga-vyavasthiti *[yoga-vyavasthiti]*

(*wörtl.* Standhaftigkeit im Yoga) Eine der glorreichen Tugenden, die Krishna, im sechzehnten Kapitel der *Bhagavad Gītā* erwähnt; das Vermögen eines/einer Suchenden, entschlossen und unerschütterlichen Geistes Yoga zu praktizieren, komme, was da wolle; die Fähigkeit, das langfristige Streben auf dem spirituellen Weg aufrechtzuerhalten.

Stichwortverzeichnis

Gebet 19–20; mit Demut 119–120; aus Liebe zu Gott 161–162; als Anrufung 123
Gedanken: Wachsamkeit und Kontrolle im Hinblick auf 26, 27–28, 31–32; Macht der 23–24, 105. *Siehe auch* Geist
Geduld 163; als Weg zum Brahman 77, 163
Geist: Gleichmut des G. 34–37; als Yoga 47; durch Übung ruhig gewordener 15, 33; Unruhe des G. 37, 46; ungerührter G. um des Yoga willen 34, 47; Beobachten des 130. *Siehe auch* Gedanken
Gelehrsamkeit: Stolz auf 82–83, 92. *Siehe auch* Intellekt, Verstand
Geschichten: der Blinde im Gefängnis 138–139; die Schöpfkelle für das Dessert 29–30; Kaushika und der Kranich 74–77; der König im Brunnen 101–103; der König, der sich taub stellte 112–113; die Macht einer einzigen guten Tat 142–144; der Geizhals und der Schuster 114–116; Nasruddin und der Schlaf 25–26; Tulsidas und der Skorpion 88; der Sadhu und der Wäscher 68–70
Geschick im Handeln, als Yoga 35, 40–41
Gewohnheit 87–88
Gier: von den Tugenden besiegt 7; und Beziehung zu Wut und Verlangen 8
Gleichmut, als Yoga 35–36
Glück: Kleben am/Bindung an das 83
Gnade: Verlust der 127; als dem Mitgefühl entströmend 109; des Gurus 5–6, 39–40; durch Demut 118, 119, 120
Gott im Gegenüber sehen 109–110
Gott: Mitfühl Gottes 98, 104–108, 109; und Angst 10–11; Licht Gottes 28, 98, 124–126, 131; Allgegenwart Gottes 62–63; Abgeschnittensein vom Wissen um 21; in den Worten anderer 27. *Siehe auch* Gnade; Selbst
Göttliche Eigenschaften: *Siehe* Tugenden
Gunas (drei Eigenschaften) 54, 86–87; und Motive 93–95; *rajas* (gemischt) 82, 84–85; *sattva* (rein) 54, 60–61, 82; *tamas* (unrein) 54, 55–57, 82–83, 85–86
Guru: Aufmerksamkeit vom 39–40, 43; und Schüler xvi, xvii; phantasierte Begegnung mit dem 75–76; Zugehen auf den 117
Gurudev Siddha Peeth 1, 154–155
Gurumayi: und der Darshan Bhagawan Nityanandas 1–2; und der Darshan Sai Babas 14–15; Schülerschaft von xiv–xvii; und der Vollmond 133; und der dankbare Vater eines Teenagers 109–110; bei der Meditation im „Cave“ 154–155
Handlung(en): Bindung an 23–24, 27, 85, 86–87; Disziplin im 31; Unterscheidungsvermögen beim 40–41; und Unreinheit 40–41, 134–135; und Reinheit von Handlungen 27–28, 30, 40–41; rajasische 137–140; sattvische 141–144; selbstlose 144–145; Geschick im Handeln 40–42; tamasische 135–137
Hanuman 145
Herz: als Wohnsitz Gottes 21, 54, 151–154, 156–157; und Mitgefühl 97, 98, 99, 104–105; und Mut 17; und Demut 117, 119, 120; und Entschlossenheit 20, 77; als Quelle der Weisheit 54. *Siehe auch* Reinheit des Herzens
Hingabe Hanumans 145
Hölle: Pforten der 7; in Form eines Lebens in Wut 71–72
Humor 100
Innenschau: *Siehe* Selbsterforschung
Innere Feinde 94–95. *Siehe auch* Wut; Verlangen; Verblendung; Angst; Gier; Stolz
Innere Verpflichtung 42; zur Wesensreinheit 28–29; zur Verwirklichung des Selbst 7

So'ham-Mantra, *Siehe auch* Mantrawiederholung
South Fallsburg, Ashram, *Siehe auch* Ashram
Spanda Kārikās (Schrift) 23
Spiel des Bewußtseins 43, 53
Spirituelle Übungen: *Siehe* Übungen, spirituelle; Sadhana
Standhaftigkeit im Wissen 49–63; als Zufriedenheit 51–52, 62; Beschreibung von 50; und Angst 62–63; und das Mantra 57, 61; und das Spiel der *gunas* 54–61. *Siehe auch* Selbst-Erkenntnis
Standhaftigkeit im Yoga 33–47; Bedeutung von 33–36, 47; als neue Sichtweise des Schmerzes 43–46; als Durchhaltevermögen 40–42, 43–47; als Reinheit im Handeln 47; als Selbstkontrolle 40, 41, 43, 46–47. *Siehe auch* Yoga
Standhaftigkeit: im Ertragen von Schmerz 45–47; im Zynismus 37; im Alltag 41–43; Synonyme 38. *Siehe auch* Verpflichtung, innere; Durchhaltevermögen; Standhaftigkeit im Wissen
Stolz: als Barriere bei der Liebe zu Gott 117; auf den Körper 113–114; auf sein Wissen 92
Swami Chidvilasananda: *Siehe* Gurumayi
Swami Muktananda: *Siehe* Muktananda
Tādāsana (Bergstellung) 52
Tagore, Rabindranath: zum Dienen 145
Tamas (Eigenschaft) 55–57, 81–82, 85 bis 86; im Handeln 135–137; Verbindung zwischen Ignoranz und Verblendung 85; als Trägheit 81, 86; und das Wissen 55–57. *Siehe auch Bhagavad Gītā, Gunas, Jñāneshwari*
Tao-te Ching: zur Einfachheit 31; zur Tugend und dem Tao 165; zur Tugend und dem Geist 65–66
Tod: Kurs zum Umgang mit 42
Trägheit: *Siehe Tamas*
Tugenden: in der *Bhagavad Gītā* 4; Angst vor den 3, 21, 49; und Demut 112, 113; als Dharma 49; Muktananda zu den 149; als angeboren 3; Shankaracharya zu den 111; das *Tao-te Ching* zu den 65–66, 165; als verwandelnde Kraft 3. *Siehe auch* Mitgefühl; Furchtlosigkeit; Vergebenkönnen; Nachsicht; Freisein von Wut; Demut; Wesensreinheit; Reinheit des Herzens; Respekt, Selbstdisziplin; selbstlos Dienen; Standhaftigkeit im Wissen; Standhaftigkeit im Yoga
Übungen, spirituelle 15, 29, 88; Nutzen der 12, 15, 71, 88; Begeisterung für 39; Beharrlichkeit bei 41; benötigtes Durchhaltevermögen bei den 15. *Siehe auch* Kontemplation; Mantrawiederholung; Sadhana; Selbsterforschung
Unerschütterliche Weisheit 77
Unreinheit *(mala). Siehe auch* Wesensreinheit; Reinheit des Wesens
Untätigkeit: *Siehe Tamas*
Unterscheidungsvermögen: und Yoga 40–41
Unvollkommenheit; Gefühl von 23
Unwissenheit. *Siehe auch* Verblendung, *Tamas*
Upanischaden 19–20, 153; *Īshāvāsya Upanishad* 62; *Kaivalya Upanishad* 153; *Katha Upanishad* 153
Urheberschaft: Gefühl der 23; und Dienen 144–145; als Ursprung von Selbstsucht 106. *Siehe auch* Handlungen; *Rajas*
Vedanta 29–30, 107, 138–139
Veden 52
Verantwortung 116–117
Verblendung 23; Haften an der 86–87; als Folge von *tamas* 56. *Siehe auch* Unwissenheit
Verdauung: und der Geist 136–137
Vergebenkönnen: löst Wut auf 76, 77; sich selbst gegenüber 77; und Geduld

SYDA-Veröffentlichungen

Weitere Bücher von Swami Chidvilasananda

Kindle My Heart
(Entzünde die Flamme in meinem Herzen)

Ashes at My Guru's Feet
(Asche zu meines Gurus Füßen)

Inner Treasures

The Yoga of Discipline

Von Swami Muktananda und Swami Chidvilasananda

Resonate with Stillness

Bücher von Swami Muktananda

Play of Consciousness
(Spiel des Bewußtseins)

From the Finite to the Infinite

Where Are You Going?
(Der Weg und sein Ziel)

I Have Become Alive

The Perfect Relationship

Reflections of the Self

Secret of the Siddhas

I Am That (Ich bin Das)

Kundalini (Kundalini)

Mystery of the Mind
(Das Mysterium des menschlichen Geistes)

Does Death Really Exist?

Light on the Path
(Von der Natur Gottes)

Getting Rid of What You Haven't Got

In the Company of a Siddha

Lalleshwari

Meditate
(Meditiere)

Siddha Meditation

Bhagawan Nityananda

Mini-Taschenbücher von Swami Muktananda

Mukteshwari

To Know the Knower
(Schaue den Schauenden)

I Love You (Ich liebe dich)

The Self Is Already Attained

A Book for the Mind

I Welcome You All with Love

God Is with You

Weitere Mini-Taschenbücher

Everything Happens for the Best
(Alles geschieht zum Besten)

The Light of the Guru

The Practices of Siddha Yoga Belong to You

Bücher mit Liedtexten

Nectar of Chanting
(Der Nektar des Singens)

Power of Chanting

Rudram

Guru Gita *(Miniaturausgabe)*

Titel der deutschsprachigen Ausgaben in Klammern

SPIEL DES BEWUSSTSEINS

Eine spirituelle Autobiographie
von Swami Muktananda

In den dreißig Jahren seit seinem ersten Erscheinen ist Spiel des Bewusstseins zu einem klassischen Werk geworden: das Vermächtnis eines großen spirituellen Meisters.
Swami Muktananda berichtet in beispielloser Großzügigkeit von seiner spirituellen Reise. Anschaulich und mit noch nie dagewesener Offenheit beschreibt er seine spirituelle Einweihung, das Erwachen der verborgenen Kraft, die Kundalini Shakti genannt wird und den darauf folgenden erstaunlichen Prozess der inneren Verwandlung.
In der Beschreibung der mystischen Alchemie der erwachten Kundalini und seiner Anstrengungen offenbart Muktananda viele Geheimnisse spiritueller Praxis.
Vor allem aber bietet dieses Buch jedem Inspiration, der das sucht, was Muktananda gesucht hat - höchste persönliche Freiheit, die spirituelle Erleuchtung. „Dieser Weg steht jedem offen", sagt Muktananda.
Schon das bloße Lesen dieses außergewöhnlichen Berichtes kann eine Einweihung bedeuten.

Klappenbroschur, 422 Seiten, 15 Abbildungen,
ISBN 3-930711-13-3, DM 43.90

DAS MYSTERIUM DES MENSCHLICHEN GEISTES

von Swami Muktananda

„Gedanken bestimmen unsere Erfahrungen", sagt Swami Muktananda, „wenn wir es lernen, den Geist und die Gedankenwellen, die er erzeugt, zu kontrollieren, können wir unsere Welt in ein Paradies verwandeln." In dieser faszinierenden Erörterung über die Natur des Geistes enthüllt Swami Muktananda das yogische Verständnis von der Macht der Buchstaben, Worte, Bilder und Gedanken. Er zeigt, wie der Geist benutzt werden kann, um die Erfahrung der Welt positiv zu verändern. Er erklärt, wie das richtige Verständnis des Geistes das Leben glücklicher, freudvoller und von Liebe erfüllt werden läßt, wie man den Geist zu seinem besten Freund machen kann.

Broschur, 68 Seiten, ISBN 3-930711-12-5, DM 17,50

Der Weg und sein Ziel

von Swami Muktananda

Wo führt unser Leben hin? Welchen Sinn hat unser Leben? Diese Fragen sind bereits der Beginn einer Reise nach innen, zum eigenen inneren Selbst. In diesem Buch bietet Swami Muktananda nicht nur Antworten auf diese Fragen an, sondern eröffnet dem Leser auch ein tieferes Verständnis seines Seins. Swami Muktananda spricht über die Natur des Lebens, das Erkennen des inneren Selbst, gibt eine Einführung in die Meditation, erklärt die Bedeutung der Erweckung der Meditationsenergie und die Aufgabe des inneren und äußeren Meisters. Er zeigt, wie die innere Reise vorangeht vom ersten Schimmer des Verständnisses bis zur schließlichen Erkenntnis.
Dieses Buch ist besonders für all diejenigen geeignet, die nach einer grundlegenden Orientierung für ihre spirituelle Reise suchen.

Broschur, 240 Seiten, ISBN 3-930711-07-9, DM 24,90

Meditiere

Das Glück liegt in Dir

von Swami Muktananda

„Wir meditieren nicht, um ein wenig zu entspannen oder ein bißchen Frieden zu erfahren, sondern wir meditieren, um unser inneres Wesen zu entfalten." Baba Muktananda erklärt den Vorgang der Meditation und weckt Begeisterung dafür, diese Übung kontinuierlich zu betreiben. In diesem grundlegenden Text vermittelt er dem Leser durch seine Worte und Lehren die Erfahrung der Meditation. Sowohl für Anfänger wie auch für diejenigen, die bereits mit der Meditationspraxis vertraut sind, stellt das Buch eine unschätzbare Quelle der Weisheit und Inspiration dar.

Broschur, 84 Seiten, ISBN 3-930711-22-2, DM 17,50

Die Welt in meinem Kopf

Inspiration durch eine neue Wahrnehmung

von Swami Anantananda

Wie beruhigen wir unseren Geist? Wie können wir uns von den Fesseln unserer Gedanken und unserer Einbildungen befreien? Indem wir verstehen lernen, wie unser Geist im täglichen Leben am Arbeiten ist, können wir unsere Aufmerksamkeit auf das Augenblickliche lenken und die Welt mit neuen Augen sehen. Augen, die aus der Freiheit und mit der Freude des wahren Selbst schauen. In diesem Buch entdeckt und behandelt Swami Anantananda die sogenannten „sechs Feinde", jene Neigungen des Geistes, die uns davon abhalten, die Welt mit den klaren Augen des Selbst wahrzunehmen. Die Mittel, die er ausführlich darlegt, um mit diesen „Feinden" umzugehen, sind einfach und wirksam zu handhaben. Sie sind darauf gerichtet, das Verhältnis zu unseren Gedanken und Gefühlen nachhaltig zu verändern

Broschur, 220 Seiten, ISBN 3-930711-24-9, DM 22,90

Yoga der Disziplin

von Swami Chidvilasananda

Wenn Swami Chidvilasananda über die Freude der Disziplin spricht und schreibt, dann tut sie das mit der Überzeugung desjenigen, der sie überaus gut kennt. Yogische Disziplin, erklärt sie, ist eine innere Haltung dem Leben gegenüber, die es einem Suchenden ermöglicht, die Sinne zu beherrschen, damit sich die Erfahrung Gottes offenbaren kann. In diesem Buch mit 14 Vorträgen, erörtert Gurumayi die Disziplin des Sehens, Hörens, Essens, Redens und Denkens.

„Disziplin führt zu vollkommener Freiheit. Sie macht es möglich, Grenzen zu überschreiten, Hindernisse zu überwinden und das höchste Ziel zu erreichen. Der Weg der Disziplin wird nicht nur das Leben eines Menschen bewahren, sondern er wird ihm auch einen neuen Sinn geben. Wie? Indem die Disziplin ihn zu tieferer Freude und zu einem tieferen Verlangen führt, indem sie eine Stille schafft, in der das Flüstern des Herzens wahrgenommen werden kann. Disziplin ist wahrhaftig die Straße der Befreiung."

Broschur, ca.304 Seiten, ISBN 3-930711-23-0
(Erscheint voraussichtlich Ende 2001)

Wenn Sie nähere Informationen über die Lehren
und Übungen der Siddha-Yoga-Meditation wünschen,
wenden Sie sich bitte an eine der folgenden Adressen:

SYDA FOUNDATION
P. O. Box 600, 371 BRICKMAN ROAD,
SOUTH FALLSBURG, NY 12779-0600, USA
Tel. (001) 845-434-2800
oder
GURUDEV SIDDHA PEETH
P. O. GANESHPURI, PIN 401 206
DISTRICT THANA, MAHARASHTRA, INDIEN

SIDDHA YOGA STIFTUNG DEUTSCHLAND
BLÜCHERSRTRASSE 2, D-63071 OFFENBACH

SIDDHA YOGA STIFTUNG SCHWEIZ
POSTFACH, CH-3000 BERN 12

Weitere Informationen über Bücher
von Swami Muktananda und Swami Chidvilasananda
in Originalausgaben und Übersetzungen
im deutschen Sprachraum bei:

SIDDHA YOGA VERLAG GMBH
GREVENER STRASSE 146, D-48291 TELGTE

TEL: (02504) 984132 FAX: (02504) 984133
EMail: siddha-yoga-verlag@gmx.de

Besuchen Sie unsere Webseite unter www.siddhayoga.de